Viele Menschen denken, dass Erfolg etwas mit Glück zu tun hat. Eine höhere Instanz, die dich dazu befähigt, erfolgreich zu sein. Das ist Bullshit! Erfolg basiert nicht auf Glück und erst recht nicht auf Zufall. Es ist harte Arbeit, Disziplin und Wille. Alles andere sind faule Ausreden. Du kannst genauso erfolgreich sein, wie du es sein willst. Du musst eben auch nur dazu bereit sein, Vollgas zu geben.

Natürlich ist das teilweise sehr unbequem und auch nicht sonderlich einfach. Aber ist es dir dein Leben nicht wert, für deine Träume und für deine Ziele zu kämpfen? Ist es dir das nicht wert? Für dich? Für deine Familie? Für deine Freunde? Willst du dich dein Leben lang am Montag nach dem Freitag sehnen und ab Samstag schon wieder Angst vor Montag haben? Und dass bis du 70 Jahre alt bist?

Oh nein! Dieses Leben hat mehr zu bieten. Du musst dir nur nehmen, was du willst. Und wenn das Erfolg, Freiheit und Unabhängigkeit ist, dann musst du aber auch bereit sein, wenigstens ein bisschen dafür zu machen.

Wenn du ein paar Grundregeln beachtest und dir ein solides Fundament aufbaust, dann wirst du genau dort hinkommen, wo du gerade noch von träumst.

Was, warum und wie sollst du nun loslegen? Das klären wir jetzt!

Anmerkung: Ich werde dich ab und an bitten, dir einige Notizen zu machen und dich auffordern, es in dieses Buch an die dafür vorgesehene Stelle zu schreiben. Wenn du dieses eBook auf einem Gerät liest, auf dem du keine Notizen machen kannst, nimm dir bitte ein entsprechendes Blatt Papier und schreibe dir die Dinge dort auf. Bitte notiere dir aber auch, in welchem Zusammenhang du diese Notizen aufschreiben solltest.

AGENDA

ÜBER DICH PERSÖNLICH

Ich habe einfach keine Lust mehr. Keinen Bock mehr auf dieses Durchschnittsleben. Keine Motivation mehr, mich jeden Tag zur Arbeit zu schleppen, um Geld zu verdienen, dass sowieso von allen meinen Rechnungen aufgefressen wird. Wo bleibe ich dabei? Wo bleibt meine Familie in diesem Leben? Ich habe keine Lust mehr, in diesem Hamsterrad zu rennen und zu rennen und zu rennen und doch keinen Zentimeter voranzukommen. Ich muss etwas ändern. Ich werde etwas ändern! Das Leben hat mir mehr zu bieten als nur zu arbeiten und jeden Montag auf den verdammten Freitag zu warten. Ich bin müde. Ich bin müde meines Lebens. Und deswegen werde ich es jetzt ändern. Heute, genau hier und jetzt, werde ich mein Leben verändern!

Es gibt zwei Typen von Menschen auf dieser Welt. Die einen, die beklagen, und die anderen, die machen. Du hast dieses Buch gekauft. Macht dich das zu einer Macherin oder einem Macher? Noch nicht, aber du legst den Grundstein dafür. Macht dich die Lektüre dieses Buches zu einer Macherin oder einem Macher? Ganz klar: Wenn du dich an die Spielregeln hältst und mitmachst, ja, ganz eindeutig. Wenn du mitspielst, wirst du während der Lektüre bereits merkliche Veränderungen feststellen können. Einige Dinge kannst und musst du sofort umsetzen, andere Dinge musst du heute beginnen, damit sie morgen Früchte tragen. Mein Ziel ist es, dich hier nicht mit Oberflächlichkeit durch mehr als 100 Seiten zu schleppen. Mein Ziel ist es, dir konkrete und praktische Anweisungen zu geben, damit du noch heute dein Leben verändern kannst. Ich erzähle dir auch, warum du diese Tipps annehmen solltest und was es dir bringt, welcher Sinn dahintersteckt und wohin das Ganze führen soll.

Egal, in welcher Situation du gerade bist. Egal, wo du herkommst, ich kann und werde dir helfen. Warum? Weil ich auf etwas zurückgreife, dass jeder Mensch gleich hat. Egal ob reich, ob arm, ob dick, ob dünn. Ein Instrument, was dir helfen wird, dein Leben zu verändern, hast du genauso zur Verfügung wie alle anderen Menschen dieser Welt auch.

-Die einen Menschen haben mehr von etwas, die anderen haben weniger. Es gibt jedoch eine Sache, die haben wir alle gleich. Und das ist die Zeit. Jeder Mensch hat exakt 24 Stunden am Tag Zeit, etwas zu bewegen. Die erfolgreichsten Menschen dieser Welt haben genau wie du 24 Stunden, 1440 Minuten, 86 400 Sekunden davon. Es kommt eben nur darauf an, was du daraus machst.-

Ich möchte dir in diesem Buch zeigen, wie du es schaffst, dein Leben schlagartig zu verändern. Und zwar ins Positive. Es braucht nur das Verständnis dafür, warum du etwas ändern musst. Dafür werde ich sorgen. Anschießend möchte ich dir aber auch konkrete Tipps geben, wie du es schaffst. Ich möchte nichts weniger, als dich zum glücklichsten Menschen dieser Welt zu machen. Lass uns schauen, ob es gelingt.

Dieses Buch ist in drei Teile gegliedert: Im ersten Teil möchte ich dir helfen, wie du dich und deine Persönlichkeit auf Erfolg und Wohlstand trimmst und wie du dir die denkbar beste Ausgangssituation für deine Erfolge schaffst. Im zweiten Teil geht es dann darum, wie du finanziell frei wirst. Mit konkreten Empfehlungen und einer detaillierten Beschreibung! Als drittes werde ich dir dann noch erzählen, wer ich bin und warum ich mir herausnehme, dir Tipps geben zu wollen.

Also, lass uns loslegen!

Über dich persönlich

Bevor wir loslegen

Gleich zu Anfang möchten ich mit dir einen Deal machen! Du hast ja nun ein paar Euro in dieses Buch investiert. Du erwartest dir also wahrscheinlich, und dass berechtigterweise, dass du einen Return-on-Investment bekommst. Du willst etwas davon haben. Also, was wirst du für dein Geld von mir erhalten?

Nach der Lektüre dieses Buches wirst du eine klare Strategie und einen strukturierten Plan haben, wie du innerhalb kurzer Zeit finanziell enorme Fortschritte erzielst und unabhängig werden kannst. Und dazu vor allem glücklich! Wenn du nämlich bislang noch der Überzeugung bist, dass viel Geld auch nicht glücklich macht, muss ich dich ganz klar enttäuschen: Es macht dich glücklich. Es wird dich viel glücklicher machen, als du bisher vielleicht vermutest. Warum? Das werde ich dir noch erklären. Weiterhin werde ich mit dir einige Dinge durchgehen, die dich so richtig erfolgreich machen. Nicht nur ein bisschen, sondern so richtig. Ich erkläre dir, was für dich wichtig ist, warum es wichtig ist, und, endlich auch mal angesprochen, wie du es angehen sollst. Du hast richtig gelesen: Du kriegst von mir konkrete Tipps! Tipps, mit denen du gleich etwas anfangen kannst. Sogar musst, damit du auch direkt Fortschritte machst.

So, das ist Schritt eins. Und Schritt zwei: Wann wird sich das Ganze bemerkbar machen? Wie schnell wirst du Ergebnisse sehen können? Hier kommt der Deal!

Ich wette, dass du, wenn du mit diesem Buch ein paar Seiten voranschreitest, bereits heute Ergebnisse sehen wirst. Dann als nächstes in einer oder zwei Wochen, wenn du das Buch bis dahin durchgelesen hast. Dann hast du nämlich schon einmal ein paar Dinge visualisiert, aufgeschrieben, zusammengefasst und einen Plan erstellt. Alles bereits psychisch und physisch erschaffen. In einem Monat wirst du deine ersten Projekte starten. Das muss so sein, sonst hältst du dich nicht an die Regeln und an den Deal. Und in einem Jahr? In einem Jahr wirst du erfolgreich sein! Ich freue mich auf deine Nachricht in einem Jahr, wo wir auf diesen Moment hier zurückblicken können und diesen gemeinsam feiern werden.

Das ist der Deal von meiner Seite. Ich werde dir einiges an Input geben. Ziemlich konstruktiv und praktisch. Aber auch etwas Theoretisches. Diese Mindset-Geschichten... Vielleicht kannst du es nicht mehr hören oder lesen. Ich denke, dass es hier anders wird. Ist eben anders angewandt und in praktisches Wissen umgesetzt und nicht nur oberflächliches Geschwafel. Also, meinen Part im Deal akzeptiert? Super! Dann lass uns loslegen und keine Zeit verlieren!

Was ist dein Part in diesem Deal? Nun, du musst mitarbeiten. Das Buch wird unbequem, so unbequem, dass du es teilweise verteufeln willst. Aber doch merkst du, dass es irgendwie Sinn ergibt, und du weitermachen willst. Weitermachen, weil es dich auf etwas ansprichst, wovon du überzeugt bist, dass es eigentlich richtig ist, darüber zu sprechen. Und du machst so lange weiter, bis du etwas erschaffen hast. Und du kannst dich nicht so recht dagegen wehren. Und dann? Dann bist du auf einmal erfolgreich?! Genauso ist es! Also: Dein Part in diesem Deal ist es, mitzumachen, die Dinge zu tun, worum ich dich bitte. Du hast jetzt schon einmal in dieses Buch investiert, dann kannst du es halt jetzt auch vernünftig durchziehen.

Der langsame Kaltstart

Schenke diesem Buch nun also ein wenig deiner kostbaren Zeit und lass uns den Versuch starten. Bis auf Zeit hast du nicht viel zu verlieren. Vielleicht riskierst du damit deinen Durchschnittsstatus, dein so oft erwähntes Hamsterrad, deine Vorurteile und deine Komfortzone. Was kannst du gewinnen? Zufriedenheit, Wohlstand, Gesundheit und so weiter und so fort... Glück eben.

Ich habe bereits erwähnt, dass ich der Überzeugung bin, dass finanzieller Wohlstand ein wichtiger Faktor ist, um dein „Glück" zu erschaffen. Warum dich Geld glücklich machen soll? Ganz einfach, weil es dir alles andere ermöglichst, damit du glücklich sein kannst.

Hättest du genug Geld, bräuchtest du nicht deinen 9-to-5 Job nicht fünf Mal, geschweige sogar sechs Mal die Woche ausüben, obwohl du darauf eigentlich gar keine Lust hast. Gefällt dir dein Job, den du hast? Wenn du darin vollkommen aufgehst und all das, was dir wichtig ist, dort ausleben kannst, du dich dort entwickelst und deine komplette Persönlichkeit entfalten kannst, dann bist du eine absolute Ausnahme. Dann hast du die richtige Berufung für dich gefunden. Dann zählst du zu den 5%, die wirklich das machen, was sie wollen. Dir wird dieses Buch ein paar weitere Sichtweisen bringen. Eher als Katalysator für noch mehr Erfolg, Glück und Zufriedenheut. Wahrscheinlich zählst du jedoch nicht zu diesen Personen, so, wie es der Großteil der Menschheit dort draußen tut. Da du ansonsten wohl kaum die Lektüre dieses Buches in Erwägung gezogen hättest, denke ich, dass du bereit bist, eine Veränderung haben zu wollen.

Du zählst also zu den grob geschätzten 95% derjenigen, die im Hamsterrad gefangen sind. Fünf- bis sechsmal Tage pro Woche arbeiten müssen, um ihr täglich Brot zu verdienen, um ihre Verbindlichkeiten zu decken, um der Familie das Essen auf dem Tisch sichern zu können, Handyrechnungen bezahlen und so weiter. Und vielleicht maximal 1-2 Mal im Jahr in Urlaub fahren können, wenn überhaupt. Last-Minute natürlich, da hier das größte Sparpotential liegt.

Ist das dein Glück? Macht dich dieses Leben, dieser Zustand, in dem du dich gerade befindest, deine Aussicht auf die nächsten 10 Jahre, geschweige denn 20 oder 30 Jahre, glücklich? Wenn nein, dann lies bitte weiter! Hättest du mehr Geld, müsstest du dich also nicht im besagten Hamsterrad aufhalten, sondern könntest deine Zeit anders gestalten. Zeit mit den Dingen verbringen, die dir wirklich wichtig sind, Dinge, die dich, deine Familie und Freunde weiterbringen werden. Oder andere Menschen. Du hättest sogar das Potential, über deine eigene Situation hinaus die Situation anderer Menschen zu verbessern. Würde dich das glücklich machen? Oder zumindest glücklicher, als deinen Aufenthalt im Hamsterrad zu finanzieren? Geld macht dann also doch etwas glücklicher. Zumindest, weil es mehr Perspektiven für dich schafft.

Geld kommt meist ja nur mit harter Arbeit einher. Harte Arbeit kostet vielen Menschen extrem viel Zeit, teilweise soziale Kontakte (wobei man sich fragen muss, ob diese Kontakte dann auch wirklich wichtig waren) und schlägt auf die Gesundheit. Bis tief in die Nacht arbeiten und früh wieder aufzustehen, das macht einen krank (glauben zumindest die Meisten). Stimmt wahrscheinlich auch, aber nur dann, wenn du auch wirklich einen überaus unlogischen Weg gehst und dieses Prozedere über Monate hinweg durchziehst. Wähle doch einfach einen klügeren Weg, der dich auch vorantreibt. Im Laufe dieses Buches werde ich dir erzählen, wie du diesen Weg findest. Speziell für dich und perfekt angepasst. Macht es dich gesünder, wenn du deinen 9-to-5 Job ausführst, du nach der Arbeit keine Energie mehr zum Kochen hast, dir irgendein ungesundes Zeug reinziehst und zu müde und zu niedergeschlagen bist, um beispielsweise noch zum Sport zu gehen? Geht vielleicht ja noch nicht einmal, weil das die einzige Zeit ist, die du mit deiner Familie verbringen kannst, die du den ganzen Tag nicht gesehen hast. Vielleicht macht dich das auch irgendwo etwas traurig, belastet dich...Du hast aber auch keine Zeit, einen Ausgleich zum Alltag für dich zu finden. Schlägt wahrscheinlich auch etwas auf deine Gesundheit. Aber es gibt ja noch den Sonntag, den du zur Erholung nutzen kannst. Mal ganz ehrlich... Wie sehr erholst du dich schon an einem Sonntag? Morgen ist ja wieder der verdammte Montag...

Dazu gibt es einen schönen Spruch, den ich dir hier nicht vorenthalten möchte:

Nicht der Montag ist scheiße. Entweder dein Job, oder deine Einstellung dazu.

Jetzt stell dir mal vor, jetzt ist wirklich mal etwas. Und du möchtest zukünftig besser für dich sorgen. Also entschließt du dich dazu, ein paar medizinische Vorsorgeangebote in Anspruch zu nehmen. Einige Gesundheitsleistungen kosten aber leider auch noch Geld. Teilweise nicht gerade wenig, egal wo auf dieser Welt. Hast du das Geld, alle Untersuchungen und individuellen Gesundheitsleistungen zu wählen, die dir guttun würden oder die du dir wünschst? Wenn nicht, hast du hier einen weiteren Grund, weiterzulesen.

Anderer Punkt: Wie sieht es mit deiner Situation in deinem Beruf aus? Bist du Entscheidungsträger? Kannst du deine Ideen und deine Entscheidungen in die von dir gewünschten Prozesse einfließen lassen? Oder sind dir mehr oder weniger auch die Hände gebunden? Das einzige, was dir dann bleibt, ist, dass du dich manchmal über die Entscheidungen anderer aufregen kannst, selbst aber keinen Einfluss nehmen kannst oder eben viel zu wenig. Stimmt das? Arbeitskolleginnen und -kollegen, Chefinnen und Chefs, Kunden oder Mitarbeitern... Wie sieht die Zusammenarbeit aus? Mit anderen Worten: Schränkt dich dein Beruf ein oder kannst du dich dort voll ausleben? Alle Personen, mit denen du beruflich in Kontakt stehst: Unterstützen sie dich in deiner Persönlichkeitsentwicklung und -entfaltung? Was erhoffst du dir von deinem Job? Und welche Auswirkungen hat dein Job, deine beruflichen Möglichkeiten und Perspektiven auf dein Privatleben?

Kannst du Arbeit und Privates trennen? Bist du ausgeglichen und glücklich nach deinem Arbeitsalltag und kannst deine Freizeit so richtig genießen? Was wäre, wenn du einen Job hättest, indem du richtig aufgehst, der dir Spaß macht und wo du so richtig etwas erschaffen kannst? Klingt eher nach einem Märchen, oder? Was wäre dir eine solche Arbeitsmöglichkeit wert? Und würdest du überhaupt noch arbeiten, wenn du es nicht müsstest? Oder würdest du vielleicht verschiedene Projekte starten, die sicherlich auch etwas Zeit und Arbeit in Anspruch nehmen, dich jedoch vollends erfüllen und anderen Menschen vielleicht einen noch größeren Mehrwert liefern als deine jetzige Arbeit? Glaubst du, dann würde sich vieles ändern? Wenn ja, lies bitte weiter...

Dies waren nur ein paar Beispiel, in welcher Situation du dich gerade befindest, und warum du in einer gewissen Art und Weise gebunden bist. Gerade dein Job raubt dir unglaublich viel Zeit und Nerven. Und warum machst du Dinge, die dir Kraft kosten, und dich nicht glücklich machen und zufriedenstellen? Wahrscheinlich des Geldes wegen. Also ist der Faktor Geld ein Punkt, der dich glücklicher machen kann, weil dir dadurch ganz andere Möglichkeiten geboten werden. Geld an sich kann dich nicht mal glücklich und frei machen. Aber die Dinge, die eben im Austausch gegen Geld ermöglicht werden können, die machen es. Nicht das reine Papier oder Kupfermünzen machen dich bei ihrem Anblick glücklich, sondern das, was du dahinter siehst, welche Möglichkeiten sich dort hinter verbergen, welche Chancen sich dadurch für dich bieten. Niemand sagt, dass du einen Lamborghini benötigst, um glücklich zu sein. Aber zu reisen, verschiedene Orte zu sehen und unterschiedliche Kulturen kennenzulernen, deiner Familie eine Sicherheit geben können, frei sein, das kann glücklich machen. Oder die Unterstützung von hilfsbedürftigen Menschen macht dich glücklich. Meistens kostet das wiederum auch Geld.

Du siehst: Geld an sich macht dich nicht glücklich. Das sehe ich ein. Aber es ermöglicht dir die Dinge, die dich glücklich machen können. Ich bin dieser Überzeugung aus folgendem Grund:

Ich komme aus einer sehr bodenständigen Familie. Geld war bei uns immer ein Problem. Wir mussten Erbstücke verkaufen, das finanziell Wertvollste, was wir in unseren vier Wänden besaßen, um uns unser tägliches Essen zu finanzieren. Neue Klamotten, Klassenausflüge,

Schulbücher etc. stellten uns immer wieder vor neue Herausforderungen. Wir konnten niemals an Luxus denken, weil wir nicht einmal das Überlebensnotwendige sicherstellen konnten für eine gewisse Zeit. Wir haben erfahren, was finanziell schwere Zeiten sind. Wir waren nicht glücklich, haben uns aber angepasst und konnten damit leben. Ich wurde von früh auf damit konfrontiert, dass Geld immer der limitierende Faktor war, um wirklich glücklich, sagen wir, sorgenfrei zu sein.

Jetzt? Jetzt bin ich weiter. Ich bin dankbar, alle finanziellen Mittel zu haben, um mir das leisten zu können, was mich wirklich glücklich macht. Und das übertrage ich auch auf meine Familie. Das nenne ich Glück. Nicht, weil es durch Zufall kam, sondern, weil es hart erarbeitet wurde. Hart in dem Sinne, als dass es nicht von allein kam und man auch unbequeme Entscheidungen treffen musste. Hart, weil ich mich viel mit mir selbst, meiner Umgebung, und meiner Entscheidung auseinandersetzen musste. Hart, weil es nicht jeder macht, und man nicht einfach mitgezogen wird. Ich verstehe mittlerweile nicht, warum hart so negativ belastet ist. Für mich ist hart die Kurzform einer Aussage: H-a-r-t = Herausforderndes-aber-Richtiges-tun.

Bedeutet für mich nichts anderes als: Manchmal unbequem, letztendlich aber genau die beste Lösung für mich. Daher lohnen sich auch mal diese unbequemen Entscheidungen. Überlege dir mal, in welchen Situationen du Herausforderungen bestehen musst, welche Entscheidungen hart sind. Wofür entscheidest du dich?

Wenn wir das gesamte Erfolgsdenken etwas distanzierter betrachten, so erkennen wir: Es gibt sehr viele Menschen, denen geht es bedeutend besser als dir. Viele haben sich ihr Schicksal hart erkämpft, vielen ist es etwas leichter gemacht worden. Es gibt aber auch viele Menschen, denen es bedeutend schlechter als dir geht. Ich denke, dass wir uns dessen bewusst sein sollten. Das ist jedoch kein Grund, warum wir uns nicht bemühen sollten, unsere Ziele zu erreichen. Es ist kein Grund, Potential zu verschenken und unser Leben an uns vorbeiziehen zu lassen. Der größte Punkt, der dich deine Situation wertschätzen lässt, und dir dennoch das Bedürfnis geben sollte, mehr aus deinem Leben zu machen, ist Dankbarkeit. Dankbar für die Möglichkeiten, die du hast. Die Dankbarkeit lässt dich dein Leben wertschätzen und motiviert dich dennoch, mehr zu schaffen, auch für die Menschen, denen es schlechter geht. Mache es dir zur Aufgabe, Ihnen ein besseres Leben zu ermöglichen.

Auch ist Leid nie mit anderem Leid aufzuwiegen. Darum geht es in diesem Buch jedoch auch nicht. Du sollst dankbar sein für das, was du hast. Aber mir geht es vielmehr um die Möglichkeiten, die du hast, noch mehr aus deinem Leben zu machen. Keiner sagt, dass du mit deinem Reichtum nur Luxusuhren und Sportwagen besitzen sollst. Du kannst mit Geld so großartige Dinge anstellen und so vielen Menschen auf dieser Welt helfen. Wichtig ist nur, demgegenüber offen zu sein und sich nicht zu verschließen. Mit Erfolg und Wohlstand kannst du große Dinge bewirken, lass dir das gesagt sein.

Ich werde fortan sehr offen und ehrlich mit dir sprechen. Teilweise provokant, um dir einige Dinge zu entlocken, und zu versuchen, sie dir zu visualisieren. Ich möchte, dass wir offen darüber sprechen, auch wenn es unangenehm ist, auch wenn es schmerzhaft ist: Es hilft nichts, denn sonst wirst du niemals bereit sein, etwas zu ändern. Bislang hast du eben auch nichts geändert. Daher solltest du dies hier als Motivation nehmen, den ersten Schritt zu setzen. Und das solltest du tun, hier und jetzt.

Die Grundvoraussetzung

Das Erste und zugleich Wichtigste, über das wir sprechen müssen, ist dein Bewusstsein. Es ist von ungeheurer Bedeutung für dich, dass du dir ein Bewusstsein schaffst oder dein jetziges weiter schärfst. Ein Bewusstsein für die Dinge, die du tust, und für die, die du auch eben nicht tust. Stimmst du mit mir überein, dass du nichts ändern kannst, wenn du nicht weißt, was du ändern sollst? Erst beantworten wir die Frage „was", dann das „warum" und dann auch das „wie".

Du musst dir ein Bewusstsein dafür schaffen, wo du gerade stehst und wo du hinmöchtest. Du musst dir bewusst sein, welche Dinge du tust, die dich weiterbringen, und welche Dinge dich zurückwerfen. Du musst dir ebenso ein Bewusstsein dafür schaffen, was du machen musst und dann vor allem, wie du es machen musst, um weiterzukommen. Es geht eben genau darum, diese Art von Bewusstsein zu schaffen. Und es ist kein Leichtes, dieses Bewusstsein zu entwickeln, denn im Laufe deines Lebens hast du dir bereits eines angeeignet, was dir leider nur dazu verholfen hat, in deine derzeitige Situation zu gelangen. Das ist in Ordnung, doch jetzt sollten wir uns darum kümmern, dass du ein neues Bewusstsein kreierst oder dein bisheriges Bewusstsein weiter schärfst. Warum? Damit du Chancen erkennst, wo du vorher nur Risiken gesehen hast, damit du Möglichkeiten in Betracht ziehst, die du vorher nicht gesehen hast, und damit du Herausforderungen annimmst, wo du vorher vor Problemen stündest.

Einige Dinge, über die wir sprechen werden, mögen dir vielleicht fremd vorkommen, teilweise vielleicht sogar abstrakt. Dein neues Bewusstsein ist ein offenes. Verschließe dich also nicht vor ihnen, wenn sie dir erst einmal unbequem oder unverständlich erscheinen. Sie wirken derart, weil sie dir neue Perspektiven schaffen. Und die brauchst du, um wirklich etwas zu verändern.

Dein Bewusstsein sieht zukünftig also viel mehr Chancen, als du es bisher getan hast. Was bringt dir das? Das hilft dir, in deinem Leben so richtig voranzukommen. Eine Chance ist das Sprungbrett auf eine neue Höhe, auf die du dich begeben kannst. Die neue Höhe hält wiederum neue Chancen für dich bereit, die dir die Möglichkeit geben, große Fortschritte zu erzielen. Und mit jeder neuen Höhe geht ein besseres und glücklicheres Leben einher.

Kannst du von dir behaupten, dass du dein Ding machst? Bist du überzeugt davon, genau die Version deiner selbst zu sein, die du gerne sein möchtest? Ich bezweifle das, zumindest zum aktuellen Zeitpunkt. Warum? Weil du dafür wahrscheinlich noch viel zu abhängig bist. Wenn du abhängig von anderen Menschen bist, sei es dein Arbeitgeber, sogar dein Partner oder deine Partnerin, oder irgendwelche anderen Hierarchien und Strukturen, dann machst du sicherlich nicht dein Ding. Das bedeutet nicht, dass es schlecht ist oder du einen fatalen Fehler begehst. Ich denke jedoch, dass du in einigen Bereichen mehr aus dir herausholen könntest. Ich glaube nicht, dass du aktuell die beste Version deiner selbst bist. Und genau das möchte ich mit diesem Buch hier ändern. Und ich bin sicher, dass auch zu schaffen.

Erfolg im Leben zu haben bedeutet für jeden Menschen etwas anders. „Erfolgreich sein"", so lautet die am meisten inflationär genutzte Aussage, die so spezifisch ist wie ein Baum im Wald. Was bedeutet es denn für dich, erfolgreich zu sein? Sicherlich können wir darüber hier nun philosophieren, und ich werde dir zu einem späteren Zeitpunkt auch helfen, eine Definition für dich zu finden, aber erst einmal bedeutet es doch ganz grob folgendes: Es geht beim erfolgreich sein doch genau um die Kunst, dein eigenes Ding zu machen. Stimmt es? Das zu tun, was dich erfüllt, was dich glücklich macht. Das zu tun, was du dir vom Leben wünschst. Und es ist wichtig, dass zu tun, was dich begeistert und wofür du lebst. Und es gibt immer Mittel und Wege, dies zu erreichen. Sicherlich ist es nicht einfach, weil es eben auch ein Prozess ist. Ein Prozess, der seine Ergebnisse noch teilweise unter Verschluss hält, bis er am Ende die volle Pracht offenbart. Das erfordert Disziplin und Durchhaltevermögen. Ich habe jedoch noch keinen Menschen getroffen, der gesagt hat, dass sich Disziplin, Wille, Durchhaltevermögen sowie Enthusiasmus nicht ausgezahlt haben. Aus diesem Grund möchte ich an dich herantreten und dir helfen, dein Ding zu machen. Und das wirst du schaffen. Ich verspreche es dir.

Mach das, worauf du Bock hast, mach das, was dich erfüllt. Es wird auch anderen Menschen nützen, weil sie immer davon profitieren, wenn ein Mensch in dem aufgeht, was er macht. Er wird so viel Energie und Mehrwert erzeugen, dass er andere Menschen mitreißen kann. Ich denke, wir müssen uns nicht darüber unterhalten, ob du das machen willst, sondern vielmehr, wie du das erreichen kannst. Und genau das ist meine Motivation. Dir zu helfen, dein Ding zu machen. Das ist die Motivation, dieses Buch zu schreiben. Nicht die 1,50 Euro zu erhalten, die beim Kauf dieses Buches an mich gehen. Davon kaufe ich mir eine Packung Haferflocken. Ich habe die Kunst gefunden, mein Ding zu machen. Und mein Ding ist, sie mit dir zu suchen, damit du dein Ding machst. Erfolgreich sein heißt Erfüllung. Erfüllung deiner Bedürfnisse, Erfüllung deiner Wünsche. Was erfüllt dich?

Welcher Mensch bist du?

Du kennst den Spruch: „Wer kämpft, kann verlieren. Wer nicht kämpft, der hat schon verloren". Ich glaube, es geht gar nicht, dass du den Spruch nicht kennst. Und vielleicht hängt er dir auch schon zum Hals heraus. Aber glaubst du, dass er wahr ist? Ich muss dir gestehen: Egal was du denkst, dieser Spruch ist wahr! Wenn du an einem Wettkampf teilnimmst, und am Tage des Wettkampfes nicht erscheint, hast du automatisch verloren. Das ist nicht nur bei Wettkämpfen so, sondern so ziemlich überall auf der Welt in nahezu jeder Angelegenheit. Aber diesen Fakt aufs Leben übertragen, das wollen wir nicht. Das ist ja zu abstrakt. Hier zählt diese Aussage nicht. Eben doch!

Auch hier zählt diese Aussage! Und sogar noch viel mehr! Was passiert, wenn du nicht kämpfst? Eben... nichts! Es passiert rein gar nichts. Dein Leben wird sich Nullkommanull ändern. Es bleibt zu 100% so wie es ist. Du wirst keine zusätzlichen Erfahrungen machen, keine neuen Chancen bekommen, keine bereichernden Menschen kennenlernen. Es ändert sich rein GARNICHTS!

Was passiert, wenn du beginnst, doch zu kämpfen? Oder überhaupt erst einmal, anzufangen? Was ist das Allerallerschlimmste, was dann noch passieren kann? Ganz einfach: Im schlimmsten Fall ändert sich ebenfalls nichts. Im schlimmsten Fall bist du wieder genau da, wo du jetzt auch bist. Eventuell hast du aber ein paar wertvolle Kontakte geknüpft, ein paar elementare Erfahrungen gesammelt oder neue Chancen gewittert. Aber das Worst-Case-Szenario, wenn du beginnst, zu handeln, ist das Szenario, was du bestenfalls aus dem Nichtstun heraus erhältst: Nämlich deine Ausgangssituation.

Und fang nicht an zu sagen: Du bleibst im schlimmsten Fall auf Verträgen, Kosten oder ähnlichem sitzen. Die Zeiten sind vorbei. Im Zeitalter der Information, wo du mit Internet und Technik auf der ganzen Welt auf alles Mögliche zugreifen und errichten kannst, hast du keine Kosten, die du anfangs aufwenden musst, um ein paar Euro zu verdienen. Wenn du das intuitiv bezweifelst, dann frage ich dich, ob du dich damit schon ausgiebig auseinandergesetzt hast und worauf deine Intuition beruht. Wenn du dich wirklich ausgiebig darüber schlau machst, wirst du sehen, dass du eine eigene Internetseite, Emails, Kundengespräche etc. komplett kostenlos gestalten kannst: Wenn nicht, dann hast du entweder schlecht recherchiert oder du hast dich verzettelt. Zugegeben, vielleicht kostet es dich 10 Euro. Das wars dann aber auch wirklich schon.

Ein guter Rat, den ich dir hier geben möchte, ist eine Denkweise, die ich mir zur Lebenseinstellung gemacht habe:

„Tue immer das, was du deinen besten Freunden/Freundinnen raten würdest".

Warum? Weil du davon überzeugt bist, dass es gut ist, sonst würdest du es deinen besten Freundinnen/Freunden raten, oder? Eine Freundin oder ein Freund hat ein Angebot bekommen, eine super Chance im Ausland wahrzunehmen, hat aber Angst davor, ihr/sein

Leben in Deutschland aufzugeben. Was würdest du ihr/ihm raten? Sicherlich, dass sie/er sich das Ganze gut überlegen soll, aber letztendlich...? Wenn es eine riesen Chance ist? Wenn es genau das ist, was sie/ihn glücklich macht? Du würdest sagen: „Mach es! Du musst es machen! Tu, was dich glücklich macht". Wahrscheinlich würdest du noch eine oberschlaue Weisheit hinterherhauen: „Du bereust im Leben nie die Dinge, die nicht optimal liefen. Du bereust die Chancen, die du nicht wahrgenommen hast!". Vielleicht lässt du diesen Spruch auch weg. Aber so oder so ähnlich würdest du reagieren, oder?

Aber würdest du auch diese Chance wahrnehmen? Würdest du sie wahrnehmen, auch wenn es unbequem für dich wäre? Es gibt unzählige Beispiele dafür, doch nur eine Lösung! Würdest du das, was du deinen besten Freundinnen und Freunden empfiehlst, auch selbst tun? Ich denke nicht, dass es falsch ist, die Entscheidungen zu empfehlen und zu bekräftigen, ich denke, dass es falsch ist, sie selbst nicht wahrzunehmen!

Überlege in jeder Situation, in der du vor einer Entscheidung stehst, was du hier deiner besten Freundin oder deinem besten Freund empfehlen würdest, und tue dasselbe! Andernfalls bist du dir einfach selbst nicht treu. Was du für richtig empfindest, das tue auch!

Du bist Durchschnitt und das ist scheiße!

Viele von uns leben nach dem BNA-Prinzip: Bloß nicht auffallen! Egal was wir machen, wir möchten einfach nicht auffallen. Weder positiv, noch negativ abweichen. Einfach mit dem Strom schwimmen. Die krasseste Erfahrung, die ich in dieser Hinsicht gemacht habe, war in der Tat während meiner Ausbildungszeit, die ich während meines dualen Studiums durchlaufen habe. Meine Kolleginnen und Kollegen waren stolz darauf, nicht aufzufallen. Es war ihr heißester Tipp für mich in der Karriere. Ohne viel von der Arbeitswelt gewusst zu haben, leuchtete es mir ein, was sie mir sagen wollten, und ich habe einen Schluss daraus gezogen: „Ganz sicher werden sie nicht recht haben!" Ich habe es nicht laut ausgesprochen, aber es schnellte direkt in meinen Kopf, als ich diese Tipps bekommen habe, bloß nicht aufzufallen! Warum sollte ich nicht auffallen wollen und sollen? Negative Abweichung? Klar, ist unangenehm. Dann besser nicht auffallen. Positive Abweichung? Was spricht dagegen? Für mich nur eine Sache: Der Neid und der Hass der anderen Kolleginnen und Kollegen, die das nicht wollen. Warum wollen sie das nicht? Weil sie so die Möglichkeit haben, mit dem Minimum an Arbeitseinsatz, den sie leisten, nicht aufzufallen, weil sich alle auf diesen Trott einlassen. Sobald einer oder eine beziehungsweise ein paar Wenige beginnen, mehr Arbeit in der gleichen Zeit zu verrichten oder bessere Arbeit in der gleichen Zeit zu schaffen, beginnen sie nämlich, aufzufallen, und das eher in negativer Hinsicht. Sie wollten den Durchschnitt wahren, damit sich ein ebenmäßiges Bild ergibt, und niemand auffällt, der halbherzig arbeitet, wenig arbeitet, unzufrieden ist... So konnten sie immer in ihrer Bequemlichkeit bleiben und wurden nicht darauf angesprochen. Und das ist so ziemlich das Schlimmste, was dir passieren kann: Auswege suchen, Entschuldigungen finden, Bequemlichkeit dein Leben bestimmen lassen. Und wenn es dann sogar noch jemand wagt, dich darauf anzusprechen oder dich das Ganze spüren zu lassen...

Also gilt die Devise: Wenn es jeder so macht, dann wird es ja nicht auffallen. Also können alle in ihrer Komfortzone bleiben und hoffen, dass bald Wochenende ist.

Mir hat diese Einstellung unglaublich gestunken. Ich wollte auffallen. Nicht, weil ich super großartig bin oder weil ich eine Auffälligkeitsstörung habe, sondern, weil ich eben auch nicht die Einstellung und das Leben leben wollte, was meine Kolleginnen und Kollegen lebten. Also wusste ich, dass ich etwas anders machen muss,

im besten Fall etwas besser machen muss, oder auch einfach mehr machen muss, um aufzufallen. Und da ist mir eines klar geworden: Du musst gar nicht in Allem der Beste sein. Du musst einfach nur minimal positiv abweichen. Das reicht schon. Und das ist schon mit ziemlich wenig Arbeitsaufwand erreichbar, weil der Durchschnitt relativ tief liegt. Also war klar: Eine Stunde mehr Arbeit, ein Versuch mehr im Labor, eine Auswertung genauer... Das reicht schon, um positiv aufzufallen.

Es sind nicht die Leute, die positiv auffallen, die doof sind. Es sind die Meinungen, die sich der Durchschnitt darüber bildet. Der Durchschnitt fühlt sich hintergangen, wenn jemand mehr macht oder mehr Einsatz zeigt. Aber der Durchschnitt lebt auch das Durchschnittsleben, über das sich jeder beklagt. Der Durchschnitt quält sich montags zur Arbeit und weint vor Freude, wenn Freitag ist, und hat dann wieder Angst vor Montag. Der Durchschnitt arbeitet sein Leben lang dafür, sich Dinge anzuschaffen, wofür er dann wiederum sein Leben lang arbeiten muss. Der Durchschnitt ist in diesem Hamsterrad so unglaublich fest verankert. Der Durchschnitt findet Abweichungen nicht schön. Der Durchschnitt mag dich nicht. Kein Problem, du magst ihn ja auch nicht! Außerdem: Du willst ja auch kein durchschnittliches Leben. Wenn es danach geht, solltest du immer genau das Gegenteil von dem machen, was der Durchschnitt macht.

Ich habe damals auch mehr gegeben als der Durchschnitt. Mir war bewusst, dass ich auch nur deswegen an diese Stelle gekommen bin. Mit einer durchschnittlichen Bewerbung, einem durchschnittlichen Interview und einem durchschnittlichen Assessment-Test wäre ich wahrscheinlich schon damals nicht in das duale Studium aufgenommen worden. Ich bin belohnt worden, vom Durchschnitt abzuweichen. Also schien es für mich, eine gute Sache zu sein.

Bis heute habe ich es nie bereut, etwas überdurchschnittlich zu sein. Einfach etwas mehr Initiative zeigen, etwas mehr Bereitschaft, etwas mehr Willen. Es reicht schon, minimal mehr zu investieren, um bedeutend größer belohnt zu werden. Ich selbst habe diese Erfahrung gemacht, und jeder, der bereit war, etwas mehr als der Durchschnitt zu machen, hat es ebenso bestätigt.

Fakt ist: Wenn du mehr willst, als der Durchschnitt bekommt, dann musst du auch bereit sein, mehr als der Durchschnitt zu geben. Dann wirst du auch bereit sein, ihnen vor den Kopf zu stoßen. Du willst in deinem Leben ja mehr als bloß durchschnittliche Erfolge, also musst du auch bereit sein, diese Hürde zu überwinden und weiterzugehen. Es werden immer wieder Situationen kommen, in denen werden dir Menschen und Prozesse begegnen, die ganz und gar nicht Durchschnitt sind, und dich auf diesem Weg begleiten. Aber erst musst durch den heißen Sand, um ins kühlende Meer zu kommen. Dann wirst du auch überdurchschnittliche

Freunde haben, einen überdurchschnittlichen Erfolg verzeichnen können, und ein überdurchschnittliches Glück erfahren.

Die wenigsten Menschen haben Großes erreicht, indem sie nichts gemacht haben. Ein paar haben etwas erreicht, indem sie etwas im Kopf haben. Wissenschaftlern und Forschern gelingt so etwas. Nichtsdestotrotz zählt in der Regel das Ergebnis. Die Spitze des Eisberges, wenn all die harte Arbeit und dein Fleiß unter der Oberfläche versteckt bleiben, zeigt dein Ergebnis, und das ist das, was andere Menschen wahrnehmen. Vielleicht ist es auch nicht ganz so hart, wie hier dargestellt. Vielleicht geht es aber viel mehr darum, Dinge auch wirklich umzusetzen, wirklich etwas zu machen. Wenn du kranken Menschen helfen möchtest, hilft es leider relativ wenig, den Gedanken zu pflegen, aber nicht tätig zu werden. Wenn du kranken Menschen wirklich helfen möchtest, dann zählt es, etwas zu machen. Das Machen bringt hier den entscheidenden Unterschied. Und das ist wirklich ein sehr dramatischer Unterschied. Das Machen unterscheidet den Schwätzer vom Fleißigen, den Nicht-Erfolgreichen vom Erfolgreichen. Einzig und allein bringt Machen den Unterschied. Und diesen Unterschied hast du in deinem Leben sicherlich schon zu genüge erfahren. Denn egal, was du vorher gedacht hast, egal was du geplant hast, wenn du immer noch an der gleichen Stelle stehst wie vorher, dann wirst du nicht so viel gemacht haben. Denken und wissen kannst du viel, ohne Anwendung und Machen bringt dir das leider herzlich wenig.

Du kannst nur dann etwas ändern, wenn du wirklich etwas tust. Wenn du ein/e Macher/in bist, machst du auch den Unterschied. Der Unterschied, der dir ermöglicht, weiterzukommen. Wie sehr habe ich diese Aussage gehasst, wenn ich damit konfrontiert wurde. Für mich war es der Gipfel der Oberflächlichkeit. Wie soll ich etwas machen, wenn ich nicht weiß, was ich überhaupt machen soll. Immer habe ich gelesen: „Egal, fang einfach an"! Aber womit denn? Ich habe doch keine Idee!

Aber doch habe ich dann irgendwann wirklich einfach angefangen. Ich habe einfach angefangen, ein Ziel zu verfolgen. Welches Ziel auch immer. Erst wollte ich Fitness-Coach werden, dann Trader, dann Unternehmensberater, dann Startup-Geschäftsführer. Ich hab mit den verschiedensten Dingen einfach angefangen. Und dieses Ziel hat dann genug Facetten mit sich gebracht, um die ich mich dann kümmern musste. Dieses „einfach anfangen" ermöglicht dann doch ganz andere Perspektiven. Egal was es ist, du musst lediglich ein Ziel haben. Und das Ziel kann so vielseitig sein wie nur vorstellbar. Das reicht, um anzufangen. Mit irgendetwas, Hauptsache, es hat in irgendeiner Art und Weise etwas mit deinem Ziel zu tun. Beginne, dich über etwas zu informieren. Beginne, Menschen nach ihrer Meinung zu fragen. Beginne, für etwas zu werben. Fang einfach mal irgendwo an! Wenn du dein Zimmer aufräumst, musst du auch irgendwo anfangen. Hier ist es genauso.

Mein oberstes Ziel war es, nebenbei Geld zu verdienen, mit etwas, von dem ich Ahnung habe. Da mich viele meiner Bekannten nach meiner Diät um Ernährungstipps gefragt haben, dachte ich mir, dass ich anfangen kann, Trainingspläne zu schreiben. Also habe ich dann auch einfach mal angefangen, Trainingspläne zu verfassen, weil ich dachte: Warum nicht?! Ich kann bestimmt Trainingspläne anfertigen und sie anderen Leuten schenken, verkaufen, im Tausch anbieten etc. Und als ich damit angefangen habe, hat sich schließlich auch mein Sinn dafür erweitert. Und anschließend haben sich dann weitere Dinge ergeben, die damit zusammenhingen. Ich musste mich ja anschließend auch darum kümmern, wie ich an Interessenten komme. Damit verbunden ist Marketing, Akquise und so weiter. Dann musste ich auch schauen, zu welchem Preis ich die Pläne anbieten kann. Ich musste mich also mit dem Markt und mit den Konkurrenten auseinandersetzen. Alles Dinge, die ich zu Beginn gar nicht so richtig auf dem Schirm hatte, die sich dann aber ergeben haben, weil ich eben auch einfach angefangen habe, etwas zu machen. Und mit dem Wissen, was ich mir damals angeeignet habe, kann ich heute auf einer ganz anderen Basis aufbauen. Heute kann ich davon profitieren. Egal in welche Richtung ich mich nun bewege: Ich habe bereits Erfahrungen gemacht, die mich nur noch weiterbringen können. Hätte ich nicht einfach angefangen, hätte ich heute diese Erfahrungen nicht. Daher verstehe ich nun, was es bedeutet, einfach anzufangen. Verstehst du es auch?

Wenn du es früher verstehst als ich es getan habe, wirst du eben noch schneller Erfolge feiern können. Dann hast du schon einen kleinen Vorteil und die erste wichtige Schlüssellektion aus diesem Buch mitgenommen. So einfach ist es. Hinter diesem: „Mach es einfach! Sei ein Macher!" steckt eben viel mehr als nur das, was wir im ersten Augenblick darunter verstehen würden. Wenn du das siehst und verstehst, warum es Sinn macht, einfach anzufangen, auch wenn die Richtung und das Ziel noch nicht gewiss ist und zu einhundert Prozent feststeht, dann siehst du auch, warum es Sinn macht, einfach anzufangen. Erfahrungen sind häufig wichtiger, als sich über Dinge wochenlang den Kopf zu zerbrechen, um dann doch einfach praktisch Erfahrung sammeln zu müssen.

Du entwickelst dich nicht weiter

Du wirst immer bleiben, wo du bist, weil du immer nur machst, was du schon kannst. Dieser Satz ist dir sicherlich schon lange bekannt. Er beschreibt ein Phänomen, dem du immer wieder begegnest, tagtäglich. Hier geht es nämlich um die Kernproblematik in deinem Alltag. Du bist bequem, tust das, was du schon kannst, weil du weißt, wie es funktioniert und welches Ergebnis du erwarten kannst. Das Problem daran ist jetzt eben nur, dass dich genau diese Dinge in deine jetzige Situation gebracht haben und dich daran hindern, weiterzukommen. Wie schaffst du es also, dort herauszukommen?

Leichter gesagt als getan, aber: Indem du die Dinge anders machst, als du sie bisher gemacht hast. Anders heißt zwangsläufig nicht gleich besser. Du weißt nicht, ob es besser wird, wenn du es anders machst. Du weißt aber, dass es anders werden muss, damit es besser wird. Bedeutet im Klartext: Ändere deinen Alltag! Es ist nicht alles schlecht, was du gerade machst. Es reicht nur anscheinend nicht, wirklich voranzukommen. Mache mehr, mache es besser, mache es häufiger. Einfaches Beispiel: Wenn du etwas an Gewicht verlieren möchtest und bisher noch jede Diät gescheitert ist, dann musst du daran etwas ändern. Mach etwas mehr Sport, mache intensiver Sport, nimm die Treppen anstelle des Aufzugs. Du musst etwas ändern, um auch andere Ergebnisse zu erhalten.

Dies ist eines der größten Hindernisse für unseren Erfolg: Wir machen jeden Tag dasselbe, erwarten aber andere Ergebnisse. Das ist, als würdest du dich auf eine höhere Instanz verlassen. Als wenn es etwas gibt, dass über dich und dein Schicksal verfügt. Wir beide wissen, wie realistisch das ist. Aus diesem Grund führt kein Weg daran vorbei, etwas anders zu machen als bisher. Nicht einfach alles anders. Das führt zu keinem aussagekräftigen Ergebnis. Diese Methode haben wir im Qualitätsmanagement in der Chemie das „DOE – Design of Experiments" genannt und kann wunderbar auch im Alltag Anwendung finden.

Beim DOE beschreibt man einen Prozess, der von mehreren Parametern abhängig ist. Beispielsweise eine chemische Reaktion, die vom Druck, von der Temperatur und von der Stoffmenge abhängig ist. Wenn unsere Reaktionsbedingungen, die wir zuvor auswählten, nicht zum gewünschten Ergebnis führen, dann ist es eine Möglichkeit, diese Parameter anzupassen und zu verändern, um deren Einfluss auf das Reaktionsergebnis zu erhalten. Angenommen, wir verändern nun alles, also alle drei Reaktionsparameter (Druck, Temperatur, Stoffmenge). Nun funktioniert die Reaktion! Wir erhalten das gewünschte Ergebnis. Das ist im ersten Hinblick sehr erfreulich, im zweiten Hinblick jedoch nicht unbedingt. Denn es kann sein, dass wir eine viel zu hohe Stoffmenge und eine viel zu hohe Temperatur gewählt haben, als es wirklich nötig wäre. Vielleicht reichen schon 80°C anstelle der nun verwendeten 140°C. Das Problem daran ist nun nämlich, dass uns die Temperaturdifferenz, die wir zu viel aufgeheizt haben, bares Geld kostet. Für ein kleines Reaktionsgemisch vielleicht noch vernachlässigbar, für eine große Apparatur mit tausend Kubikmetern Volumen schon Hunderte bis Tausende von Euro. Bedeutet also: Ein Chemiekonzern kann viel mehr Energie sparen, wenn er gewusst hätte, dass die 80°C bereits reichen, um die jeweilige Reaktion zum gewünschten Ergebnis zu führen. Vielleicht brauchte die Temperatur auch gar nicht so hoch gewählt werden, vielleicht war auch nur die Stoffmenge entscheidend. Das können wir im Nachhinein nicht mehr so leicht herausfinden, weil wir sofort an allen Prozessparametern geschraubt haben.

Dass Design of Experiments beschreibt nun, dass man in einem Prozess, der von mehreren Variablen oder Parametern abhängt, sukzessive einen nach dem anderen verändert und die Auswirkung auf das Ergebnis betrachtet. Dadurch erhalten wir ein viel genaueres Bild und erfahren, wovon das Ergebnis nun am stärkten abhängig ist. Also verändern wir Schritt für Schritt immer nur einen Parameter und schauen, welches Ergebnis wir erhalten. Dadurch sparen wir uns Energie, die wir unnötig aufbringen müssten, um auch gleichzeitig alle anderen Parameter zu verändern (wahrscheinlich unnötigerweise) und wir erhalten ein glasklares Ursache-Wirkungs-Prinzip.

Was bedeutet das nun konkret für dein Leben? Wenn du andere Ergebnisse möchtest, solltest du etwas anders machen. Aber nun nicht gleich alles anders. Denn das führt ebenso zur Zeit- und Energieverschwendung deinerseits. So änderst du vielleicht Dinge an deinem Alltag, die irgendwo wichtig waren, für dich, für deine psychische Verfassung, für deine Motivation. Du änderst zu viele Dinge, und durch die daraus resultierende Unbequemlichkeit entsteht ein sehr großer Zeit- und Energieaufwand. Das bedeutet zum einen, dass du gegebenenfalls auch leichter hättest an dein Ziel kommen können, dass du vielleicht bereits bestehende, erfolgreiche Prozesse abstellst und änderst und aufgrund des unnötigen Kraftraubs nun ein Leck an Motivation erlebst. Da dich der Umstand, aus der Bequemlichkeit auszutreten, bereits so viel gekostet hat, hast du jetzt kaum Motivation und Energie mehr, weiterzumachen.

Genau dieses Phänomen steckt hinter der Aussage: Schritt für Schritt! Schonmal gehört, dass dir jemand, wenn sie/er dir etwas beibringt, sagt „Schritt für Schritt"? Erst das Eine, dann das andere? Ein Fuß vor den anderen? Erst einmal lernen zu stehen und zu gehen, bevor du anfängst, zu laufen? Das ist die Psychologie dahinter. Keine zu großen Schritte machen, erst einmal klein anfangen, aber dann auch wirklich anfangen! Sonst übernimmst du dich, verlierst Kraft und Motivation, wodurch das Momentum des Aufgebens immer größer für dich werden kann.

Mach einfach etwas anders, als du es bisher machst. Erst eine Sache, dann die andere, und so weiter. Das führt dazu, dass du merkst, welche Änderungen sich dadurch für dein Leben ergeben, kannst abschätzen, ob es positive oder negative Änderungen sind und gegebenenfalls Prozesse optimieren oder, wenn du merkst, dass sie schlecht für dich sind, auf Ursprungszustand bringen oder ganz weglassen.

Und was bedeutet nun anders machen konkret? Ein paar Dingen einfach mal etwas mehr machen, etwas mehr Zeit investieren, etwas intensiver nachdenken, etwas weitergehender informieren.

Sei verdammt nochmal ehrlich zu dir selbst!

Was wünschst du dir vom Leben, was willst du erreichen, für dich, deine Familie, deine Freunde? Willst du dein Leben genau so weiterleben, wie du es jetzt machst? Deine Worte, was du alles haben möchtest, was du erreichen willst, was du kannst, all´ das verpufft im Nichts, weil du einfach nicht bereit bist, aus der Bequemlichkeit auszutreten und endlich mal etwas aus deinem Leben zu machen! Du kritisierst andere, beschwerst dich über Politik, die Gesellschaft, und wagst es, eine Position einzunehmen, andere Menschen und ihre Ziele zu kritisieren. Aber warum machst du das? Weil du dich in einer besseren Situation siehst? Wohl eher nicht! Weil du die Erfahrungen gemacht hast und daran gewachsen bist? Glaub ich nicht...

Du bist aktuell zu sehr in deinem Kosmos gefangen und wartest immer noch auf eine Gabe des Himmels, dass du morgen reich und gesund aufwachst. Wach auf! Jetzt! Du kannst mit der gleichen Wahrscheinlichkeit auch morgen schwerkrank und bitter arm aufwachen. Beides wird hoffentlich nicht passieren. Für das eine kannst du was tun, für das andere solltest du definitiv etwas dagegen tun! Da wo du jetzt bist, bist du nur, weil du vorher das gemacht hast, was du getan hast. Egal was du bisher erreicht hast oder was du nicht erreicht hast. Beides ist nur das Produkt dessen. Sei verdammt nochmal ehrlich zu dir selbst: Du träumst von Urlaub, von einem Job, der dich erfüllt, von einem Haus, das dir Sicherheit und Geborgenheit gibt, einer Familie, die dir Liebe gibt, und was konkret machst du dafür? Sei ehrlich zu dir! Was machst du konkret dafür? Du hoffst auf ein besseres Morgen, ohne heute etwas dafür zu tun. Du hoffst auf einen glücklichen Zufall. Du weißt, was ich davon halte. Wenn er bisher nicht gekommen ist, warum sollte er dann morgen oder übermorgen kommen? Der Moment, der dich auf einmal reich und glücklich macht? Haben andere Menschen, von denen du überzeugt bist, dass sie ein gutes Leben haben, Glück? Ist alles, was sie haben, auf Glück aufgebaut? Wie wahrscheinlich ist es, dass du nach einen Glücksmoment einen weiteren Glücksmoment erhältst, wenn du auf den ersten Glücksmoment bereits mehr als 10, 15 oder sogar 20 Jahre vergebens gewartet hast. Wenn das dein Plan ist, auf zufällige Glücksmomente zu warten, dann erlebst du vielleicht fünf, sechs oder sieben Glücksmomente in deinem gesamten Leben. Das ist alles! Viel mehr Glücksmomente wirst du nicht erleben, weil du sie erst gar nicht erkennen wirst. Und, weil du sie dir nicht erarbeitest. Ziemlich verschwendet, wenn du dein gesamtes Leben dort herum basteln musst, oder? Ein Leben lang auf maximal sieben Glücksmomente zu warten. Erinnert etwas an den Umstand im Hamsterrad: Sechs Tage pro Woche darauf warten, dass endlich der siebte Tag kommt, an dem du das machen kannst, was dich glücklich macht. Das nennt man nicht Disziplin, das nennt man töricht. Sei ehrlich zu dir selbst! Sei einfach einmal ehrlich zu dir selbst! Was motiviert dich wirklich? Was macht dich glücklich? Wofür stehst du morgens auf? Was würdest du dir wünschen, wenn du drei Wünsche frei hast? Schreibe diese drei Wünsche auf!

1

2

3

Was hast du bisher effektiv dafür getan und was tust du heute dafür, damit du morgen diesen Wunsch leben kannst? Merkst du was? Eben! Und deswegen werden wir heute alles ändern. Du wirst heute anfangen, dein Morgen zu bestimmen, um dein Übermorgen zu leben, wie du es dir vorstellst.

Bevor sich etwas ändert, musst du etwas ändern!

Dort, wo du jetzt bist, bist du hingekommen, indem du das getan hast, was du bisher getan hast. Das bedeutet, dass dein Morgen immer das Produkt von dem ist, was du heute machst. Du hast heute einen Job, weil du gestern eine Ausbildung oder ein Studium abgeschlossen hast. Du wohnst heute dort, wo du gestern den Mietvertrag unterschrieben hast. Unser heute ist immer zweifelsohne das Produkt davon, was wir gestern getan haben. Wenn du gestern Wäsche gewaschen hast, kannst du heute frisch gewaschene T-Shirts anziehen. Wenn du heute also nicht deine Wäsche bügelst, wirst du morgen kaum die Möglichkeit haben, ein gebügeltes Hemd anzuziehen. Bügelst du heute? Wenn nicht, hast du keine Möglichkeit, morgen davon zu profitieren. Du kannst dir auch deine Wäsche bügeln lassen, aber dann musst du eben den Preis dafür zahlen. Bügeln ist wie das Leben. Was du heute nicht bereit bist zu tun, davon wirst du morgen nicht profitieren können. Was du gestern nicht bereit warst zu tun, kannst du heute nicht auskosten. Ergibt das Sinn? Warum ergibt das hier für dich Sinn, in deinem Leben betrachtest du es aber komplett anders? Warum bist du unzufrieden mit dem, was du heute hast, wenn du gestern nicht bereit warst, mehr dafür zu leisten? Und warum wünschst du dir, dass es morgen besser wird, wenn du nicht bereit bist, heute etwas zu ändern? Da ist ein grober Logikfehler. Das geht eben nicht. Aber lebst du dein Leben nicht genau so, dass du denkst, das es morgen besser wird, ohne, dass du heute etwas konkret dafür tust? Du lebst in den Tag hinein, lebst denselben Alltag, immer und immer und immer wieder, und denkst, dass sich morgen etwas, wie von Geisterhand, ändern wird. Die Gesetze der Natur versprechen dir hoch und heilig, dass das nicht funktioniert. Und wann ist der Zeitpunkt, wann du das begreifen wirst? Wie viele Jahre braucht es noch, um dir das zu zeigen? Dass ein Feuer heiß ist, hast du schnell begriffen. Das du morgen nicht reich sein wirst, wenn du nichts dafür tust, bis heute nicht. Es kann sich nur etwas ändern, wenn du etwas änderst. Du kannst nur ein besseres Leben haben, wenn du selbst besser wirst. Wie wirst du besser? Indem du aufhörst, die Dinge zu tun, die du immer machst, dich aber kein Stück voranbringen. Dazu zählt nicht, dass du keine Freizeit mehr hast oder keine Erfolge mehr feierst. Die sind wichtig, damit du genießt, was du erreicht hast. Aber hör auf, Dinge zu tun, die dich nicht glücklich machen oder dir nur kurzzeitig eine Befriedigung geben, dich langfristig aber nicht glücklicher machen. Das sind die Schmerzmittel, von denen du so wenig wie nur möglich konsumieren solltest.

Dein bisheriges Denken hat dich dorthin geführt, wo du jetzt bist. Es wird sich dadurch nicht mehr viel ändern. Also ist es doch nur zu logisch, dass du deine Denkweise auch ändern musst, deine Handlungen, deine Vorstellungen, wenn du ein anderes Leben haben willst. Ein schöner Spruch besagt:

Ich weiß nicht, ob es besser wird, wenn es anders ist. Ich weiß aber, dass es anders werden muss, damit es besser wird.

Unabhängig davon, was du von solchen Zitaten hältst. Kein Satz beschreibt dieses Phänomen so gut wie dieser. Schreibe dir diesen Satz auf, lese ihn dir jeden Morgen und jeden Abend durch. Sprich ihn laut aus. Und du wirst sehen, dass sich deine Denkweise verändert.

Tue was du liebst oder liebe was du tust

Ich muss hier nicht erneut etwas vorkauen, dass du schon bereits kennst. Du weißt selbst, dass du in den Dingen, die du wirklich gerne machst, auch häufig sehr gut bist. Einfach, weil du hier besonders viel Liebe zum Detail hast und dich auch besonders anstrengst, um es gut zu machen. Einfach weil es dir Spaß macht. Das ist auch klar. Es ist kein Geheimnis mehr und sogar wissenschaftlich bewiesen, dass die Leistungen und Resultate von Personen, die das tun, was sie lieben, durchschnittlich besser sind als von denjenigen, die etwas als Mittel zum Zweck machen. Soviel ist bekannt. Und auch logisch.

Aber was bringt dir das? Viele empfehlen dir immer und immer wieder: Mach das was du liebst! Und wenn du das tust, dann wirst du auch immer einen Weg finden, damit deinen Unterhalt zu verdienen. Ich denke, das stimmt teilweise, bin aber nicht vollständig davon überzeugt. Denn zwei Dinge stören mich da: Sicherlich kannst du mit nahezu jeder Idee angenehmes Geld verdienen, dafür braucht es aber mehr als nur eine Leidenschaft. Dafür braucht es dann auch eine entsprechende Geschäftsidee, die Möglichkeit und das Drumherum, um damit Geld zu verdienen. Sicherlich ist das möglich, es ist nur eben nicht so einfach, wie es suggeriert wird. Ich denke jedoch, dass der aufmerksame Leser das schon weiß.

Zweiter Punkt ist der: Was liebst du denn überhaupt zu tun? Bist du dir überhaupt dessen bewusst? Weißt du, was du so richtig leidenschaftlich machst? Jetzt mal abgesehen von Schlafen, Essen und Feiern? Sicherlich gibt es auch hier eben wieder Möglichkeiten, damit ein monatliches Einkommen zu generieren, doch da müssen die Ideen schon etwas abstrakter werden. Ich bin überzeugt davon, dass wir uns häufig nicht bewusst sind, was wir alles gerne machen. Ich denke, dass das häufig eher unterbewusst passiert, weil es dann auch irgendwo zur Routine geworden ist. Falls das bei dir nicht so ist, umso besser, dann kannst du dir hier schon einmal konkret die Dinge aufschreiben, die du gerne machst:

-

-

-

Wenn nicht, dann solltest du dir gedanklich, so gut es noch geht, die vergangenen vier Wochen vor dein geistiges Auge hervorrufen und überlegen, was du innerhalb dieser vier Wochen immer mal wieder gemacht hast. Denn häufig machst du die Dinge, die du gerne magst, auch einfach mal zwischendurch, ohne sie bewusst zu schätzen. Aber du verbindest damit eine Art Ausgleich, es tut dir gut. Und daher tritt diese Beschäftigung immer mal wieder auf. Und jetzt soll dir das Zurückerinnern dabei helfen, solche Prozesse ausfindig zu machen. Und nein, schlafen zählt nicht.

-

-

-

Das war jetzt noch die einfache Variante. Hinzu kommen nämlich noch Dinge, die du gerne machst, die aber nicht so häufig vorkommen oder eben auch nicht immer direkt auf die Sekunde umsetzbar sind, zum Beispiel Skifahren, Fußball spielen, Schwimmen etc.

Beschäftige dich mit den Dingen, die du gerne machst, da dies auch Tätigkeiten sind, die du potentiell sehr gut machst. Das hilft dir natürlich enorm dabei, einen wirklichen Mehrwert zu schaffen. Für dich, oder für andere Menschen dort draußen. Bereits deine hier gesammelten Überlegungen helfen dir, dich deinen Leidenschaften zu widmen.

Eine andere Möglichkeit ist es, das zu lieben, was du tust. Du tust genug Dinge, Tag für Tag. Auch, wenn du sie nicht bewusst wahrnimmst oder sie nebenbei einfach so ausführst. Wir tun immer etwas, auch, wenn wir gerade nichts tun, tun wir etwas. Eben nichts! Diese andere Herangehensweise verlangt von dir, eine Leidenschaft aufzubauen für die Dinge, die du bereits tust. Sei es das Bügeln deines Oberteils. Vielleicht ist dies eine Arbeit, die dir so gar kein Spaß bereitet. Du kannst jedoch versuchen, Facetten mit einzubauen, die dir diese Aufgabe etwas interessanter machen. Du kannst versuchen, dir eine eigene Herausforderung daraus zu basteln, indem du fehlerfreier oder schneller bügelst von Tag zu Tag. Oder, du verbindest mit dieser Tätigkeit etwas anderes, dass dir positive Gefühle gibt. Beispielsweise Musik hören, Singen, Tanzen, eine Serie schauen, Podcasts aufnehmen, Sprachnachrichten verfassen, Sprache-zu-Text-Applikationen verwenden für die Verschriftlichung deiner kreativen Gedanken. Auch hier sind die Möglichkeiten wieder hinreichend abstrakt. Aber eben auch so vielfältig, wie du es vielleicht brauchst. Also überlege dir, welche Dinge du mit Aufgaben verbinden kannst, um dir diese Aufgaben schöner zu gestalten. Vielleicht führt es dazu, dass du dich nun auf diese Tätigkeit freust, damit du die Zeit hast, einem Hobby von dir nachzugehen oder du dir eben diese Zeit für dich nehmen kannst. Es ist nur eine Betrachtungsweise und eine Gewöhnungssache.

Mache, was du liebst oder liebe, was du machst. Du hast für beides die Wahl!

Aber was, wenn...

...dir einige Dinge wirklich unglaublich schwerfallen, du vor etwas wirklich Angst hast, keine Lust hast, es nicht kannst oder oder oder...

Dann mach es als allererstes! Mach es direkt. Keine Überlegung, keine Diskussion. Wenn es machbar ist, mach es direkt. Auch wenn es vielleicht nicht der Reihenfolge nach die sinnvollste Entscheidung ist, diesen Prozess nun direkt zu erledigen und anderen vorzuziehen, so ist es dennoch die richtige Entscheidung. Aus dem ganz einfachen Grund, als dass dich dieser Prozess sonst zu sehr belastet und zu sehr lähmt. Der psychologische Grund ist hier der wirklich Entscheidende! Zum einen schiebst du diesen Prozess sonst unnötig auf, wodurch du dein Vorankommen verzögerst. Zum anderen wird dich der Gedanke an unangenehme Dinge wahrscheinlich viel mehr belasten, als es dich Kraft kosten würde, sie direkt zu erledigen. Das ist ein sehr häufig auftretendes Phänomen: Die Dinge, die du ungerne erledigen möchtest, schiebst du vor dich her. Wenn es aber erledigt werden muss oder erledigt werden sollte, weil es von Vorteil ist, dann ist es ebenfalls wieder nur eine kurzzeitige Linderung, diese Dinge vor dir herzuschieben. Der Gedanke daran, dass es erledigt werden muss, belastet dich wahrscheinlich viel mehr, als wenn du es einfach anpackst. Zeitlich gesehen kostet es dich wahrscheinlich sogar weniger Zeit, es einfach direkt umzusetzen, anstatt es weiter hinauszuzögern. Und: Das Ergebnis liegt vor dir. Du hast also doppelt davon profitiert. Das ist alles.

Daher lautet ein wirklich extrem wichtiger Tipp von mir: Schiebe keine Dinge auf, die für dich unangenehm sind, sondern erledige sie direkt, sofort, umgehend! Als erstes! Wenn es nicht dein komplettes Konzept auseinanderbringt, dann mach es sofort! Du wirst mehr davon profitieren, als wenn du irgendeine andere Lösung in Erwägung ziehst. Mach es dir zur Maxime, die Dinge, die dich am meisten belasten, sofort durchzuziehen! Durch diese Herangehensweise wirst du sehr schnell merken, dass dir bald keine Dinge mehr schwerfallen oder du etwas aufschiebst, weil es unbequem ist, da du alle Prozesse nun ähnlich betrachtest. Sie erhalten alle die angemessene Priorität und werden nicht durch Unbequemlichkeit hinausgezögert. Habe ich schon erwähnt, dass dieser Punkt dieser Herangehensweise ist, von dem du profitierst? Alle Aufgaben erhalten die angemessene Priorität, die du ihnen einräumst. Somit kommt es nicht zu Unstimmigkeiten in deinem Ablaufplan.

Der Unterschied zwischen Preis und Wert

Ein Preis ist immer etwas, dass du zahlen musst. Ein Wert ist immer etwas, was du erhältst. Preis und Wert sind relativ und stets abhängig vom Betrachter.

Ein Preis bildet häufig die Einstiegsbarriere. Ein Hindernis, dass überwunden werden muss. Möchtest du ein Produkt oder eine Dienstleistung kaufen, so musst du einen Preis dafür zahlen. Ohne die Zahlung des Preises erhältst du das Produkt oder die Dienstleistung nicht. Du setzt den Preis stets in Relation zum Wert, den dir das Produkt oder die Dienstleistung bringt. Die Frage: „Ist es mir das wert?“ beschreibt genau dieses Phänomen. Ist der Preis für den Wert, den es für dich hat, angemessen? Wir fühlen uns gut und gehen diesen Tausch leichter ein, wenn der Wert für uns höher erscheint als der Preis, den wir dafür zahlen müssen. Ein gleichrangiger Tausch geht meist nur mit großer Überlegung einher. Wenn der Preis größer ist als der Wert, den wir uns vorstellen, platzt die Transaktion für uns in aller Regel.

Auch im Leben hat alles seinen Preis. Für einige Dinge musst du etwas aufgeben, für andere Dinge musst du etwas aufwenden, für wieder anderes musst du etwas überwinden. Wenn du etwas erreichen willst, musst du den Preis dafür zahlen. Der Preis, den du zahlen musst, kann so unterschiedlich sein wie nur vorstellbar, einmal kann der Preis wirklich bare Münze sein, manchmal ist es das Überwinden von Angst oder Faulheit, manchmal die Unbequemlichkeit, Dinge aufzugeben, an die du dich gewöhnt hast. Einen Preis zu zahlen bedeutet eben nicht nur, Geld aufzuwenden. Und bevor wir einen Preis zahlen, schätzen wir den Wert ab, den das Ergebnis unserer Transaktion für uns einbringt. Der Wert ist für uns das einzig Entscheidende. Versuche jedoch für dich zu verinnerlichen, dass es einen bedeutenden Unterschied zwischen dem Preis und dem Wert gibt. Wichtig ist, dass der Wert von etwas immer durch den Betrachter zustande kommt und nicht etwa durch den Schöpfungsprozess oder die Wertkette eines Gutes. Der Wert für etwas liegt einzig und allein im (Mehr)wert für den Einzelnen. Versuche, in Dingen erst den Wert zu erkennen, bevor du den Preis betrachtest.

Hierzu ein einfaches Beispiel: Welchen Wert hat Wasser? Und zu welchem Preis wird Wasser verkauft? Der Wert wird nicht dadurch bestimmt, wie weit das Wasser durch Rohre fließen muss, durch welche Täler und Gebirge es fließt, oder aus welcher Quelle es entspringt. Der Preis, der für die Allgemeinheit jedoch festgelegt wird, wird genau durch solche Faktoren bestimmt. Der Wert des Wassers ist von Menschen zu Menschen und von Situation zu Situation jedoch komplett unterschiedlich.

Hierzu ein einfaches Beispiel:

Ein Wanderer macht sich auf, um die unendlichen Weiten der Wüste auszukundschaften. Seine Wasservorräte sind jedoch schon nach den ersten Tagen verbraucht, sodass er in den kommenden Tagen unter starkem Durst leidet und keine Trinkmöglichkeit findet. Plötzlich kommt eine zweite Wanderin daher, die sich gerade auf ihrem Rückweg befindet und noch dutzende Liter Wasser im Gepäck hat. Sie hat sich verschätzt und viel zu viel mitgenommen. Nun muss sie also alles wieder zurückschleppen.

Als sich diese beiden Wanderer trafen, bemerkte der verdurstende Wanderer die großen Wasservorräte der Wanderin. Er fragt sie, was oder wieviel sie für einen Liter Wasser haben möchte. Die Wanderin könnte nun jeden erdenklich hohen Preis verlangen, den der Wanderer wohlmöglich gewillt ist, zu zahlen, da das Wasser für ihn in diesem Augenblick einen unschätzbar hohen Wert hat. Für die Wanderin hat das Wasser keinen allzu hohen Wert mehr, da sie bereits in wenigen Tag wieder in der Stadt ist und kein Wasser mehr benötigt. Ganz im Gegenteil: Für Sie ist das Wasser eine Last, die sie noch in die Stadt schleppen muss. Das gleiche Wasser, dass die Wanderin besitzt und der verdurstende Wanderer haben möchte, ist also im gleichen Augenblick sehr viel wert und auch nicht viel wert. Der Preis? Hängt von den Fertigkeiten, vom Wohlwollen, aber auch vom Verhandlungsgeschick der Wanderin ab.

Du siehst, dass Preis und Wert immer relativ sind. Sie sind auch von der jeweiligen Situation abhängig, in der du dich gerade befindest. Es ist wichtig, dass du dir überlegst, welchen Wert die Dinge für dich haben, denen du täglich begegnest oder begegnen wirst. Alles wird seinen Preis haben. Zahle den Preis, wenn der Wert für dich höher ist. Dann ist es auch egal, wie hoch der Preis ist. Wenn der Wert höher ist, wird es für dich immer eine profitable Transaktion sein.

Mache dir also genau Gedanken, welchen Wert für dich bestimmte Dinge haben. Sei dann aber auch bereit, auf bestimmte Dinge zu verzichten, oder, wenn sie wirklich sinnvoll für dich und dein Vorankommen sind, den Preis zu zahlen, auch wenn er hoch ist. Wenn du diesen Preis in dieser Situation als angemessen empfindest, zahle ihn.

Was ist die absolut wichtigste Voraussetzung, um finanziell frei zu werden?

Wichtig ist, dass du, neben all´ diesen warum-Fragen, auch die wie-Fragen beantwortet bekommst. Und ein Faktor ist eben auch das Geld, was mit deiner Zielerreichung verbunden ist. Ich bin überzeugt, dass du, auch wenn du nicht das große Geld machen möchtest, dennoch nach finanzieller Freiheit streben solltest, da sie dir alles andere ermöglichen kann auf dieser Welt. Geld ist und bleibt das liquideste Finanzmittel als Tauschobjekt gegen Waren und Dienstleistungen. Bedeutet: Egal was deine Ziele sind: Geld wird sicherlich zu bestimmten Teilen seine Rolle spielen. Aus dem Grund sollten wir schauen, wie wir dich finanziell auch stabilisieren.

Also, was ist die wichtigste Voraussetzung? Nicht etwa Geld. Das wäre ja auch etwas zu einfach. Geld bekommst du und Geld hast du, wenn du wohlhabend bist. Ein Sprichwort besagt: „Wer Geld hat, wird Geld bekommen". Und das hat auch einen einfachen Grund. Denn wenn du es geschafft hast, einen gewissen Wohlstand aufzubauen, dann zeigt das, dass du mit Geld umgehen kannst. Aus diesem Grund wird es dem wohlhabenden leichter fallen, Geld zu machen. Man sagt: „Nimm einem Millionär seine Millionen weg, und er wird in kurzer Zeit wieder Millionär sein". Der Umgang mit Geld ist einzig und allein der entscheidende Faktor.

Somit ist Geld zwar wichtig, um wohlhabend zu sein und zu werden. Wichtiger ist jedoch noch der Umgang damit. Wie meisterst du den Umgang mit Geld? Die allerwichtigste Komponente dafür ist in der Tat dein Mindset und der damit verbundene Umgang mit Geld. Geld ist wie ein Apfelbaum. Anfangs musst die dich um die Saat und anschließend um den ersten Wuchs kümmern. Später kannst du dir deine Äpfel vom Baum pflücken, ohne viel dafür tun zu müssen. Den Baum pflanzen und zum Wachsen bringen musst du aber schon selbst.

Warum ist das noch wichtiger, als einfach auf irgendeiner Art und Weise zu Geld zu kommen? Die Antwort liegt auf der Hand: Weil dein Mindset dich dazu bringt, Dinge zu tun, die dich reich werden lassen. Dein Mindset ist dafür verantwortlich, nach Chancen zu suchen, Möglichkeiten zu finden, Rückschläge wegzustecken und Erfolge zu maximieren und zu feiern.

Dieser Fakt ist der aller Unbequemste, den wir uns vorstellen können. Denn er ist etwas nicht Greifbares, etwas, was man sich nicht kaufen, sich nicht leihen oder irgendwo einfach finden kann. Dieses Mindset ist vielmehr ein sehr abstraktes Ding, das uns begegnet, wenn wir uns ausgiebig damit beschäftigen. Es muss erarbeitet werden. Es scheint sehr unrealistisch, teilweise sogar oberflächlich und wenig produktiv zu sein. Jeder sagt: „Es kommt auf deine innere Einstellung an" Wenn du denkst, das ist nichts mehr als heißes Geschwafel, dann kann ich dich sehr gut verstehen. Und falls du das nicht denken solltest, dann kann ich dich auch sehr gut verstehen. Denn ich habe in der Tat auch beide Seiten erlebt, um mir letztendlich selbst ein Bild davon machen zu können. Und das solltest du auch.

Dieses Mindset, dass dir hilft reich zu werden, ist aus dem Grund sehr wichtig, da du dadurch sehr offen für deine Umgebung bist. Meistens hilft es dir nicht, wenn du dir Nächte um die Ohren haust, um darüber nachzudenken, welches Produkt du erfinden kannst, um einen Bestseller zu erschaffen und Millionen zu verdienen. Meist sind es die kleinen Dinge, die dir wiederfahren, wo du dir denkst, dass du irgendetwas vielleicht schneller, leichter oder sogar besser machen kannst als jemand anderes. Und damit ist dann auch schon die erste Idee geboren.

Neben der Idee, etwas zu gründen, zu erschaffen oder etwas zu leisten, bist du offen für Neues. Neue Ideen, neue Menschen, neue Chancen. Das alles ergibt sich nur, wenn du ein offenes Visier hast. Wer weiß, ob du mit dem nächsten Kontakt, den du knüpfst, nicht vielleicht in ein riesen Business rutschst? Vielleicht sucht dieser Mensch gerade jemanden, mit dem sie/er ein großes Projekt realisieren kann? Sei immer offen für neues, dankbar für jede Gelegenheit, sie könnte dein Leben verändern.

Der letztendlich wichtigste Punkt in deinem Mindset ist aber auch hier der Folgende: Das Tun! Dieser Fakt zieht sich durch dein Leben.Tu es! Tu es einfach! Egal welche Idee du hast: Wenn sie nicht vollkommen daneben ist, birgt sie ein sehr großes Potential. Es gibt sicherlich unzählige Menschen dort draußen, die Interesse daran haben würden, was du machst. Schau dir die Vielfalt unserer Kulturen, unserer Produkte, unserer Speisen an. Warum gibt es von einem Produkt millionenfach verschiedene Varianten? Es wird immer Leute geben, die Wert auf Extravaganz legen, verrückte Ideen unterstützen oder einfach auf deine Idee gewartet haben. Aber das Allerwichtigste, was du für deinen Erfolg tun musst, ist, es zu tun! Du musst es machen. Du musst damit anfangen und es auch wirklich durchziehen. Ich habe drei Anläufe gebraucht, dieses Buch zu schreiben, bis ich wirklich wusste, dass ich es machen muss, weil ich Menschen dort draußen helfen will, die ihren Mut verloren oder einfach keine Lust auf ihr Standard-Leben haben. Tu es einfach. Bevor du es nicht tust, wird auch nichts passieren. Rein gar nichts! Null! Es wird sich nicht ändern. Es wird nicht morgen jemand kommen und dir dein Business aufgebaut haben und es dir schenken. Du wachst morgen genau so auf, wie du heute aufgewacht bist, und gehst nächste Woche genau so zu Bett, wie du es heute tust. Es ändert sich rein gar nichts. Das ist, was du vielleicht vorher nicht kapiert hast. Von allein ändert sich nichts. Du wirst von allein nicht muskulöser, nicht reicher, nicht besser. Du musst was dafür tun. Und weil das unbequem ist, sträubst du dich davor, und ärgerst dich lieber, als endlich was zu ändern. Die Zeit, in der du genervt bist von dir selbst, niedergeschlagen, unzufrieden und gar unglücklich bist, diese Zeit... nimm 50% davon, und du hättest bereits alles aufbauen können, was dich jetzt an dein Ziel gebracht hätte. Anstatt fünf Stunden zu beklagen, wie gut es anderen und wie schlecht es dir geht, nimm von mir aus auch nur zwei Stunden, und mach verdammt nochmal etwas Produktives. Dann hast du immer noch drei Stunden übrig, in denen du komische Sachen machen kannst.

Du willst immer etwas ändern oder eher gesagt geändert haben, machst aber nichts dafür. Wie soll sich dann etwas ändern? Heilige Gabe? Zauberei? Bullshit! Das Leben, was du jetzt lebst, ist das Produkt dessen, was du bisher getan hast. Wie kann sich dann das Morgen ändern, wenn du heute wieder das Gleiche wie gestern machst? Du kaufst heute Reis ein und willst morgen Lasagne essen. Funktioniert so nicht! Waren die Jahre davor nicht schon Beweis genug, um dir zu zeigen, dass du mit dieser Art des Denkens und mit dieser Art des Handels nicht vorwärtskommst?

Du redest immer davon, dass du morgen anfängst. Morgen werde ich... falsch!! Fang jetzt an! Nicht einfach heute, jetzt! Schreib sofort drei Dinge auf, die du ab jetzt ändern willst!

1

2

3

Schreibe dazu auf, welche Änderungen sich dadurch für dich ergeben könnten und welche Dinge du damit wahrscheinlich erreichen willst. Du willst aufhören zu rauchen? Schreibe es dir hier sofort auf und überlegen, was du mit diesem gesparten Geld monatlich anfangen kannst. Im Zweifel: Sparen! Eine Packung Zigaretten in der Woche kostet dich vielleicht 6 Euro. Das macht im Monat 24 Euro. Das sind im Jahr 288 Euro. Das sind in 10 Jahren 2880 Euro. Überlege, was du dank des Zinseszinseffektes aus diesem Geld hättest herausholen können. Bedenke, dass jeder gesparte Euro mehr eine große Auswirkung auf das letztendliche Ergebnis des Zinseszinses bedeutet.

Also, hast du die Liste nun ausgefüllt? Was willst du ab sofort ändern und wie würde sich dadurch dein Leben verändern? Schreibe es kurz und knapp auf, jedoch so, dass du auf den ersten Blick sofort ein klares Bild vor Augen hast. Schicke mir diese Liste per Email. In einem Monat und in einem Jahr werden wir ein Resümee ziehen. Hast du es wirklich sofort geändert? Hast du das geschafft, was möglich war? Wenn nicht, waren deine Ziele unrealistisch, oder du warst ein Faulpelz und hast es wieder nicht durchgezogen. Dann hast du wieder rein gar nichts gelernt. Meine Email findest du am Ende dieses Buches.

Hast du das Ziel erreicht? Oder fast erreicht? Verdammt, dann hast du es endlich geschnallt und siehst, wie es funktioniert. Dinge kommen nicht von heute auf morgen. Auch Teilerfolge sind Erfolge. Sie bringen dich näher an dein Ziel. Näher, als du durch deinen verkorksten Alltag bisher erreichen hättest können. So funktionieren die Dinge! Nicht anders! Du wirst deine Erfolge nicht direkt morgen sehen, aber nächste Woche. Und nächsten Monat sind sie noch deutlicher. Und nächstes Jahr wird es Früchte tragen. Und in fünf Jahren wirst du sehen, dass es die beste Entscheidung deines Lebens war.

Du musst deinen Schalter umlegen. Willst du etwas ändern, musst du etwas ändern. Von allein passiert rein gar nichts, außer, dass sich das Hamsterrad für dich weiterdreht und du irgendwann stirbst. Sonst passiert nichts von allein. Es ist wirklich unbequem, vor allem dann, wenn du gewohnt bist, die Dinge so anzupacken, wie du es bisher gemacht hast. Du möchtest jedoch mehr. Du willst auf die nächste Stufe. Dann musst du auch das tun, was dafür notwendig ist.

Der Faktor Zeit

Wie oft höre ich von Menschen, dass sie einfach keine Zeit haben, Dinge zu erledigen, etwas aufzubauen, etwas zu erschaffen. Hast du Zeit? Hast du genug Zeit, etwas zu machen?

Jeff Bezos, Gründer von Amazon, reichster Mensch der Welt... Hat er mehr Zeit als du? Hat er 26 Stunden pro Tag und du nur 24? Das ist Unfug, richtig! Aber warum handelst du dann so, als wenn es so wäre? Wieviel Zeit hast du, etwas zu erschaffen, wie es Jeff Bezos getan hat? Ganz genau so viele Stunden am Tag wie er. Keine einzige Millisekunde mehr oder weniger. Exakt die gleiche Zeit! Es kommt halt einfach eben auf zwei kleine Dinge an: Was du mit deiner Zeit anfängst und wie du mit Zeit umgehst. Nichts anderes. Das eine hat was mit Priorisieren zu tun, das andere mit Organisieren.

Priorisieren bedeutet, dass du Aufgaben und Dinge nach einer bestimmten Reihenfolge erledigst. Darüber gibt es viele hilfreiche Bücher, wie du sinnvoll priorisierst. Kurze Zusammenfassung nun hier von mir: Fang mit dem Wichtigsten und Dringlichsten an und stelle den Rest erst einmal hinten an. Das Ganze hat zwei Effekte: Erstens wirst du dadurch einige Dinge nicht mehr tun, die für dich einfach eine untergeordnete Relevanz haben. Entweder komplett auf sie verzichten und vergessen, dass es sie gab, ohne einen Einschnitt in deinem Leben zu spüren, oder eben, sie später zu erledigen, wenn du dich vorher um alles Wichtige gekümmert hast. Dadurch merkst du, wie unsinnig diese Tätigkeit war und wie sehr sie dir Zeit geraubt hat, ohne einen Mehrwert zu bringen. Teilweise merkst du sogar, dass du zusätzlich davon noch profitierst, wenn du sie weglässt. Zweitens kriegst du die richtig wichtigen Dinge auch wirklich erledigt und zwar dann, wenn du die beste Leistung abrufen kannst, damit die wichtigen Dinge auch wirklich gut erledigt werden. Das sollten Dinge sein, die entweder für dich oder für andere Menschen großen Mehrwert liefern.

Wie findest du heraus, welche Aufgaben für dich wichtig sind oder für die Menschen in deiner Umgebung? Stell dir dazu einfach folgende Fragen:

Warum tue ich das?
Welchen Nutzen habe ich davon?
Welchen Nutzen haben andere Menschen davon, die mir wichtig sind?

Wieviel Zeit kostet mich das?

Wieviel Geld kostet mich das und was bin ich bereit zu investieren?
Wieviel Zeit und Geld bringt es mir ein?
Wie unterstützt es mich bei der Erreichung meiner übergeordneten Ziele?

Was passiert, wenn ich diese Tätigkeit weglassen würde?
Was kann ich anstelle dessen Sinnvolleres machen?

Dadurch, dass du dir diese Fragen stellst, bildest du geistig den Prozess ab und überlegst wirklich, welchen Nutzen dir diese Tätigkeit bringt. Damit misst du jeder Tätigkeit schon ein bestimmtes Maß an Wichtigkeit bei: Entweder mehr oder weniger. Und wenn es weniger wichtig ist, dann stellst du es automatisch in Frage und denkst dir, was du anstelle dessen Sinnvolleres tun kannst. Du rufst dir also weitestgehend alle Prozesse vor dein geistiges Auge und durchlebst diese bewusst. Die Zeit, die du in diese Überlegungen investierst, wird dir wiederum sehr viel Zeit ersparen. Das Potential der Zeiteinsparung durch Priorisierung von Aufgaben ist riesig.

Beginne, einen Großteil deiner Zeit für Dinge zu verwenden, die dich voranbringen oder zumindest glücklich machen, anstatt sie zu verschwenden für Dinge, die dich kurzzeitig vermeintlich „glücklich" machen. 80% deiner Zeit sollten genau das tun. Nicht weniger. Die anderen 20% können für andere Aufgaben verwendet werden. Für solche, die dir Spaß machen, auch wenn sie dich nicht voranbringen. Diese Zeiten sollten jedoch immer bewusst gelebt werden. Bewusst, ob sie dir guttun oder dir viel eher deine Sicht vernebeln. Bei genauerer Hinsicht zeigt sich jedoch, dass sie dir häufig nur etwas vorgaukeln. Achte darauf, dass es keine Dinge sind, die so oberflächlich sind, dass du in Wahrheit keinen persönlichen, sachlichen oder emotionalen Nutzen daraus ziehst und immer noch genauso unzufrieden bist wie vorher. Du betäubst dich quasi dadurch nur kurzzeitig, um von deinem eigentlichen Plan abzulenken. Unschön, sich selbst auszutricksen, oder was denkst du?

Es ist nun deine Aufgabe, dich mit deinen Tätigkeiten, die du tagsüber so machst, auseinanderzusetzen, und zu überlegen, um welche Art von Tätigkeit es sich handelt und wie sehr du sie brauchst.

Und jetzt habe ich leider eine sehr schlechte Nachricht für dich: Und ja, das hier ist eine Lockmethode, um dich jetzt ganz stark aufmerksam darauf zu machen, was jetzt kommt. Also, volle Aufmerksamkeit und lies, was ich nun hier schreibe.

Die schlechte Nachricht für dich ist, dass leider alles, und zwar wirklich alles, in deinem Leben einem Prozess unterliegt. Und das ist wirklich ein Problem, so scheint es zumindest. Das ist ein großes Problem für dich. Denn das bedeutet, dass du Dinge häufig nicht von heute auf morgen ändern kannst oder eben die Ergebnisse nicht direkt siehst: Gewohnheiten umzuprogrammieren dauert Tage bis Wochen, damit sie leicht von der Hand gehen und dann sogar Routine werden und dir Wohltat bringen. Dinge in deinem Leben ändern dauert Wochen, vielleicht sogar Monate, gar Jahre. Den Partner fürs Leben kennenzulernen, dauert auch meist Monate oder Jahre. Auch die Zeit vom ersten Treffen bis zur festen Beziehung ist meist ein längerer Prozess. Abzunehmen, zuzunehmen, für einen Marathon zu trainieren, ein aufwändiges Essen zubereiten. Nichts passiert von der einen Sekunde auf die andere. Aber das ist auch gut so, denn so haben wir Zeit, einige Dinge zu reflektieren, zu verbessern und letztendlich ein hervorragendes Resultat abzuliefern. Dieser Prozess unterscheidet zwischen Machern und Verlierern. Verlierer scheitern auf dem Weg, nicht weil sie es nicht können oder nicht hinbekommen würden, sondern weil sie zu faul sind, zu undiszipliniert oder einfach zu unmotiviert. Und das ist wiederum auch gut so. Denn das Geld, was sie nicht verdienen, ist das Geld, was wir noch leichter verdienen können. Die Chancen, die sie nicht nutzen, sind die Chancen, die du jetzt zusätzlich nutzen kannst. Und das Leben, was sie nicht leben können ist das Leben, was du jetzt leben kannst. Vor diesem Buch hast du vielleicht noch zu den Verlierern gehört, die bisher immer aufgegeben haben. Zumindest, wenn es um die wirklich großen Pläne im Leben ging. Aber jetzt hast du dich dazu entschieden, zu den Machern zu gehören. Jetzt willst du etwas ändern. Jetzt wirst du etwas ändern!

Prozesse sind häufig unbequem, weil sie kein direktes Feedback liefern, zumindest meistens nicht. Der Mensch ist durch die technischen Möglichkeiten mittlerweile gewohnt, direkt Informationen zu erhalten, seine Bestellungen am gleichen Tag entgegenzunehmen, sofort Suchmaschinenergebnisse präsentiert zu bekommen. Du bist es einfach nicht mehr gewohnt, Prozesse zu erarbeiten und das Ergebnis später zu erhalten. Wir können einige Dinge jedoch eben nicht ändern. Manche Dinge, wie Gewohnheiten, Übergewicht, die Führerscheinprüfung, sie gehen nicht von heute auf morgen. Du musst dich darauf einstellen, für Dinge zu arbeiten, deren Resultate und Erfolge dann aber erst in geraumer Zukunft sichtbar werden. Das ist nicht bequem, wie nichts hier an dieser Lektüre, da du eben nicht direkt siehst, wofür du etwas machst, da du nicht spürst, wie sich unmittelbar etwas ändert. Und deswegen ist dein Mindset so wichtig. Denn du bleibst motiviert und gibst weiter Gas, weil du weißt, dass sich etwas ändern wird. Weil du dir, dem Prozess und den Gesetzen der Natur vertraust, dass es immer ein Ursache-Wirkungs-Prinzip gibt. Das ist der Schlüssel, der dich weiterbringt, der dich motiviert, der dich am Ball hält, und das ist der Faktor, der dich erfolgreich werden lässt.

Von 82 000 000 Menschen in Deutschland gibt es 1 000 000 Millionäre. Nicht, weil sie besonders talentiert sind oder besonders viel Glück haben, nein. Sondern, weil sie verstanden haben, das Dinge Prozesse unterliegen und diese Prozesse die entscheidenden Faktoren darstellen. Sie haben verstanden, dass man heute etwas dafür tun muss, um in fünf Jahren in Wohlstand zu leben. Sie verstehen, dass sie für etwas arbeiten, was morgen noch nicht fertig ist, aber in fünf Jahren ein Leben ermöglicht, von dem sie jetzt träumen, und dass bis zum Ende ihrer Tage.

Einige Dinge in diesem Buch mögen vielleicht etwas abstrakt erscheinen. Und wenn du mit anderen Menschen darüber sprichst, dann kann es sein, dass auch diese Menschen keine Vorstellung davon haben, es als oberflächlich betrachten und sich vielleicht darüber mokieren. Ich denke, du solltest ihnen empfehlen, sich etwas mit ihrem Leben auseinanderzusetzen oder vielleicht dieses Buch zu lesen, falls es dir geholfen hat. Denn es gibt einen Grund, warum nur 1 Millionen Menschen von 82 Millionen Menschen in Deutschland Millionäre sind, und nicht anders herum. Es zeigt, dass auf 82 Menschen gerade mal ein Mensch kommt, der so denkt wie du. Auf wen solltest du also hören? Auf die Allgemeinheit, die Mehrheit? Ganz sicher nicht!

Dass viele Menschen so denken, wie du bisher gedacht hast, und viele Menschen so leben, wie du bisher gelebt hast, das hast du bereits erfahren. Da du aber nicht leben möchtest, wie du es bisher getan hast, musst du etwas ändern. Auch wenn es unbequem ist, auch, wenn es für dich manchmal zu schwer erscheint. Denk dran: 1 von 82. Wenn du nicht zu den 81 gehören willst, und bisher jedoch dazu gehört hast mit deiner Denkweise, dann versuche zu überlegen, ob der 1 von 82 nicht vielleicht etwas anders gemacht hat, überlege, ob er nicht vielleicht die gleichen Gedanken wie du hatte, und es dann einfach gemacht hat, etwas anderes getan hat als gestern, um sein morgen zu verändern. Überlege, was du ändern kannst, um nicht einer von 81 zu sein, sondern anders zu sein, als 81 Menschen.

Stell es dir wie in einem Garten vor: Du gießt die Wurzeln jeden Tag, weil du weißt, dass aus ihren Zwiebeln oder Knospen irgendwann schöne Blumen entstehen werden. Weil du schon gesehen hast, dass es sie gibt und weil du dich auf die Natur der Sache verlässt. Das Ursache-Wirkungs-Prinzip. Auch wenn du heute noch nichts siehst, gießt du diese Wurzeln, tagein tagaus, damit daraus in einigen Wochen eine wunderschöne Blumenwiese entsteht. Begieße dich also selbst, jeden Tag, damit aus dir in kurzer Zeit ein glücklicher Mensch entsteht.

Gibt es so etwas wie Glück?

Ja, es gibt so etwas wie Glück. Aber nein, es ist nicht das, was faule Menschen darunter verstehen. Was verstehen faule Menschen denn darunter? Sie bilden sich ein, Glück sei so etwas wie Schicksal. Eine höhere Macht, eine Gegebenheit, die einem (aber meistens dann eher den anderen) einfach so wiederfährt und andere Menschen glücklich und erfolgreich macht. Wie von Geisterhand, durch eine höhere Macht. Schicksal eben. Es scheint, als hätte man keinen Einfluss darauf. Also würde es einfach passieren. Rein aus Zufall. Und wenn der Zufall positiv ist, dann war es Glück! Nicht nur Glück, Schicksal. Und das schlimme an diesem glücklichen Schicksal ist, dass es immer nur den anderen wiederfährt. Nie einem selbst! Nie hast du Glück. Immer nur die anderen! Die anderen haben reiche Eltern, bessere Lebensumstände, einen besseren Chef, eine üppigere Bezahlung. Meist hat das mit Glück zu tun. Verknüpfst du diese Dinge teilweise mit Glück? Wenn ja, dann hast du so einen unglaublich großen Denkfehler in deinem Kopf, mit dem wir erst einmal wirklich dringend aufräumen müssen. Und das ist wirklich wichtig, also lass uns direkt darüber sprechen.

Das Adjektiv zu Glück ist glücklich. Du weißt, was glücklich sein bedeutet. Irgendwo in Richtung zufrieden, erfüllt. Also, du hast

also Glück, wenn du glücklich bist. Du bist ja auch neidisch, wenn du Neid besitzt. Richtig? Richtig! Also, damit haben wir auch schon die Lösung. Glück ist nicht, was uns wiederfährt, Glück ist das, was wir verspüren, was in uns abgeht. Äußere Umstände können also nie Glück sein, Glück kann nur in uns gefühlt werden. Klingt sehr spirituell, ist es aber rein gar nicht. Glück ist eine emotionale Auffassung, nicht ein äußerlicher Prozess.

Deine Freundin hat letzte Woche das Angebot von ihrem Chef bekommen, nach Thailand zu fliegen. Sie hat ja Glück, dass sie das angeboten bekommt. Deine Kollegin hat nur leider unglaubliche Flugangst und denkt, dass sie diesen Flug nicht absagen kann, weil ihr Ansehen oder sogar ihr Job daran hängt. Hat sie immer noch Glück? Ist sie immer noch in einer glücklichen Lage? Du siehst, alles ist Auslegungssache. Und so ist auch Glück Auslegungssache. Die faulen Menschen bezeichnen Dinge als Glück, die sich der Fleißige durch ständige Arbeit hart erkämpft hat. Der Faule sieht das Glück in Dingen, die andere Leute haben, die er selbst haben will, aber nicht bereit dafür ist, etwas zu tun oder gar aufzugeben. Der Preis ist ihm für dieses „Glück" zu hoch. Der Faule sieht nicht, welche Arbeit der Fleißige in sein Leben steckt, während andere nicht hinschauen. Der Faule sieht die Spitze des Eisbergs, während der Fleißige zum Grund schwimmt.

Das, was du als Glück ansiehst, ist nichts weiter als eine Ausrede, dir deine Situation schönzureden, um deine wirklichen Ziele zu verkennen und damit verbundenen Unbequemlichkeiten zu betäuben. Glück ist fast schon ein Unwort. Es verkennt die Arbeit der Tapferen und Fleißigen. Es beleidigt die Macher. Glück müsste aus unserem Wortschatz gestrichen werden. Glücklich sein ist das Einzige, was verwendet werden darf. Oder verwendet werden sollte.

Warum? Weil Glück ja allem Anschein nach für jeden etwas anderes bedeuten kann. Sicherlich stimmen wir in einigen Dingen überein, weil wir ähnliche Ziele oder Motivationen haben könnten. Das bedeutet auch, dass wir ab und an einen gleichen Glückszustand anstreben könnten. Aber wenn wir uns das mal genau anschauen, dann bedeutet Glück für dich auch was anderes als für mich. Und das ist wissenschaftlich bewiesen! Glück ist immer nur in deinem Auge Glück, da du nie weißt, welche Wünsche dein Gegenüber hat, welche Sorgen sie/er damit verbindet, was du als Glück bezeichnest und welche Dinge in ihrem/seinem Kopf vorgehen. Da jeder Mensch unterschiedlich denkt und ist, ist auch Glück immer anders definiert.

Glück ist also vielmehr die innere Einstellung. Und die wird sich ja wohl am besten zu einem glücklichen Zustand formen, wenn du die Dinge so betrachtest, dass sie für dich Glück bedeuten können. Also kann es Glück sein, dass du diesen Zug verpasst hast, da du dort sehr unangenehme Bekanntschaft mit einem aufdringlichen Menschen gemacht haben könntest. Es kann Glück sein, dass du den Job nicht bekommen hast, da du dadurch auf eine ganz neue Stellenanzeige gestoßen bist, die dich viel mehr dorthin bringt, wo du hinmöchtest. Deine Auffassung von Glück sollte sich also auch neu ausrichten können. Also bedeutet Glücklichsein auch, sich an ändernde Lebensumstände anzupassen.

Ebenfalls bedeutet es, dass unsere innere Einstellung zum Glück beeinflusst, wie viele glückliche Momente du erlebst. Das ist logisch, oder? Glück kann eine selbsterfüllende Prophezeiung sein, Glück ist abhängig von deiner Einstellung zu Glück. Gibst du mir recht? Dann habe ich Glück, dass du mit mir übereinstimmst. Denn ich bin glücklich, wenn ich dir mitgeben kann, was Glück eigentlich bedeutet.

Glück ist eben auch kein Schicksal, erst recht kein Zufall. Wie du gerade gesehen hast, ist es immer nur ein Produkt deiner inneren Einstellung. Ebenso hast du sicherlich nachvollziehen können, das Glück nicht für jeden Menschen dasselbe bedeutet. Wie kann Glück dann also Schicksal sein? Oder Zufall?

Dann gehst du ja davon aus, dass eine höhere Instanz über dein Leben regiert. Diese Denkweise ist sowieso nur dann vertretbar, wenn du gläubig bist. Ob du es bist oder ob du es nicht bist, spielt hier grade keine Rolle. Es spielt aber dann eine Rolle, wenn sich deine Glaubenssätze widersprechen. Glück ist rein durch deine innere Einstellung bestimmt. Und bestimmt jemand über deine innere Einstellung außer dir selbst? Bestimmt dies auch eine höhere Instanz? Wenn ja, dann bist du wirklich sehr streng gläubig. Wenn du der Meinung bist, dass nur du darüber bestimmst, und diese innere Einstellung wiederum über Glück und Unglück bestimmt, dann bestimmst du ja letztendlich, ob du Glück hast oder nicht. Stimmt das?

Also ist Glück lediglich das Produkt einer inneren Einstellung, und die innere Einstellung ist das Produkt deiner selbst. Etwas, worauf überwiegend nur du Einfluss hast und was du frei bestimmen kannst. Bedeutet, dass du dein Glück komplett autonom in die Hand nehmen kannst. Schreib mir bitte eine Mail, wenn ich hier einen gedanklichen oder logischen Fehler eingebaut habe. Aber eigentlich sind die Kausalzusammenhänge klar. Und die Herleitung dessen auch stimmig. Wo ist also der Fehler in der Matrix? Warum bist du dann nicht glücklich, obwohl du es ja selbst bestimmen kannst?

Der Fehler in der Matrix, liegt, und jetzt wird es hart, zu 100% bei dir selbst! Denn das Hauptproblem ist, dass deine Vorstellungen und Erwartungen nicht mit deiner Motivation und deinem Willen übereinstimmen. Und das macht dich unglücklich beziehungsweise lässt dich kein Glück haben oder viel eher „verspüren". Wie kannst du Glück haben, wenn deine innere Einstellung nicht nach Glück sucht? Ist es vielleicht möglich, dass du einige Dinge gar nicht als Glück betrachtest? Vielleicht verschließt sich das Glück vor dir, da du nicht offen dafür bist. Da du gar nicht weißt, was Glück für dich bedeutet. Hast du dir jemals Gedanken darüber gemacht, was für dich Glück ist? In welchen Situationen würdest du dir Glück wünschen?

Fasse bitte kurz und knapp zusammen, was genau für dich Glück bedeutet. Schreib es hier auf, was du als Glück empfindest. Achte dabei, dass du griffige Dinge beschreibst, konkrete Situationen oder Zustände.

Und jetzt beantworte dir selbst folgende Fragen:

Was tust du dafür, dieses Glück zu finden? Was warst du bisher oder bist du heute bereit zu tun, um dieses Glück zu erfahren? Schreib bitte drei Dinge auf, die du bereits dafür getan hast. Und zwar sollten diese Dinge konkret sein. Nicht: Ich will reich werden - und habe mein Leben lang dafür Lotto gespielt...

Auch Lottospielen ist kein reines "Glück". Lottospielen ist Spielen nach Wahrscheinlichkeit. Du berufst dich hier auf Statistik. Du nimmst in Kauf, eine Gewinnwahrscheinlichkeit von 1 zu 14 Millionen auf dich zu nehmen. Was tust du aktuell dafür, morgen Glück zu haben? Oder sogar heute schon? Wann und wo wünschst du dir, einfach einmal Glück zu haben? Und nimmst du dein Glück dann überhaupt wahr? Nimmst du jeden Glücksmoment wahr, dem du alltäglich widerfährst? Glaubst du nicht, dass dein Alltag für andere Menschen, denen es nicht gut geht, das reinste Glück ist? Jeder Mensch sieht in Glück etwas anderes, weil sie/er aus anderen Umständen kommt, andere Situationen durchlebt hat. Und deswegen kann nur jeder Mensch für sich selbst bestimmen, was Glück für eine/n bedeutet. Also, wo hast du heute Glück?

Wichtig für dich ist: Was siehst du als Glück und wo wünschst du dir Glück? Was tust du konkret dafür? Wie häufig hast du dafür etwas getan? Wenn alles, was du nicht für Glück tust, du im Umkehrschluss für Nicht-Glück tust, welche Seite überwiegt dann? Ich weiß, du denkst dir gerade sicherlich: Das ist alles Auslegungssache. Falls du das Denken solltest, dann stimme ich dir vollkommen zu. Ja, das ist Auslegungssache. Aber genau aus diesem Grund solltest du dir auch Glück selbst auslegen können.

Glück ist eine Einstellungssache. Glück ist deine Einstellungssache! Etwas, das niemanden vorbehalten ist. Glück ist etwas, dass dich heimsucht, wenn du danach greifst. Glück hat nichts mit Zufall zu tun, es hat etwas mit Bemühung zu tun. Bemühung wird dir Glück bringen, wenn alles andere eine Auszeit hat. Glück ist ein Gewinn, den du dir verdienen kannst. Und dieser Sieg ist nicht für die vorenthalten, die "Glück" haben. Glück ist der Preis, den du erhältst, wenn du die harte Arbeit in etwas steckst, wenn dir niemand dabei zusieht.

Es braucht nur einen Moment, in dem du dich entscheidest, Glück zu haben. Nur einen Moment, das ist alles, was es braucht, eine Entscheidung zu treffen, Glück zu haben. Es erfordert nur einen Moment, stark zu sein, einen Moment, in dem du dich von den anderen unterscheiden kannst. Hab Glück, egal, was es kostet. Glück ist nur Einstellungssache.

Glück ist das, was tief in dir drin passiert, wenn du müde des Unglücks bist. Wenn du keine Lust mehr hast, kein Glück mehr zu haben. Glück ist, wenn deine Sehnsucht nach Sieg, nach Glück, nach Wohlstand, größer ist als deine größte Ausrede, deine größte Angst, deine schlimmste Angewohnheit. Du verdienst Glück! Das Glück gehört dir! Nimm, was dir gehört!

Fleiß oder Talent? Was gewinnt?

Fleiß gewinnt. Damit können wir das Kapitel eigentlich auch schon beenden. Hauptaussage ist getroffen. Dennoch möchte ich diesen Fakt etwas ausführen, um ihn in deinem Kopf zu verankern und in deinem Leben zu statuieren.

Häufig sprechen wir davon, dass andere Menschen die viel besseren Voraussetzungen haben, für alles. Der oder die Eine hat von Hause aus bereits mehr Geld, hat reich geerbt oder reiche Eltern. Der oder die andere ist von Hause aus sehr hübsch, hat das schon in die Wiege gelegt bekommen. Die/der andere ist die/der geborene Verkäufer/in. Wenn wir nach Ausreden suchen, dann finden wir welche. Ausreden, warum es andere Menschen so leicht haben und du so schwer. Das giftigste Wort in diesem Zusammenhang, ist das Wort Talent. Wie oft höre ich, dass jemand anderes Talent für etwas hat, und ihr/ihm das dann auch alles leichter fällt. Wie oft höre ich, dass sie oder er Glück hat und obendrauf sogar noch Talent. Das ist eine Kombination, da würde ich am liebsten sofort das Zeitliche segnen. Was bringt dir Talent?

Talent bedeutet, dass du etwas automatisch besser kannst als andere, ohne etwas dafür getan haben zu müssen. Ich gebe zu, ich finde auch, dass es so etwas wie Talent gibt. Aber nur, wenn es angeboren ist. Ein Gesangstalent, damit kann ich noch leben. Spontan fallen mir keine weiteren Talente ein, die ich so ohne weiteres akzeptieren könnte wie dieses. Verkaufstalente gibt es nicht, alles antrainiert! Macht dich Talent zu einem besseren Menschen? Hilft dir Talent, deine Rechnungen zu zahlen? Brauchst du Talent, um ein Business aufzubauen? Hast du jemals davon gehört, dass es ein Talent gibt, Unternehmen zu gründen und wieder zu verkaufen? Oder hast du häufiger gehört, dass es fleißige, motivierte und engagierte Menschen gibt, die so etwas erreichen?

Es mag sein, dass es so etwas wie Talent geben kann. Und es kann sein, dass manchen Menschen das leichter fällt, was dir schwerer fällt. Aber es kann nicht sein, dass sie die Dinge dann auch automatisch besser können. Wir sprachen darüber, dass leichter nicht gleich besser ist. Auch Talent hilft dir nichts, dir jeden Tag den Hintern aufzureißen für deine Ziele. Wenn du ein Talent fürs Nähen hast, es aber mittlerweile Nähmaschinen oder 3D-Drucker gibt, die dir deine Kleidungsstücke zusammenbasteln, wie kann dich Talent dann dabei unterstützen?

Talent hilft dir immer nur bis zu einer gewissen Grenze. Danach reicht Talent nicht mehr aus.

Hast du manchmal auch das Gefühl, das manchen Menschen einfach der Erfolg so zufliegt? Schon in der Schule gab es einige, die mussten nie für ihre Klausuren lernen, und haben dennoch immer gute Noten geschrieben, während du dich für durchschnittliche Leistungen abgerackert hast? Das war immer ungerecht.

Erlebst du es ab und zu, dass jemand exakt die gleiche Arbeit verrichtet wie du, und dann dennoch den Vorzug bekommt? Auf der Arbeit beispielsweise? Deine Kollegin oder dein Kollege machen genau das Gleiche wie du, nur kriegt sie die Gehaltserhöhung oder die Beförderung? Oder zumindest Lob? Und du gehst mal wieder leer aus.

Kennst du das, das andere etwas automatisch besser können? Sie bringen sehr gute Leistungen ohne wirklich viel investieren zu müssen? Im Job, im Sport, in Beziehungen... Manchen Menschen fällt einfach alles leichter, während du dich für jedes kleinste Ergebnis abrackern musst. Ist das fair?

Wir sprechen da häufig einfach von diesem verflixten Talent. Talent ist allem Anschein nach wirklich eine angeborene Fähigkeit, mit der man sehr gut in etwas ist, ohne dafür viel trainiert oder eben viel investiert haben zu müssen. Talent wird häufig von den Leuten verteufelt, die von sich behaupten, sie hätten keine Talente. Sie waren nicht so gesegnet von Gott mit solch tollen Fähigkeiten. Für sie ist alles harte Arbeit. Sie kommen nur durch Fleiß voran. Und um mitzuhalten, muss das fehlende Talent mit zusätzlichem Fleiß ausgeglichen werden.

Und häufig sind der Fleiß und der damit verbundene Aufwand so groß, dass wir es erst gar nicht versuchen, sondern es einfach den talentierten Menschen überlassen. Sie haben ja sowieso die viel bessere Ausgangssituation. Mal angenommen, ein Talentierter wird mit einem Fleißigen konkurrieren. Beide in dem Feld, in dem der Talentierte sein Talent besitzt. Wenn sie um das bessere Ergebnis ringen, wer glaubst du, hätte die Oberhand?

Schwer zu sagen, oder? Du bist wahrscheinlich hin- und hergerissen. Natürlich hat der Talentierte eine sehr gute Ausgangssituation. Aber ein Talent zu haben bedeutet nicht gleich, auch ein sehr gutes Ergebnis zu erzielen.

Außerdem ist der Fleißige eben auch nicht zu unterschätzen: Zwar ist er nicht mit einem natürlichen Talent ausgestattet, aber wer weiß, wieviel Training er absolviert hat, wieviel Zeit und wieviel Schweiß er investiert hat, um große Fortschritte zu machen. Der Talentierte, der moderat in seine Fortschritte investiert, steht dem Fleißigen gegenüber, der dafür brennt und alles gibt, um weiterzukommen. Wer glaubst du, gewinnt?

Ich bin überzeugt, dass der Fleißige gewinnt. Warum? Ganz einfach! Weil der Fleißige hungrig ist, hungriger als der Talentierte jemals sein kann. Der Fleißige hat bereits so viel in seine Fortschritte investiert. Du glaubst doch nicht etwa, dass er sich den Sieg nun noch nehmen lassen würde, oder? Glaubst du, dass der Fleißige so weit gekommen ist, um dann als Zweiter vom Platz zu gehen? Ich glaube nicht.

Außerdem: Wie sieht es mit der Belastbarkeit aus? Der Talentierte ist gewohnt, dass er seine Fähigkeit verwenden kann, um die alltäglichen Herausforderungen zu meistern. Das wars. Der Fleißige ist gewohnt, für seine Fortschritte hart zu kämpfen. Stellt sich nun eine größere Herausforderung für beide, so ist der Talentierte vielleicht überfordert, weil er nicht gewohnt ist, eine solche Arbeit verrichten zu müssen. Wahrscheinlich wird ihn das vor einer sehr großen Herausforderung stellen.

Der Fleißige hingegen ist gewohnt, für etwas zu kämpfen. Auch größere Herausforderungen stellen für ihn keine Probleme dar. Wer glaubst du, wird die Herausforderung ambitionierter angehen?

Ich denke du verstehst, was ich dir sagen möchte. Talent ist gut und schön und kann dir helfen, eine etwas leichtere Ausgangssituation zu haben, wenn du Fortschritte machen möchtest. Es ist jedoch egal, wieviel und welches Talent du besitzt. Du hast immer das Nachsehen gegenüber dem Fleißigen. Er/Sie brennt mehr, er/sie ist ambitionierter, er/sie ist hungriger. Das führt dazu, dass der/die Fleißige mehr kämpft, da der Sieg mehr bedeutet. Und das führt wiederum dazu, dass der/die Fleißige den Kampf auch gewinnen wird.

Fleiß siegt immer über Talent. Das war schon immer so und das wird auch immer so sein. Weil es dein Kopf ist, der dich siegen lässt, nicht irgendein Talent. Talent lässt dich nicht morgens früher aufstehen und abends später ins Bett gehen, um an deinen Zielen zu arbeiten. Es ist Fleiß und Disziplin. Nichts anders. Nichts anderes wird dich so sehr motivieren wie der eigene Erfolg, die harte Arbeit, die du in etwas steckst. Und die Früchte, die du ernten wirst, sind um einiges süßer als die, die du durch so etwas wie Talent oder Glück erhältst.

Disziplin und Fleiß geben dir immer langanhaltendere Wirkung, ein Fundament, auf das du aufbauen kannst. Talent lässt dich erstarren, gibt dir keinen Antrieb, dich richtig durchbeißen zu wollen. Es gibt nahezu nichts auf dieser Welt, was du nicht lernen kannst. Es ist immer nur eine Frage des Fleißes und der Disziplin. Und das macht dich besser als jeder andere Mensch auf dieser Welt. Du musst nur hungriger sein als jeder andere Mensch auf dieser Welt.

Chancen wahrnehmen

Das ist wahrscheinlich eines der schwersten Kapitel, über die wir hier sprechen. Chancen wahrnehmen, Chancen liegen lassen, Chancen sehen, erarbeiten, ermöglichen. Das ist eine Thematik, mit der man sicherlich Bücher über Bücher füllen kann. Dennoch sollten wir uns damit etwas beschäftigen, da es wirklich einen wichtigen Teil in deinem Projekt darstellt. Das Projekt, dein Leben zu verbessern.

Wir brauchen hier nicht ausgiebig über die philosophische Bedeutung einer Chance zu diskutieren. Ich denke, wir können uns darauf einigen, dass eine Chance die positive Auslegung eine Möglichkeit ist, die dir im Resultat ein entsprechend ertragreiches Ergebnis liefert. Das Wort Chance wird so ziemlich nie (ich wüsste nicht wo) negativ verwendet, sondern es impliziert immer nur, dass das Ergebnis positiv werden kann und auch werden soll. Daher verbinden wir damit auch immer nur wirklich gute Gelegenheiten für uns. Wir sehen uns danach, große Chancen zu erhalten und diese dann auch entsprechend zu nutzen.

Du strebst wahrscheinlich auch danach, Chancen zu bekommen. Chancen, die dich weiterbringen, die dir guttun, die dir Dinge ermöglichen. Aber dennoch hält sich auch deine Bereitschaft, Chancen wahrzunehmen, in Grenzen. Stimmt's? Weil du vorher immer abwägst, wie gut diese Chance ist, ob es sich lohnt, diese Chance wahrzunehmen und mit welchen Risiken oder, nennen wir es eher Unbequemlichkeiten, sie verbunden ist. Die bequemste Chance ist es sicherlich, mit minimalem Aufwand und minimalem Risiko den maximalen Ertrag zu erreichen. Passt so, oder?

Stimme ich dir zu. Warum kompliziert, wenn es auch einfach geht. Wenn du an dein Ziel kommen kannst, ohne wirklich viel dafür tun zu müssen, dann ist das sicherlich (und der Überzeugung bin ich auch) viel besser, als wenn es sehr unbequem ist oder du viel dafür opfern musst. Warum denn auch, wenn du es nicht musst? Ich denke, das ist soweit auch sinnvoll.

Wir haben hier also grundsätzlich unterschiedliche Chancentypen, die verschiedener nicht sein könnten. Entweder müssen wir uns richtig gute Chancen erarbeiten oder geboten bekommen, wo wir sehr wenig Risiko eingehen und einen großen Ertrag erhalten, oder wir müssen Chancen finden, die kleiner sind, aber auch risikoarm. Oder wir finden eben solche, die risikoreicher sind, uns jedoch ebenfalls einen satten Ertrag liefern, und dabei versuchen wir, das Risiko so gut es geht zu reduzieren oder auszuschalten. Ich denke, wir können die Wahl auf zwei Chancen beschränken. Die großen, sicheren und die kleinen, sicheren. Wenn wir die Wahl zwischen risikoarm und risikoreich haben, nehmen wir doch sicherlich die risikoarmen, wenn der Ertrag derselbe ist.

Wenn du dich nun zwischen diesen beiden entscheiden musst: Suchst du nach großen, sicheren Chancen oder nach kleinen, sicheren Chancen? Egal wonach du bisher gesucht hast und was für dich sinnvoller und bequemer erscheint. Überlege kurz: Welcher dieser Fälle tritt häufiger auf? Große Chancen, die todsicher sind, oder kleinere Chancen, die gegebenenfalls auch gut machbar sind, vielleicht aber auch etwas unbequemer sein könnten? Überlege vielleicht auch, auf welche Art von Chancen du bisher überwiegend gestoßen bist.

Wahrscheinlich wird die Mehrzahl durch die kleinen Chancen dargestellt, oder? Was bedeutet das nun für dich? Es bieten sich viel mehr kleinere Chancen, die häufig risikoarm, aber teilweise auch recht unbequem sind, als größere Chancen, die kaum Risiko erfordern. Ich bin sicher, dass das nicht nur ein Phänomen ist, was sich dir stellt, sondern eines ist, welches jedem Menschen bekannt ist. Also kommt es jetzt darauf an, was wir aus dieser Information herausziehen.

Sollst du lieber auf diese großen Chancen warten oder versuchen, die kleinen so gut es geht zu nutzen? Anhand der Formulierung der Frage erkennst du schon, worauf ich hinaus möchte. Ich will, dass du die kleinen Chancen nutzt, und aus diesen kleinen Chancen deine große Chance kreierst. Bevor du jetzt gelangweilt dieses Buch weglegst, vertraue mir und schenke mir noch ein paar Minuten deiner Zeit, damit ich dir das nahebringen kann. Ich verspreche dir, dass dies der beste und der konkreteste Tipp sein wird, den ich dir geben kann, und der dein Leben verändern wird. Mit Sicherheit!

Also, wir sind uns einig, dass die kleinen Chancen viel häufiger sind als die größeren Chancen.

Und die risikoreicheren Chancen sind für dich unbequemer als die sicheren Chancen. Richtig? Nun, wir sprachen in einem anderen Kontext bereits darüber, dass mit mehr Risiko meist auch ein größerer Profit einhergeht. Jetzt ist natürlich die Frage, wie du von dieser Situation maximal profitieren kannst. Sinnvoller ist es also, sich auf die kleinen Chancen zu fokussieren, da sie einfach in der der Vielzahl vorkommen und in der Masse wahrscheinlich einen größeren Effekt auslösen als einzelne, wenige Großchancen. Ganz einfach, weil du durch den Effekt der Masse auch eine größere Profitmöglichkeit besitzt, gerade auch dann, wenn sie sich gegebenenfalls Hochhebeln können, gegenseitig. Wenn du von einer Chance bereits profitierst, und davon besser wirst, du mehr Geld hast oder um eine Erfahrung reicher bist, öffnet diese die Tür zu weiteren Chancen. Die alten Chancen, die sich dir bieten würden, bleiben ja, weil du das Grundgerüst weiter beibehält und sie dir auch vorher schon möglich waren. Aber dadurch, dass du nun einen Schritt weiter bist, und von einer Chance heraus einen Mehrwert für dich, egal in welcher Hinsicht, ermöglichen konntest, wird dir das auch wieder neue Chancen generieren können. Sie begünstigen sich also gegenseitig. Das nenne ich den Zinseszinseffekt der Chancen. Je mehr Chancen du hast, und je mehr Chancen du dann auch verwandelst, desto mehr Chancen werden sich wiederum ergeben und dir noch mehr Chancen und noch mehr Chancen ermöglichen. Und je mehr Chancen du generell hast, desto höher ist auch die Wahrscheinlichkeit, dass sich darunter die risikoarme Großchance ergibt, richtig? Durch deine neue Erfahrung, durch dein mehr an Geld, durch dein Plus an Können, wirst du für ganz neue Chancen offen sein und Ausschau nach diesen halten können, wo du vorher gar keine erkannt hättest. Und das offenbart natürlich, rein nach mathematischen Gesetzmäßigkeiten der Statistik, eine viel größere Chance, die wirklich perfekte Großchance zu erhalten.

Zudem: Die Möglichkeit, bei einer Chance zu scheitern, ist immer gegeben. Das bedeutet auch, dass du, ohne dich wirklich mit der Thematik auseinandergesetzt zu haben, auch eine risikoarme Großchance verhauen könntest. Die, worauf du vielleicht jahrelang gewartet hast. Das wäre dann natürlich doppelt ärgerlich. Also kannst du lieber ein paar kleinere Chancen nutzen, um dich zu beweisen, und sie sogar erfolgreich nutzen, um die gesammelten Ressourcen und Erfahrungen dann gewinnbringend in die neuen, vielleicht größeren Chancen mit einzubringen und ein positives Endresultat wahrscheinlicher zu machen.

Stell es dir wie im Fußball vor: Willst du lieber eine Großchance gegen das gegnerische Team haben oder viele kleinere Chancen? Auch die Großchance kann vergeben werden. Danach war es das dann. Wenn dein Gegner dann sogar noch ein Tor erzielt, dann ist das für dich die sichere Niederlage. Bei vielen kleinen Chancen ist die Gefahr, kein Tor zu erzielen, vielleicht noch etwas größer, aber du hast nach ein paar Möglichkeiten immer noch die Chance, ein Tor zu schießen. Zumal du dann auch gegebenenfalls noch ein Unentschieden oder sogar noch aus einer Niederlage heraus gewinnen kannst. Und du kannst aus deinen vielen kleinen Chancen heraus immer besser werden, sodass du auch aus einer kleinen Chance eine Großchance erarbeitest. Verstehst du das Bild dahinter?

Bei einer einzigen Großchance kommt es darauf an, wie du zu dieser Zeit an diesem Ort nur diese eine Entscheidung triffst. Triffst du sie nicht optimal, ist die Chance vorbei. Und du wartest wieder Jahre oder Jahrzehnte auf eine neue, solche Chance. Wie sieht es aber aus, wenn du eine kleine Chance betrachtest? Versuche sie zu verwandeln. Ob es gelingt oder nicht: Die nächste kleinere Chance lässt nicht lange auf sich warten.

Chancen bedingen sich gegenseitig, weil du durch eine zu einer anderen kommst. Und wer sagt denn, dass du eine kleine Chance nicht auch perfekt nutzen kannst? Du hast, wie im Fußball, auch bei jeder kleineren Chance die Möglichkeit, einen guten Spielzug abzuliefern und einen brandgefährlichen Angriff auszuführen. Du kannst deinen Angriff immer weiter verbessern, sodass auch die kleinen Chancen zu Großchancen werden. Und wenn du soweit bist, dass du sehr souverän bist, und du aus jeder Kleinchance eine Großchance gemacht hast, dann, ja dann bist du bereit, die großen Chancen auch zu verwandeln. Weil du aus jeder kleinen eine große Chance machst!

Was soll dir das alles hier sagen? Ganz konkret: Verschwende dein Leben nicht mit warten: Warten auf die richtige Entscheidung, warten auf die richtige Chance. Du wirst sie nicht finden, weil du nicht danach suchst, wenn du wartest. Und selbst wenn sie kommt, wirst du sie nicht erkennen. Dein Chancenerkennungssystem ist völlig eingeschlafen, sogar verkümmert, wenn du nicht immer wieder nach Chancen suchst. Selbst die größte Chance zischt an dir vorbei, ohne dass du es gemerkt hast. Wenn du danach suchst, wirst du auch immer wieder kleinere Dinge finden, die dich nach oben katapultieren können.

Suchst du nach Glück, suchst du nach dem vierblättrigen Kleeblatt, dann musst du als Grundvoraussetzung erst einmal anfangen, zu suchen. Und auf diesem Weg findest du sicherlich ein paar weitere schöne Blumen, die dich zu anderen Blumenfeldern führen. Und du findest diese Blumen so schön, dass du auf den neuen Feldern sogar noch interessantere Gewächse findest. Und du suchst nach ihren Wurzeln und sie führen dich auf ein Feld, wo lauter perfekter Blumen sind. Und du bist froh, dass du sie gefunden hast, weil du dich darauf eingelassen hast und offen für diese neuen Blumen warst. Und dann willst du eine pflücken und mit nach Hause nehmen. Und du bückst dich, drückst sanft den Blumenstil zur Seite und auf einmal, ganz tief dort unten, findest du das vierblättrige Kleeblatt.

Das eine ist die große Chance, die anderen die vielen kleinen. Viele kleine können dich zu einer großen Chance bringen. Und dann wirst du erprobt sein, sie erkennen und verwandeln zu können. Du musst suchen, denn nur wer sucht, der findet. Was solltest du also konkret tun? Suchen! Und dann? Du solltest dich darin perfektionieren, auch kleine Chancen zu verwandeln. Das gibt dir den gewünschten Chancen-Zinseszinseffekt und schmälert auch immer und immer mehr dieses Risiko, von dem wir anfangs sprachen. Hast du schon fast vergessen, dass es das auch noch gibt, oder? Eben! Und das ist der Sinn. Wenn du irgendwann so brillant darin bist und das verwandeln der Chancen so perfektioniert hast, dann werden dir die Risiken gar nicht mehr auffallen, weil sie für dich gar nicht mehr sichtbar sind. Und weißt du, wie man dieses Phänomen dann nennt? Das nennt man Routine! Eine Handlung, die du ausführen kannst, ohne wirklich viel darüber nachdenken zu müssen, um realisierbare Ergebnisse zu produzieren. Wenn diese Ergebnisse nun das Produkt aus Chancen sind, die dich voranbringen, und du routiniert darin bist, sie erfolgreich abzuschließen... Wo würde dich das hinbringen?

Nein, ernsthaft, wo würde dich das hinbringen? Schreibe es bitte hier auf. Maximal 5 Sätze...

Du siehst, wo dich das Ganze hinbringen kann, und du merkst, welche Power darin schlummert. Und jetzt weißt du auch spätestens, warum es wichtig ist, auch kleine Chancen zu nutzen: Weil du durch sie viel eher an die großen Chancen kommst.

Probleme sind Herausforderungen

Worte sagen nur, wer du sein willst. Taten sagen, wer du bist.

Denke bitte über Probleme nach und schreibe drei typische Probleme auf, denen du immer wieder begegnest, schon einmal begegnet bist oder vielleicht begegnen wirst:

Anschließend schreibe bitte drei Herausforderungen auf, denen du dich regelmäßig stellen musst, stellen musstest oder vielleicht stellen wirst:

Das Wort Problem löst im Menschen eine Kaskade von negativen Gefühlen aus. Auch wenn wir es nicht merken, bildet dieses Wort in unserem Unterbewusstsein einen derart negativen Assoziationsrahmen aus, sodass wir bei diesem Wort innerlich immer etwas "zusammenschrecken". Warum ist das so?

Ganz einfach: Weil uns ein Problem immer vor eine Herausforderung stellt, und Probleme in der Regel unangenehm sind. Es gibt kaum ein Beispiel, in dem ein Problem als halbwegs positiv angesehen werden kann. Probleme sind immer belastend, erdrückend, unschön. Und das hat unser Gehirn auch verstanden. Daher schalten wir, sobald wir dieses Wort hören, immer direkt auf Konfrontation, Abstoßung oder andere Abwehrmechanismen, die uns zur Verfügung stehen.

Das ist ein Gedankenkonstrukt, das uns sicherlich nicht weiterbringt. Denn nicht nur, dass es uns nicht mehr klar und lösungsorientiert denken lässt, sondern auch, dass es uns demotiviert, einen nächsten Schritt zu machen. Probleme sind immer belastend.

Anders sieht es aus, wenn Probleme nicht mehr als solche wahrgenommen werden. Und das Schlüsselwort ist schon oben gefallen. Interessanter für dich wird es, wenn Probleme zu Herausforderungen werden. Du denkst dir nun: „Das ist doch lediglich ein anderes Wort dafür". Grob gesprochen hast du vollkommen recht! Trotz dessen musst du dir sicherlich auch eingestehen, dass dir das Wort Herausforderung ein ganz anderes Gefühl gibt als das Wort Problem, oder? Auch, wenn es zum Großteil unterbewusst passiert, blitzt ein kleiner Teil dessen in dein Bewusstsein und gibt dir eine ganz andere Assoziation.

Über welche Dinge hast du nun geschrieben zum jeweiligen Wort? Wie unterscheiden sie sich? Ich kann nicht wissen, was du hier aufgeschrieben hast, aber ich weiß, dass du diese beiden Gruppen unterschiedlich betrachtest. Vielleicht hast du es dir einfach gemacht und beide Gliederungen gleich ausgefüllt. Vielleicht hast du jedoch den Unterschied gemerkt.

Die Probleme sind wirklich belastend, schwer, sie erzeugen in dir ein unschönes Gefühl. Sie lasten sehr auf dir oder deiner Situation. Wenn du könntest, würdest du einen weiten Bogen darum machen. Herausforderungen hingegen sind fordernd. Sicherlich brauchen sie einiges an Ressourcen, aber du denkst, dass sie definitiv schaffbar sind. Und du bist dir auch relativ sicher, dass du sie meistern wirst, stimmt's? Herausforderungen sind nicht ganz so schwer, psychologisch gesehen, sie sind nicht ganz so belastend, da wir mit einer Herausforderung auch immer die Möglichkeit des Triumphierens verbinden. Das gibt uns grundsätzlich dann ein besseres Gefühl für die gesamte Herangehensweise.

Bei Problemen zweifeln wir, ob und welchen Ausgang diese haben werden. Wir hoffen das Beste für uns, aber so sicher sind wir nicht. Bei Herausforderungen ist das schon anders. Da sind wir schon stärker davon überzeugt, es auch zu schaffen. Da ist noch etwas Luft.

Und jetzt kommt der Clou: Wenn wir oben beschrieben gesagt haben, dass Probleme uns vor Herausforderungen stellen, dann sind Herausforderungen ja nichts anderes als die Folge von Problemen. Bedeutet für uns also, dass jedes Problem zu einer Herausforderung führt, aber nicht jede Herausforderung zu einem Problem. Was kannst du also konkret daraus lernen? Ganz einfach! Ab sofort gibt es für dich keine Probleme mehr. Denn sie haben keine Berechtigung mehr, zu existieren. Es ist ein unnötiges Wort, ein irreführender Fakt, wenn doch jedes Problem in einer Herausforderung endet. Durch diese Betrachtungsweise, dass jedes Problem lediglich eine Herausforderung darstellt, wirst du die Welt mit komplett anderen Augen wahrnehmen können.

Herausforderungen fordern uns, sie kitzeln alles aus uns heraus, aber wir sind gewillt, sie zu meistern, da wir fest entschlossen sind, als Sieger hervorzugehen. Wir wissen, dass wir nahezu jede Herausforderung meistern können: Es ist ein Wettkampf, ein Wettkampf mit und um uns selbst. Und der Mensch liebt Wettkämpfe, denn er liebt es, sich zu vergleichen. Ebenso liebt er es, herausgefordert zu werden und immer besser und immer stärker aus diesen herauszugehen.

Was passiert, wenn du alle deine Probleme nun als Herausforderungen ansiehst? Du bist erstens gewillt, sie anzugehen und bist bereit, dafür zu kämpfen, um diese Herausforderung zu meistern. Und zweitens suchst du nach Lösungen, weil du diese Herausforderung bestehen kannst und willst.

Du hinterfragst gar nicht mehr, warum sich dir diese Herausforderung stellt und ob du diese meistern kannst, sondern du überlegst, wie du diese Herausforderung meistern kannst. Tausche einfach immer das Wort "ob" gegen das Wort "wie". Das "wie" setzt voraus, dass du es schaffst, es ist nur noch unklar, auf welche Art und Weise. Das Wort "ob", lässt auch scheitern zu. Und scheitern ist keine Option, mit der du dich zufriedengeben solltest. Also achte darauf, nur noch danach zu fragen, wie du etwas schaffst, und nicht mehr, ob du etwas schaffst.

Pareto-Prinzip

Das Pareto-Prinzip besagt, dass du mit 20% Aufwand 80% des Ergebnisses erreichen kannst. Für die restlichen 20% des Ergebnisses brauchst du 80% deines Aufwandes.

Dieses Prinzip ist nicht zufällig gewählt, sondern es ist ein Phänomen, das immer wieder beobachtet wird. Es lehrt uns im Prinzip zwei Dinge: Dinge, die zu 100% ergebnisorientiert sind und von außerordentlicher Relevanz sind, benötigen die vollen 100% an Aufwand. Da sie dementsprechend auch sehr ressourcenintensiv sind, muss sich der Aufwand für diese Tätigkeiten immer lohnen.

Was sind deine Tätigkeiten, für die du 100% geben musst?

Schreibe sie dir hier auf:

Bei welchen Tätigkeiten denkst du, dass 80% Zielerreichung reichen? Das sind Aufgaben, die routinemäßig abgearbeitet werden können, oder eben vom Umfang und der Anforderung her sehr angemessen sind an diese Ansprüche. Ein vorsichtiges Beispiel: Eine Hausarbeit, die nicht bewertet wird und eine reine Präsenzaufgabe darstellt, kann nach dem Pareto-Prinzip bearbeitet werden. Dadurch sparst du dir viel Zeit und Nerven. Eine Master-Thesis sollte dann aber die 100% bekommen. Das ist keine Empfehlung, Hausarbeiten, die nicht bewertet werden, nur mit geringem Aufwand zu bearbeiten. Es soll viel eher das Verhältnis zwischen den verschiedenen Prioritäten darstellen.

Was ist der Sinn dahinter? Und warum kann dir das Pareto-Prinzip sehr viel bringen? Häufig beschäftigst du dich viel zu sehr mit unwichtigen Dingen, die gar nicht von Belangen sind, dich nicht glücklich machen oder dich nicht voranbringen. Häufig verlierst du dich zu sehr im Detail für etwas, was gar nicht wichtig für dich ist oder sich gar nicht auf dich und dein Leben oder das Leben anderer auswirkt. Und diese Dinge rauben einfach unnötig Zeit, Geld und Nerven, die dann bei den wirklich wichtigen Dingen fehlt.

Aus diesem Grund hilft es dir, wenn du dir einige Dinge aufschreibst, die nur deine 20% Aufwand benötigen, und welche die weiteren 80% noch benötigen.

Überlege dir, welche Dinge nun nach dem 80/20 (80% Ergebnis mit 20% Aufwand) erledigt werden können und schreibe sie hier auf:

Überlege dir zusätzlich, welcher deiner aufgeschriebenen Dinge dich wirklich weiterbringen.

Jetzt hast du eine Übersicht, welche Prozesse für dich wichtig sind, und welche weniger. Das bewusste Durchdenken deiner Tätigkeiten gibt dir ein Bewusstsein dafür, was dich wirklich voranbringt, was dir wichtig ist, und was einfach nur Zeitverschwendung ist. Denn ein 80%iges Ergebnis bedeutet nicht, dass du etwas unvollständig lässt oder etwas unsorgfältig ausführst, es bedeutet, dass du dich nicht in Details verlieren sollst und die dadurch gewonnene Zeit in etwas für dich wirklich Wichtiges und Sinnvolles steckst.

...oder es selektiert die Menschen aus deinem Leben aus, die dich nicht unterstützen. Wie so vieles in der Welt ist alles eine Ansichtssache, reine Auslegung. Der Drang zur so oft verteufelten Selbstverwirklichung, die totale Hingabe zum Erfolg und das ständige Arbeiten, das alles führt dazu, dass du irgendwann keine Freunde mehr hast und nur noch auf dich allein gestellt bist. Denkst du das? Gib es doch zu: Das hast du vielleicht gedacht: Oder vielleicht auch nicht. Fakt ist, dass diese Vorurteile unglaublich unbrauchbar sind und, wie so oft, von Menschen ergründet werden, die nicht bereit sind, für ihre Ziele zu kämpfen, und lieber Dinge schlechtreden und verspotten, als sich selbst mit der Realität auseinanderzusetzen.

Sind wir doch mal ehrlich: Bist du wirklich überzeugt davon, dass du deine richtig guten Freunde verlieren wirst, wenn du nun Vollgas gibst, um deine Ziele zu erreichen? Werden sie sich gegen dich stellen und doof finden, wenn du dich selbst verwirklichen möchtest und hart für deine Ziele kämpfst? Finden sie das per se blöd? Oder fänden sie es eher beneidenswert, diszipliniert, tapfer, und respektieren deine Arbeit nicht nur, sondern wertschätzen sie auch? Egal was deine Freunde von diesen genannten Dingen tun, was wünschst du dir von ihnen? Wünschst du dir, dass sie dir die Arbeit aberkennen und deinen Erfolg schlechtreden? Oder erhoffst du dir Unterstützung, motivierende Worte, Respekt und gegebenenfalls auch Anerkennung für das, was du geleistet hast?

Hier trennt sich nämlich die Spreu vom Weizen: Es wird immer Menschen geben, die nicht aus ihrer Komfortzone herauswollen und sagen, sie könnten es nicht. Bullshit, denn du bist gerade das lebendige Beispiel dafür, dass es geht. Es wird immer Menschen geben, die andere Menschen schlechtreden, damit es ihnen selbst besser geht. Denn wenn man allein unten stehenbleibt, dann wird es kalt und einsam. Also versucht man, alle, auf die man irgendwie Einfluss ausüben könnte, unten zu halten, damit man eben in Gesellschaft ist und man durch diese Gesellschaft die Negativität und die Traurigkeit übertünchen kann. Es wird immer Menschen geben, die unzufrieden mit ihrem Leben sind, aber lieber auch dich unzufrieden machen wollen, damit sie nicht einsam sind. Als eigenkreierte Lösung, anstatt selbst etwas zu ändern.

Es wird jedoch auch immer Menschen geben, die deine Arbeit schätzen, die du verrichtest. Es gibt Menschen, die respektieren dich, die akzeptieren dich, die bewundern dich. Es gibt Menschen, die ermutigen dich, motivieren dich, begleiten dich, egal wo sie selbst stehen.

Und es gibt Menschen, denen ist egal, welchen Mehrwert du für andere Menschen lieferst, welche Dinge du erschaffst und welche Arbeit du leistest. Ihnen geht es darum, wie sehr man sich auf dich verlassen kann und wie eng eure Beziehung ist.

Mit welchen Menschen möchtest du dich umgeben? Ohne ein Hellseher zu sein, vermute ich, dass du dich mit der zweiten und dritten Sorte von Menschen umgeben möchtest. Aber tust du das auch bereits? Es ist gemein, manchmal auch verletzend, aber niemals ungerecht, sich darüber Gedanken zu machen, mit welcher Art von Menschen du dich gerade umgibst. Aus diesem Grund solltest du dir ein paar Gedanken machen, welche Menschen dir nahestehen, und mit welchen du dich umgeben möchtest. Und dann schauen, wie sehr diese beiden eine gemeinsame Schnittmenge bilden.

Welcher Typ Mensch glaubst du, repräsentiert die zweite und dritte Gruppe? Menschen, die unzufrieden mit ihrem Leben sind, selbst nichts auf die Reihe bekommen, faul sind und keine Initiative zeigen? Vielleicht sind es teilweise Menschen, die in der dritten gruppe wiederzufinden sind. Aber wie sehr glaubst du, sind solche Menschen motiviert, dir zu helfen, wenn sie selbst nicht vorankommen? Das hier wird jetzt ziemlich gemein, aber wie sehr glaubst du, können dich diese Menschen motivieren und dir helfen, deine Ziele zu erreichen? Ich kann mir vorstellen, dass es sich teilweise in Grenzen halten wird, was die Wirksamkeit ihrer Taten anbelangt. Und bevor ich jetzt nun zahlreiche Beschwerden erhalte, möchte ich natürlich bestätigen, dass es bei Freundschaften immer um den freundschaftlichen Wert geht, und nicht, was man nur für einen Wert für sich herausziehen kann. Der Meinung bin ich glücklicherweise auch. Aber je nach Charakter deiner Freundschaften solltest du unterscheiden, mit wem du welche Dinge besprichst und aus welchen Beziehungen du mehr Wert und aus welchen du weniger Wert bezüglich deines Erfolgshungers ziehen solltest.

Bedeutet im Klartext: Hast du Menschen in einer Umgebung, die selbst faul und initiativlos sind, solltest du mit diesen nicht über deinen Weg zum Erfolgsgaranten sprechen. Du kannst es versuchen, doch wirst du nur Negativität und Kritik ernten. Diese Menschen werden dir in diesem Bereich nichts als Destruktivität und Missmut geben. Das machen sie nicht beabsichtigt (meistens jedoch nicht), sondern ihr Kosmos lässt eine andere Meinung nicht zu. Das ist fatal, aber leider die Einstellung von vielen Menschen dort draußen. Mit diesen Menschen kannst du Spaß haben und dich um andere Dinge auf dieser Welt kümmern. Jedoch nicht, wenn es um Erfolgsdenken geht. Du kannst mit Ihnen in anderen Lebensbereichen Spaß haben. Das ist super. Aber du musst diese Menschen einmal zumindest identifiziert haben, damit du weißt, was du an ihnen schätzen kannst und was eben auch nicht.

Andere Menschen sind selbst erfolgshungrig. Sie streben selbst nach Entfaltung und suchen Chancen und Herausforderungen. Sie verstehen dich nicht nur sehr gut, sondern sie möchten dich auch weiterbringen. Sie kennen das Gesetz der Anziehung: Wer Gutes tut, dem wird Gutes wiederfahren. Ihnen liegt viel an dir und an deiner Selbstverwirklichung, weil sie wissen, dass es dich zu einem glücklichen Menschen machen wird. Und weil sie selbst diese Erfahrung gemacht haben oder machen wollen, ist logisch, dass sie auch bereit sind, dich zu unterstützen. Glaubst du, dass du dich mit dieser Art von Menschen besser über deine Entwicklung unterhalten kannst beziehungsweise sogar solltest? Wenn deine Antwort nun intuitiv JA war, dann hast du vollkommen recht! Mit dieser Art von Menschen kannst du eine sehr begeisternde und wertschaffende Beziehung aufbauen. Sie bringt dich weiter, weil du auch sie weiterbringst. Das nennt man geben und nehmen. Das Prinzip dahinter muss ich, denke ich, hier nicht mehr erläutern. Natürlich wird die dieser Typ von Menschen besser motivieren können, mehr begeistern können und vor allem auch besser unterstützen können, wenn es darum geht, Erfolg zu haben. Das sind nicht per se die besseren Menschen, sondern einfach der Typ Mensch, der dich in diesem Bereich voranbringen kann.

Andere Menschen können dich vielleicht in anderen Bereichen ergänzen und du schätzt ihre Qualitäten in diesen, aber wenn es um den wertschaffenden Austausch zu deinem Erfolg geht, dann fällt die Wahl eben anders aus.

Bitte verstehe mich nicht falsch: Du sollst jede Art Mensch als Freund haben, mit dem du gerne Zeit verbringst und der/die dir guttut, aber du musst klar differenzieren, welcher Mensch dir in welchem Bereich Ratschläge geben könnte und sollte. Und dann solltest du auch eben nur mit den Menschen den Austausch im jeweiligen Bereich suchen, von dem du überzeugt bist, dass sie/er dich weiterbringt, entweder durch ein gutes Gefühl, positiven Einfluss oder direkten, wertschaffenden Nutzen. Egal welche Art von Beziehung du zu deinen Freundinnen und Freunden hast, du musst nur wissen, was du von Ihnen hast und das auch leben.

Denn kaum etwas ist schlimmer auf dieser Welt, als Menschen in deiner Umgebung zu haben, die dich scheitern sehen wollen. Scheitern, weil sie selbst nicht in der Lage sind, aus ihrer Komfortzone herauszuklettern und ihr Leben selbst in den Griff zu bekommen. Scheitern, weil sie unten nicht allein sein wollen, während du auf deinem Weg nach oben bist. Sie wollen dich scheitern sehen, weil es so viel einfacher ist, als selbst aufzusteigen. Sie werden aber immer dortbleiben, wo sie jetzt sind, und niemals das Gefühl kennenlernen, was es wirklich bedeutet, glücklich zu sein, niemals erfahren, was das Leben wirklich für sie offenhält. Es gibt keinen Grund, auf diese Menschen zu hören, keinen Grund, nach ihren Prinzipien zu leben. Der Weg, auf den du dich begibst, ist voller Herausforderungen und Chancen, für die du deine Kraft hervorragend einsetzen kannst. Lass keine Menschen in dein Leben, die dir Kraft rauben. Lass keine Menschen in dein Leben, die dich herunterziehen. Keine Menschen, die dich zerstören wollen.

Ja, Erfolg kann einsam machen. Er separiert dich von den Menschen, die dir nichts Gutes möchten. Er selektiert sie einfach aus. Du wirst zu vielen Kontakt halten (können), wenn du merkst, dass alles andere um dich herum stimmt mit dieser Beziehung, nur eben nicht der Erfolgsgedanke. Das ist in Ordnung, sie oder er wird jedoch nicht dein Gefährte auf diesem Weg, den du gewählt hast. Erfolg macht einsam, weil nur die Wenigsten bereit sind, aus ihrer Bequemlichkeit auszutreten. Sie werden versuchen, dich klein zu halten, die Flamme, die in dir lodert, zu löschen. Sie wollen nicht, wenn auch „unterbewusst", dass du Erfolg hast, weil es für sie unbequem ist, damit konfrontiert zu werden, weil sie sich allein fühlen und weil sie dadurch das Gefühl erhalten, einsam zu sein. Niemand wird mehr da sein, mit ihnen gemeinsam Ausreden zu suchen, die Welt schwarz zu malen und sich in Unzufriedenheit zu baden. Und sich dort vermeintlich „wohlzufühlen". Erfolg macht einsam, weil du bereit bist, mehr Gas zu geben, weiter voran zu kommen und das Leben zu leben, was es für dich zu bieten hat. Keinen 9to5-Job, nicht den Rechnungen monatlich hinterherlaufen und arbeiten zu gehen, um diese Verbindlichkeiten ein Leben lang bedienen zu müssen. Darum macht Erfolg einsam. Bist du bereit, diese Einsamkeit in Kauf zu nehmen?

JA, ES STIMMT DANN DOCH. ERFOLG MACHT EINSAM. ABER NICHT DICH, SONDERN DIE MENSCHEN, DIE NICHT BEREIT SIND, AUS IHREM LEBEN ETWAS ZU MACHEN.

Sie werden einsam, weil sie ihren Weg so gewählt haben, dass sie dortbleiben sollen.

Du bist ein Wolf. Und dieser Ausdruck besagt, dass du hungrig bist, dass du bereit bist zu kämpfen, koste es was es wolle. Ein Wolf ist ein Gewinner. Aber ein Wolf ist auch ein Rudeltier. Und wenn du ein Wolf bist, dann wirst du auch dein Wolfspack finden. Deine Herde, die dich beschützt, die dich weiterbringt, die dir hilft, das Beste aus dir zu machen. Und das Schönste daran ist: Du suchst dir deine Herde aus. Es werden immer wieder Menschen in dein Leben treten, die dich unterstützen, die dich wertschätzen, und die dich unglaublich weiterbringen. Es wird aber auch immer Menschen geben, die dich nicht weiterbringen, die dich scheitern sehen wollen, die dich zurückhalten. Zeige Ihnen, dass sie falsch liegen!

Du entscheidest, mit welchen Menschen du dich umgibst. Du entscheidest, mit welchen Menschen du dich austauschst. Du kannst aber nicht direkt beeinflussen, welche Art von Menschen in dein Leben tritt. Also lerne, diese Menschen identifizieren und lerne zu entscheiden, welcher Mensch dich auf deinem Weg begleiten soll.

Erfolg macht einsam, weil viele Menschen nicht verstehen, was es bedeutet, sich selbst zu entfalten. Erfolg macht einsam, weil viele Menschen nicht erkennen, was das Leben für sie bereithält. Erfolg macht einsam, weil viele Menschen nicht bereit sind, so für etwas zu kämpfen, wie du es tust. Erfolg macht einsam, weil sie nicht verstehen werden, warum du arbeitest, statt TV zu schauen oder warum du Sport machst, statt Flatrate-Party. Sie werden kein Verständnis dafür haben, warum du erfolgreich sein willst. Aber glaube mir: Sie wollen ein Stück vom Kuchen abhaben, wenn du angekommen bist.

Erfolg macht einsam, es selektiert die Menschen aus, die dich zum Scheitern bringen möchten. Der Erfolg und alle seine Facetten, die er mit sich bringt, sorgen von allein dafür, dass dich die Menschen, die dir schaden, automatisch verlassen werden. Wir traurig bist du um diesen Verlust?

Mit welchem Typ Mensch willst du dich unterhalten? Welcher Typ Mensch soll dich begleiten? Du entscheidest!

Du hast bestimmt schon häufiger davon gehört, dass du glücklich und zufrieden mit dir selbst sein sollst, damit du in der Lage bist, andere zu lieben, und zwar so, dass es wirklich bedeutsam ist. Was hältst du von dieser Aussage? Bist du davon überzeugt, dass das so ist oder denkst du dir, dass es Schwachsinn sei? Beantworte für dich bitte zuallererst die folgenden Fragen, bevor wir weitermachen.

Bist du glücklich, wenn du allein bist?

Fühlst du dich einsam, wenn du allein bist?

Bist du allein genauso stark wie in einer Gruppe

Kannst du Zeit nur mit dir verbringen?

Kannst du deine Zeit genießen, die du allein bist?

Ziehst du Gruppenarbeit der Einzelarbeit vor?

Was fängst du mit deiner Zeit an, wenn du allein bist?

Der Mensch ist ein Herdentier. Wir sind entweder selbst der Meinung oder werden häufig mit dieser Aussage konfrontiert. Das bedeutet, dass wir unter natürlichen Umständen immer lieber in einer Herde, also umzingelt von weiteren Menschen sind, als Einzelgänger zu sein. Und das wird ja auch aktiv in unserer Gesellschaft gelebt. Die Teamfähigkeit, die wir im Job brauchen, geht mit der angestrebten Diversifikation aller Altersgruppen, Religionen, Herkünften, Berufsbilder und Visionen einher. „Gemeinsam sind wir stark", so lautet das Motto. Doch ist das wirklich so?

Ich denke, ganz offen und ehrlich, dass es stimmt und das es genau so ist. Ich denke, dass wir durch Vielfalt und Teamarbeit häufig viel mehr erreichen können, als wenn wir auf uns alleingestellt sind. Denn in einem Team sind viele Stärken miteinander kombinierbar, dass bedeutet, dass eventuelle Schwächen des oder der Einen durch die Stärken des oder der anderen ausgeglichen werden können. Klingt zunächst ja super. Ist es auch. Doch das bedeutet schlicht und einfach nicht, dass du auch nur im Team stark bist oder nur glücklich sein solltest, wenn du in deiner Herde bist. Der Spruch „Liebe dich selbst, bevor du andere lieben kannst" gewinnt an völlig neuer Bedeutung, wenn du beginnst, die Vorteile darin zu entdecken, die für dich und für andere darin stecken.

Hast du schon einmal eine Beziehung, eine Partnerschaft oder irgendeine Art der Kooperation geführt, in der du oder dein/e Partner/in total unglücklich war und die Beziehung ausgeglichen und glücklich funktionierte? Ich denke, dass auch wenn du diese Erfahrung noch nicht gemacht hast, du dir vorstellen kannst, dass dies nicht funktioniert, zumindest nicht auf lange Sicht oder eben nicht sehr gut. Die Gründe dafür sind hinreichend: Bevor du proaktiv an den Baustellen der Beziehung arbeiten kannst, musst du selbst erst einmal mit deinen

Schwierigkeiten umgehen. Für beides fehlt die Kraft und/oder das Durchhaltevermögen. Das sind solche Beziehungen, die mit den Worten beendet werden: „Es liegt nicht an dir. Es liegt an mir". Bevor du glücklich in einer Beziehung oder in einer Kooperation sein kannst, musst du erst einmal glücklich und zufrieden mit dir selbst sein. Ergibt das Sinn für dich? Bist du ähnlicher Meinung, dass du mit dir im Reinen sein musst, um die Möglichkeit zu haben, in eine Beziehung mehr investieren zu können?

Für deinen Erfolg ist es nicht anders. Du kannst dich kaum produktiv in eine Kooperation einbringen, wenn du dich deiner eigenen Ziele nicht wirklich annehmen kannst. Du kannst nicht für eine Großfamilie kochen, wenn dir dein eigenes Essen nicht schmeckt. Kannst du natürlich schon, aber solltest du besser nicht machen. Teams und die Dynamik von Gruppen funktionieren sehr gut und bieten einen unglaublichen Mehrwert, aber nur dann, wenn der oder die Individuelle mit sich selbst zufrieden ist. Getreu dem Motto: „Sei glücklich, wenn du allein bist"

Auf deinem Weg nach oben wirst du nicht immer viele Wegbegleiter finden. Wahre Gefährten, loyale Partner, werden dir nicht in großer Zahl über den Weg laufen. Und das ist auch gut so. Denn dann kannst du dich auf deine ECHTEN Ziele voll fokussieren und genau darauf zulaufen. Du wirst früher oder später auch sehr gute Wegbegleiter/innen finden, bei denen ihr beide von der Symbiose profitiert. Du musst jedoch lernen, glücklich zu sein, wenn du allein bist. Denn Alleinsein bedeutet nicht, einsam zu sein. Alleinsein bedeutet, anders zu sein als der Großteil. Und da du ein Leben möchtest, dass anders ist, als es der Großteil lebt, bedeutet es für dich, dass Alleinsein ein Indikator dafür ist, dass du etwas anders machst. Und das ist in erster Hinsicht definitiv ein gutes Zeichen. Um andere Ergebnisse zu erzielen, musst du erst einmal anders handeln, egal, ob erst einmal gut oder schlecht, Hauptsache anders. Wenn du allein bist, zeigt dir das, dass du bereit bist, Dinge zu tun, die andere nicht tun. Es gibt dir die Möglichkeit, dich abzuheben. Alleinsein bedeutet, außergewöhnlich zu sein. Dafür wirst du Anerkennung erhalten, Neid, Demut, alle Arten von Bestätigung. Auch wenn es Kritik ist: Es ist eine Bestätigung, dass du anders bist. Und wenn du anders bist, bist du häufig allein. Weil du es anders machst. Weil du mehr machst. Weil du mehr willst. Anders sein ist geil. Alleinsein ist geil. Denn Alleinsein bedeutet nicht, einsam zu sein, es bedeutet, anders zu sein, unabhängig zu sein.

Verstehst du, warum es gut sein kann, allein zu sein? Siehst du, warum du glücklich sein sollst, wenn du allein bist? Wenn du diesen Fakt berücksichtigst und allein glücklich bist, deine Stärke also nicht durch eine Gruppe oder eine Herde definierst, sondern allein stark bist, wirst du unglaubliches Potential haben, auch in einer Gruppe deine Flamme brennen zu lassen.

Lerne, glücklich zu sein. Es ist deine Zeit. Es ist Zeit, die du für dich hast, um dich zu polen, zu fokussieren und einen neuen Anlauf zu nehmen. Lerne, deine Zeit selbst sinnvoll zu gestalten, weil du nicht immer von Menschen umgeben bist, die dich weiterbringen wollen, können oder sollen. Den Weg zum Erfolg wirst du teilweise allein gehen, sei glücklich darüber. Sei aber auch glücklich und dankbar, wenn du Loyalität findest, wenn du Menschen findest, die dein Feuer weiter entfachen. Wenn du allein glücklich bist, wirst du auch glücklich sein, wenn sich ein Gefährte oder eine Gefährtin zeigt. Das ist der Schlüssel. Du kannst nie wissen, wann oder warum sich andere Menschen aus deinem Leben entfernen. Freiwillig oder unfreiwillig. Du kannst aber wissen, wann du aufhören musst, oder wann du bereit bist, alles zu geben.

Sei glücklich, wenn du allein bist. Sei dankbar, wenn du im Team bist. Beides wird voneinander profitieren.

Lieber smart entscheiden als Smart fahren

Zugegeben, die Überschrift ist so ziemlich die Schrecklichste, die mir hätte einfallen können. Und dennoch denke ich, dass sie den Punkt, um den es geht, gut erfasst. Also geben wir dem doch einen Versuch und schauen, ob du mir zustimmen wirst.

Vorab: Diese Überschrift ist nur sinnbildlich gemeint. Smarts sind großartige und sparsame Autos für den Stadtverkehr und ich möchte damit unter keinen Umständen irgendeine Bewertung dieses Fahrzeuges vornehmen.

Also, was soll dir dieser Satz sagen? Was sind smarte Entscheidungen? Smart wird ja mittlerweile sehr eingedeutscht im Zusammenhang mit klugen und durchdachten Entscheidungen verwendet. Smarte Entscheidungen sind also solche, die dir einen Vorteil verschaffen. Sie sind also die „besseren" Entscheidungen. Woran machst du fest, ob eine Entscheidung besser oder schlechter ist beziehungsweise war? Ganz einfach: Schau dir den Output an. Schau dir den unmittelbaren Zusammenhang zwischen deiner Entscheidung und deinem Ergebnis an. Was resultiert aus deiner Entscheidung? Wenn es ein unmittelbares Ergebnis ist, hast du hier die Antwort schon vorliegen. Ist das Ergebnis (für dich!) gut, dann war die Entscheidung smart. Ist das Ergebnis nicht gut, dann war die Entscheidung nicht smart, aber auch nicht falsch. Warum nicht falsch? Weil du, wie wir bereits besprochen haben, aus jeder Situation deine Erfahrung ziehen kannst. Und diese Erfahrung hilft dir im Umgang mit den kommenden Situationen. Das bedeutet, dass auch Fehler keine falschen Entscheidungen sind, lediglich schlechtere oder nicht smarte Entscheidungen. Und das sagt auch wiederum, dass wir nicht-smarte Entscheidungen ab und an treffen müssen, damit wir Erfahrungen sammeln und besser werden. Oh glaube mir, die wirst du nach und nach immer wieder treffen, darüber brauchst du dir wirklich keine Sorgen zu machen. Bereue also keine Entscheidung, die du getroffen hast, vor allem dann erst recht nicht, wenn du in dem Moment, als du sie getroffen hast, davon ausgegangen bist, dass sie die Richtige war. Egal ob smart oder nicht smart, entweder wird das Ergebnis gut oder die Erfahrung wichtig.

Wenn du aus deiner Entscheidung jedoch kein unmittelbares Ergebnis erhältst, sondern daraus ein Prozess folgt, dann beschreibt der Fortgang dieses Prozesses, ob du eine smarte Entscheidung getroffen hast oder nicht. Es ist dabei unerheblich, ob der resultierende Prozess einfach, schwer, lange oder kurz, teuer oder günstig ist. Wichtig ist hier, welche Dinge du unmittelbar daraus lernst und welchen Output du damit wiederum produzierst. Und auch dort können potentiell Fehler entstehen. Aber wie du sicherlich weißt: Dumm ist nicht der, der einen Fehler macht, sondern der, der einen Fehler das zweite Mal macht. Bewerte Folgeprozesse also immer anhand der Qualität, die er für dich im Folgenden liefert. Auch ein teurer und langwieriger Prozess kann sich als ideal für dich herausstellen.

So weit, so gut! Was sind jetzt also smarte Entscheidungen? Smarte Entscheidungen sind die, die dir entweder unmittelbar ein für dich positives Ergebnis liefern oder in einen Prozess führen, der ein positives Ergebnis für dich liefern wird. Ein positives Ergebnis lässt dich direkt profitieren, in welcher Hinsicht auch immer. Ein Fehler kann auch ein positives Ergebnis sein, weil es eben nur eine Frage der Betrachtung ist und wenn es der erste Fehler dieser Art ist. Wenn es der Zweite ist, dann war es wirklich keine smarte Entscheidung.

Was hat das Alles mit einem Smart zu tun? Nun, zum einen war dadurch ein Wortspiel möglich, wenn auch ein sehr schlechtes, und zum anderen sollte dir dieses Bild verdeutlichen, dass du durch smarte Entscheidungen einen sehr großen Hebel besitzt, um gegebenenfalls ein Ergebnis zu produzieren, was dich weiter voranbringt und dir ermöglicht, keinen Smart fahren zu müssen, wenn du das nicht willst. Das war auch schon alles.

Natürlich ist es für dich von Belangen, dass du überwiegend smarte Entscheidungen triffst. Trauer aber nicht nicht-smarten Entscheidungen hinterher. Aus diesen lernst du und wirst diesen Fehler kein zweites Mal machen. Daher wirst du in der gleichen Situation nun nächstes Mal eine smarte Entscheidung treffen. Diese werden dich dann wiederum schneller, deutlicher, effektiver oder erfolgswirksamer profitieren lassen.

Smarte Entscheidungen führen zu einem unmittelbaren Mehrwert oder einem Prozess, der diesen Mehrwert für dich liefern wird. Also: Schaffe dir ein Bewusstsein für die Art deiner Entscheidungen. Wann und in welchen Situationen hast du schon smarte Entscheidungen getroffen? Und welche wirst du in entsprechenden Situationen noch treffen? Welche nicht-smarten Entscheidungen kannst du nun in Erfahrung ummünzen, um daraus deine Smart-Trefferquote zu erhöhen? Hinterfrage jede Entscheidung, egal, ob sich herausstellt, ob sie smart oder nicht-smart war, da du dadurch einen guten Eindruck erhältst, wie du in der nächsten Situation smart reagiere kannst. So einfach ist es!

So wirst du nie wieder Misserfolge haben!

Die Kunst, mit Erfolgen wie auch mit Misserfolgen umzugehen, ist ein wichtiger Faktor auf deinem Weg, erfolgreich zu werden. Vielleicht denkst du bisher, dass erfolgreiche Menschen gar keine Misserfolge mehr haben, und alles nur noch wie am Schnürchen läuft. Wenn das so ist, dann muss ich dir jetzt die bittere Realität offenbaren: Erfolgreiche Menschen haben viel mehr Misserfolge statt Erfolge. Und auch noch viel mehr Misserfolge, als sie nicht erfolgreiche Menschen haben. Das klingt natürlich nicht so schön, wenn du gerade angefixt warst und heiß auf Erfolg bist. Das ist aber jedoch ein Fakt, der dir nicht vorenthalten sein soll. Erfolgreiche Menschen scheitern viel häufiger als nicht erfolgreiche Menschen! Und das ist auch gut so! Ohne diese würden erfolgreiche Menschen auch gar nicht erfolgreich werden? Klingt komisch? Ich kläre auf!

Erfolgreiche Menschen suchen Chancen, wo andere Menschen Risiken sehen. Erfolgreiche Menschen sehen Herausforderungen, wo andere Menschen Probleme sehen. Erfolgreiche Menschen sind Macher, indem sie bereit sind, Dinge zu tun, von denen andere nur sprechen.

Erfolgreiche Menschen unterscheiden sich von nicht-erfolgreichen Menschen vor allem dort, wenn es darum geht, Dinge zu tun, etwas anzupacken, mit irgendetwas zu starten. Erfolgreiche Menschen suchen aktiv nach Möglichkeiten. Sie machen, wo andere nur zuschauen. Das führt dazu, dass erfolgreiche Menschen viel mehr Möglichkeiten sehen, erarbeiten und auch nutzen, um etwas zu tun. Und wenn sie 100 Möglichkeiten gefunden haben, werden sie 100-mal etwas machen! Und das sind 100 Möglichkeiten mehr, als der nicht-erfolgreiche Mensch hat. Es gilt als nahezu sicher, dass nicht alle 100 Möglichkeiten wunderbar aufgehen und sofort Profite bringen. Aber selbst, wenn nur fünf von den 100 Dingen funktionieren, sind das fünf Gelegenheiten mehr, erfolgreich zu sein, als sich dem Nicht-Erfolgreichen bieten würden. Und da sich der Erfolgreiche viel mit diesen Möglichkeiten auseinandersetzt, wird es ihm auch nicht schaden, die 95 Möglichkeiten, die nicht funktionierten, in Angriff genommen zu haben. Er weiß, dass er dadurch profitiert, weil er seinen „Schaden" immer begrenzen und auf ein Minimum reduzieren kann sowie aus diesen 95 Möglichkeiten einen unglaublichen Erfahrungsschatz sammeln kann. Aus den fünf Möglichkeiten, die sich ihm bieten, kann er eine so gut verwandeln, dass allein diese schon weit mehr Profite bringt, als ihm die 95 Fehlversuche gekostet haben. Er profitiert also, wenn es gut läuft, aber auch, wenn es nicht so gut läuft. Entscheidend ist also, sich Möglichkeiten zu suchen, und diese dann auch anzugehen. Und, letztendlich, wie du damit umgehst. Du sammelst Erfahrung, lernst ständig dazu und wendest dein Wissen immer wieder an. Was glaubst du, was sich daraus entwickeln wird? Eben, das denke ich auch! Du wirst Erfolg haben. Es ist dann nur noch eine Frage der Zeit!

Wie du deine Ziele wählen solltest

Ziele sind wichtig. Ziele sind so wichtig, dass du nichts machen solltest, ohne ein Ziel zu haben. Sie sind so wichtig, dass wir auch schon darüber gesprochen haben und ich dich gebeten habe, dir sofort ein paar Ziele aufzuschreiben. Jetzt ist es an der Zeit, dich zu rügen, wenn du es bisher noch nicht getan hast, dir aber auch die Möglichkeit zu geben, das jetzt nachzuholen. Und dies ist definitiv die letzte Möglichkeit, das zu tun. Also bitte ich dich inständig darum, für dich, dein Leben, dass du dir jetzt deine Ziele, mindestens drei an der Zahl, aufschreibst.

Der Prozess des Aufschreibens ist sehr wichtig. Also bitte ich dich, es genau jetzt noch einmal zu tun!

-
-
-

Wenn du dies jetzt nachgeholt haben solltest, ist das schonmal sehr gut, dennoch nicht hervorragend, da du an einer anderen Stelle nicht die Disziplin und den Willen aufgebracht hast, sie aufzuschreiben. Frage dich, ob es dir dein Leben, deine Ziele oder ob du es dir nicht wert bist, das zu tun. Aber naja, lass uns weitermachen.

Vielleicht hast du deine Ziele ja schon vorher schriftlich festgehalten. Dann möchte ich dich an dieser Stelle ausdrücklich loben. Und wenn du sie hier jetzt erneut hingeschrieben hast, dann solltest du dir anschauen, ob du auch die gleichen Ziele aufgeschrieben hast. Das ist natürlich ebenfalls wichtig. Wenn nicht, solltest du das als Anlass nehmen, dich noch einmal zu fragen, was deine größten und wichtigsten Ziele sind.

Warum sind Ziele so wichtig? Ganz einfach: Weil sie den Weg bestimmen, den wir einschlagen müssen, um sie zu erreichen. Es ist wie ein Navigationssystem durch unser Leben: Wenn wir nicht wissen, wo wir ankommen möchten, werden wir unnötig hin- und herfahren, komplett planlos und unsere Ressourcen verbrauchen, unser Fortbewegungsmittel abnutzen und unsere Zeit komplett verschwenden.
Du würdest doch nie mit dem Auto oder dem Zug losfahren, ohne zu wissen, wo du hinmöchtest. Es sei denn, dir macht das Fahren an sich Spaß und du genießt die Zeit. Das ist eine vertretbare Ausnahme. Ansonsten wirst du wohl niemals an dein Ziel ankommen, wenn du nicht weißt, wohin es gehen soll. Und das führt natürlich zu einer katastrophalen Fahrt.

Wenn es doch bei deiner Fortbewegung so ist, warum machst du es dann nicht auch im Leben so? Denkst du, das Leben ist so strukturiert, dass es dir von allein Ziele vorgibt? Oder denkst du dir, dass es keine Straßen und Wege in deinem Lebensplan gibt, sodass sich das alles zufällig ergibt? Glaubst du nicht, dass es, um einen bestimmten Zustand oder eine bestimmte Situation zu erreichen, kürzere, schnellere, schönere Wege gibt oder vielleicht auch Umwege, längere Wege, steilere Wege und so weiter? Ich denke, wir sind da einer Meinung. Klar verbinden wir Weg und Ziel häufig mit dem Transport. Aber es ist das exakt identische Bild, das sich auch auf dein Leben spiegeln lässt. Ziele sind Ziele, Wege sind Wege, und Wege führen zu Zielen. Wege können unterschiedlich sein, ebenso wie Ziele. Aber es lässt sich doch nicht bestreiten, dass es zwischen diesen dramatische Unterschiede gibt, die sich günstig oder eher schwieriger für dich auswirken können. Stimmts?

Ziele sind zudem wichtig, weil du sonst auch nicht weißt, wann du angekommen bist. Du hast also sonst eine komplett planlose Fahrt aufgenommen, die für dich niemals enden wird, weil du nicht weißt, wo dein Ziel ist. Und die schlechte Nachricht ist: Du kannst nicht einfach zurückfahren, wenn du dich verirrt hast und den Weg nicht kennst. Jede einzelne Sekunde in deinem Leben hat Auswirkung auf die Zukunft, alles was du machst, denkst, hoffst... Es bestimmt dein Handeln, es verbraucht Sauerstoff zum Atmen und Zeit zum Leben. Die Zeit, die du verlierst, kriegst du niemals wieder zurück: Jede einzelne Sekunde ist einmalig in deinem Leben! Also ist deine planlose Fahrt durchs Leben letztendlich viel dramatischer als eine planlose Fahrt mit dem Auto. Beide mit dem gleichen Input, aber einem unterschiedlichen Output.

Ein Ziel gibt dir also vor, welchen Weg du wählen musst und wann du angekommen bist. Die wichtigsten Grundpfeiler einer Reise. Warum glaubst du also, solltest du das nicht berücksichtigen? Vielleicht fallen dir noch weitere Parallelen ein, die es zu berücksichtigen gilt. Aber die beiden Wichtigsten sollten hier einmal dargestellt werden. Über Verbrauch, Verschwendung, Abnutzung etc. sei hier gar nicht die Rede, sind jedoch ganz wichtige weitere Faktoren.

Wie solltest du nun also deine Ziele wählen?

Darüber gibt es zwei verschiedene Ansichten: Die eine Partei behauptet, man sollte sich kleine Ziele setzen, damit man auch regelmäßig Erfolgsmomente verspürt und dadurch Motivation tankt, weiterzumachen. Zudem kann man dadurch den Fortschritt sehr gut erkennen. Wiederum andere behaupten: Think big! Denke groß! Denke überdimensional. Nur große Geister können große Visionen erschaffen und diese auch verwirklichen. Zwei Ansichten, die unterschiedlicher nicht sein könnten. Was von beidem ist also sinnvoll? Ganz klar: Hier gibt es einen goldenen Mittelweg, und der sieht folgendermaßen aus:

Setze dir große Ziele! Setze dir verdammt große Ziele! Realistische, aber große Ziele! Sie sollten SMART sein. Smarte Ziele, smarte Entscheidungen.

S – spezifisch = Sie sollten sich konkret auf einen Wunschzustand oder eine Wunschsituation beziehen

M – messbar = Du solltest dein Ziel messen können (wie vielen Menschen habe ich geholfen, wieviel Kapital habe ich erwirtschaftet etc.)

A – ambitioniert = Du solltest keine zu kleinen Ziele setzen, sie sollten dich fordern

R – realistisch = sie sollten realistisch und erreichbar sein. Alles, was andere erreicht haben, kannst du auch erreichen, sogar noch mehr.

T – terminiert = fixiere einen festen Termin. Das hilft dir, zu überprüfen, ob du dein Ziel erreicht hast und ob du im Zeitplan bist

Warum sollten deine Ziele SMART und realistisch sein? Ganz einfaches Beispiel:

Das hier ist dein Ziel

Dein Ziel ist, ohne eine wirkliche Relation zu haben, nicht super riesig, aber auch nicht winzig klein. Wenn man es so betrachtet, würde man wohl einfach sagen, dass es relativ klein ist.

Auf jeder Reise, egal wie gut sie geplant ist und wie durchdacht du das Ganze angehst, wird es immer Herausforderungen geben. Größere, kleinere... Wie auch immer. Geben wird es sie sicherlich. Kleinere Herausforderungen sind nicht super dramatisch und können meist auch relativ fix abgehandelt werden. Das hier ist eine kleinere Herausforderung:

Wenn sich dir eine kleine Herausforderung stellt, verlierst du ein relativ kleines Ziel auch dann noch nicht aus den Augen, siehe hier (es werden die gleichen Formgrößen verwendet):

Was passiert jetzt aber, wenn sich eine größere Herausforderung ergibt, die wirklich ordentlich Power braucht, um diese zu meistern und letztendlich noch stärker herauszugehen? Angenommen, die Herausforderung hätte eine solche Dimension.

Wenn die Herausforderung eine solche Größe annimmt, passiert folgendes:

Du denkst dir jetzt sicherlich: Wo ist das Ziel hin? Man sieht es nicht mehr! Und genau das ist der Punkt, den ich dir hiermit visualisieren möchte. Sobald sich dir größere Herausforderungen stellen, besteht die Gefahr, dass du dein Ziel aus den Augen verlierst, wenn das Ziel zu klein ist. Der Aufwand scheint zu groß zu sein, um die Herausforderung zu meistern, im Gegensatz zum Ertrag, den du durch die Erreichung deines Zieles erhalten würdest. Das führt dazu, dass du zu schnell von deinen Zielen ablässt und aufgibst und dich dann wieder planlos auf die Reise begibst. Und dieser Prozess wird sich immer und immer wiederholen, weil du deine Ziele zu klein setzt und es immer Herausforderungen geben wird, die etwas größer sind als dein relativ kleines Ziel.

Was ist also die Lösung? Ein Ziel zu wählen, dass größer ist. Groß genug, um die wesentlichen Herausforderungen zu übertrumpfen. Auch größere Herausforderungen werden dein Ziel weiterhin im Blickfeld erscheinen lassen und es nicht überdecken.

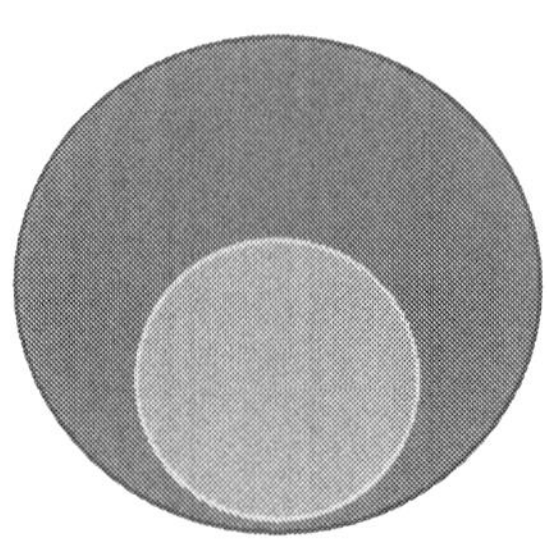

Du siehst, dass dies nur ein Bild ist, dir aber eindrucksvoll deutlich macht, wie wichtig es ist, nicht zu kleine Ziele zu setzen.

Große Ziele sind also weniger schnell zu verfehlen, und wenn du diese Ziele hast, wirklich ein Verlangen danach verspürst, dann werden dich auch größere Herausforderungen nicht davon abbringen, weiterzukommen. Es müssen nur auch eben echte Ziele sein. Was echte Ziele sind, dazu komme ich gleich noch.

Doch was ist das Problem, warum dann nicht jeder Mensch ausnahmslos empfiehlt, große Ziele zu haben? Das hat einen einzigen, psychologischen Grund: Es geht um die Motivation, dieses Ziel auch wirklich erreichen zu wollen.

Viele Menschen würden dir empfehlen, kleine Ziele zu setzen, damit du schneller Erfolge feiern kannst und dadurch Motivation tankst. Dadurch sollst du dein Ziel Schritt für Schritt erreichen und kannst dich über die kleinen Erfolge motivieren. Das klingt ja an sich ganz schön. Nur ist das eine Lösung für Weichspüler. Es ist die Lösung für die Menschen, die nicht genug Motivation haben, ihr großes Ziel zu erreichen, die nicht den Willen und die Disziplin haben, ihre ECHTEN Ziele zu erreichen. Jeder, der dir empfiehlt, dass du auf deinem Weg zur finanziellen Unabhängigkeit lieber kleine Ziele wählen sollst, sagt dir im Endeffekt, dass du es sowieso nicht schaffen wirst und bezweifelt, dass du weder die Motivation noch die Disziplin hast. Warum denkt er das? Weil er/sie sie selbst nicht hätte. Und es ist viel einfacher, andere Menschen kleinhalten zu wollen, damit man besser dasteht, als eben selbst etwas anzupacken. Das ist kein Vorwurf oder eine böswillige Unterstellung. Es ist häufig die Realität. Nur klein denkende Geister empfehlen dir auch, kleine Ziele zu wählen. Aber willst du denn ein kleiner Geist sein beziehungsweise bleiben?

Sie halten dich für psychologisch zu schwach, um wirklich am Ball zu bleiben, wenn du nicht immer ein Bonbon zwischendurch bekommst. Sicherlich, das ist nicht die Hauptintention, warum dir viele Menschen zu kleinen Zielen raten, wahrscheinlich, weil sie selbst nicht einmal darüber nachdenken. Im Endeffekt ist die psychologische Wirkung aber genau diese. Kleine Ziele sind vielleicht bequemer, aber sie halten dich eben auch klein, bringen dich nicht voran.

Und warum sind kleine Ziele so gefährlich? Sie bringen einfach dein großes Ziel in Gefahr, da sie dich immer wieder Stück für Stück befriedigen und sättigen. Irgendwann wirst du des Erfolges satt, so komisch das klingen mag. Stell dir die Renovierung eines 10-Zimmer-Familienhauses vor. Du fängst an, jedes Zimmer neu zu gestalten, wie du es dir wünschst. Neue Tapete, eine Wand wird nur verputzt, neue Farbe, neue Einrichtungsgegenstände. Nach und nach stellst du jedes Zimmer fertig. Da das aber natürlich mit Aufwand verbunden ist, belohnst du dich für deinen Fleiß nach der Fertigstellung jedes Zimmers. Je mehr Zimmer du machst, desto mehr Belohnung. Die Belohnung bleibt in aller Regel aber gleich intensiv, das heißt, dass dein Feierabend-Menü ungefähr immer dieselbe Befriedigung für dich erreicht. Irgendwann, beim achten oder neunten Zimmer angekommen, denkst du dir: „Puh, jeden Tag hier denselben Stress, und danach belohne ich mich immer mit einem leckeren Essen. Das Essen hatte ich jetzt schon einige Tage, der Aufwand für dieses Zimmer ist aber viel größer. Das ist es mir heute nicht wert. Für heute werde ich Feierabend machen und werde dann nächste Woche die restlichen Zimmer renovieren“.

Zack! Und sobald das passiert ist, wissen wir beide, dass diese Zimmer niemals mehr renoviert werden. Nicht, wenn keine unglaublich große und unmittelbare Dringlichkeit besteht. Dann würde es irgendwie wohl noch getan werden. Dann sind auch diese Zimmer Teil deines ECHTEN Ziels. Wenn aber keine direkte Dringlichkeit besteht, werden diese Zimmer wohl immer Rohbau bleiben und umfunktioniert zu einem Abstellraum.

Zugegeben, an diesem Beispiel kann man viel herumnörgeln. Darum geht es mir jedoch gar nicht. Ich möchte dir lediglich damit vor Augen führen, was kleine Ziele und stetige Belohnungen mit dir machen. Sie drücken unterbewusst den Hunger nach dem größeren Ziel, sie übertünchen die Sehnsucht danach, dass du dein ECHTES Ziel erreichst. Sie geben dir ein Gefühl von Überdruss. Du kommst immer wieder in die Versuchung, Aufwand gegen Nutzen abzuwägen. Und da sich dieser immer weiter relativiert, weil du ja immer schon Erfolge feierst, bis du irgendwann satt bist und hast keine Lust mehr auf die Hauptspeise hast. Das ist aber nicht schön, weil das eben nur deine kurzfristigen Bedürfnisse befriedigt, dir langfristig aber kein bisschen weiterhilft und du trotzdem noch, tief in dir drin, unzufrieden bist und die Sehnsucht nach deinen ECHTEN Zielen verspürst. Wie, als wenn du vor dem Essen naschen würdest, was dir als Kind früher sicherlich ebenso verboten wurde wie mir.

Du merkst eben, dass du auch mit minimalerem Aufwand eine Belohnung erhältst, also warum dann Abmühen? Und die Belohnung, auf die kannst du dann auch verzichten. Der Aufwand ist einfach eben zu hoch. Schade nur, wenn dieses Haus das Erbstück deiner Großeltern ist, sie es mit eigenen Händen erbaut haben und es dein Lebensziel war, ein renoviertes Haus für die gesamte Familie zu erschaffen. So werden jetzt Kompromisse und Auswege gesucht, weil du zu faul und zu unmotiviert bist, und gaukelst dir vor, dass diese Auswege ja auch in Ordnung sind und bist dann sogar damit „zufrieden". Der Effekt der Gewöhnung ist der beste und schlimmste Effekt zugleich, den du in menschlichen Verhalten finden kannst. Zum einen kann er dir unglaublich helfen, kann dich aber auch zu einem unglaublichen Versager machen.

Teilziele werden dich also mit einer relativ hohen Wahrscheinlichkeit zum Scheitern des Erreichens deines großen Ziels bringen. Nicht immer, aber die Gefahr ist unglaublich groß. Denn entweder war dein Ziel nicht ECHT oder du bist nicht diszipliniert oder motiviert genug. Oder... Die kleinen Ziele haben dich gesättigt. Und das ist fatal, wenn du wirklich einen Wunsch hast im Leben. Und du dich dann zufriedengibst, weil du Ausreden und Kompromisse findest.

Große Ziele sind psychologisch eigentlich viel leichter, aber natürlich auch keine Selbstläufer. Bei großen Zielen ist der Hunger nach diesem Ziel und die Sehnsucht danach so groß, dass sie dich jeden Tag antreiben werden, aufzustehen und den Tag einfach zu regieren. Dein Hunger nach diesem Ziel ist so groß, weil sie stärker als die größten Ausreden von dir sind.

Es kann natürlich einige Zeit dauern, bis du dieses Ziel erreicht hast. Und auf diesem Weg werden sich dir auch große Herausforderungen stellen. Wenn dein Ziel jedoch groß genug und ECHT ist, dann wird dich nichts aufhalten können. Der Weg dorthin kann durchaus ermüdend sein, manchmal wirst du sicherlich auch das Gefühl haben, dass du noch soweit weg vom Ziel bist, dass du es wohl niemals erreichen wirst oder es so schwer sein wird, dass du gegebenenfalls aufgeben willst. Rein aus diesem Grund der Schwäche wurden kleine Ziele entwickelt. Ich denke, dass es jedoch psychologisch die reinste Mausefalle ist. Was kannst du jetzt also tun, um dir große Ziele zu setzen, aber nicht vom Weg abkommst, auch wenn das Ziel noch nicht in greifbarer Nähe ist? Ganz einfach, du nutzt den positiven Aspekt von Teilzielen und kombiniere ihn mit dem Hunger nach dem großen Ziel. Du setzt dir Meilensteine!

Ist ein Meilenstein nicht einfach ein anderes Wort für ein Teilziel?

Der oder die Uninformierte würde genau das Denken. Ist nur ein anderes Wort. Wenn du dir jedoch eine Minute Zeit nimmst, um darüber nachzudenken, wirst du schnell erkennen, dass es sich um einen komplett anderen Sinn handelt.

Ein Meilenstein gaukelt dir nämlich nicht vor, dass du bereits etwas erfolgreich abgeschlossen hast, und sättigt dich zwischendurch nicht immer wieder mit Erfolgserlebnissen. Ein Meilenstein gibt dir lediglich einen Anhaltspunkt darüber, ob du dich noch auf dem richtigen Weg befindest. Somit ist es die emotionslose Variante eines Teilziels.

Meilensteine sind wie große Kreuzungen mit Wiedererkennungswert, besondere Wegpunkte oder andere markante Hinweise darauf, dass du dich noch auf dem richtigen Weg befindest. Sie bestätigen dir den Fortschritt, ohne dir Erfolg zu geben. Das ist alles, was Meilensteine tun. Aber es ist wichtig, dass sie auch nur dies tun. Denn so sättigen sie dich nicht, sie verursachen viel mehr noch, dass du dich noch mehr auf dein Ziel fokussierst, noch hungriger wirst, und du diese Strecke nun läufst anstatt gehst. Meilensteine sind ein Instrument der Überprüfung, nicht der Erfolgsgebung. Und genau so sollte es sein. Und das ist der Grund, warum Teilziele oder, wie du jetzt erfahren hast, Meilensteine wichtig für dich sind, aber konkret anders gehandhabt werden sollten. Nur zur Überprüfung.

Du hast dir schließlich nicht ohne Grund ein Ziel ausgewählt. Dieses Ziel ist ECHT. Du hast dich mit diesem Ziel identifiziert und bist aus diesem Grund auf die Reise gegangen. Und nicht, weil du eigentlich nur das Teilziel haben wolltest. Und du hast losgelegt. Warum solltest du nun schon an einem Meilenstein deine Reise beenden? Das wäre in etwa so, als würdest du nach Spanien fahren wollen, um Urlaub zu machen, dir dann aber denkst, dass die Tankstelle an der Autobahn ja auch ganz nett ist, weil sie Tapas im Kühlregal haben. Das war es dann und aus diesem Grund drehst du wieder um und fährst nach Hause. Klingt nach Unfug, oder? Warum soll es dann auf deinem Lebensweg anders sein?

Teilziele sollten dich niemals zufriedenstellen, es sei denn, du bist nicht hungrig genug oder dein Ziel war eben nicht echt. Teilziele sind immer nur Meilensteine auf deinem Weg, noch hungriger zu werden und weiterzumachen. Wie der Name eben sagt, ist es ein Stein nach einer Meile, ein Wegpunkt, der dir Wiedererkennungszeichen gewährt, der dich, falls du dich verläufst, zurück auf die richtige Spur bringen kann, und gegebenenfalls sogar für andere Menschen wichtige Wegpunkte markiert. Ein Meilenstein ist niemals ein Ziel. Wenn es so sein sollte, hast du nichts von deinem eigentlichen Ziel erreicht. Du bist einfach nur losgefahren und hast Ressourcen verbraucht. Der Klassiker der Verschwendung.

Wie motivierst du dich also, dein Ziel zu erreichen, auch wenn es noch so weit weg zu sein scheint? Können dir Meilensteine dabei helfen? Letztendlich kannst du das so gestalten, wie es dir wichtig ist und auch wie es dir helfen kann. Du solltest einem Meilenstein aber niemals mehr oder weniger Bedeutung zusprechen, als er haben sollte.

Ich bin überzeugt davon, dass du keine zusätzlichen Motivationsschübe zwischendurch brauchst, wenn du ein ECHTES Ziel hast. Ich bin überzeugt, dass dein Ziel so gewählt werden sollte, dass du dieses Ziel atmest, dieses Ziel denkst, dieses Ziel lebst. Wenn das der Fall ist, wird deine Motivation immer groß genug sein, mehr zu machen, als man von dir erwartet. Und sie wird immer so groß sein, dass sie größer als die stärkste Ausrede ist. Auch wenn die Motivation mal nicht bei 100% liegt, so wird sie dennoch immer ein paar Prozent über dem Herausforderungslevel liegen. Und das reicht, sodass keine Herausforderung groß genug ist, um dich vom Ziel abzubringen.

Was zur Hölle sind denn jetzt endlich diese ECHTEN Ziele?

Echte Ziele bestehen aus den folgenden Komponenten:

E – Ehrlichkeit

C – Chancen

H – Hingabe

T – Träume

ECHTE Ziele sind solche Ziele, bei denen du nicht vormachen musst, dass du mit der Teilerreichung der Ziele zufrieden bist. Echte Ziele können, wollen und müssen erreicht werden. Bei ECHTEN Zielen gibt es keine Ausreden, warum ein Nichterreichen auch okay ist. Bei ECHTEN Zielen zählen für dich nur diese Ziele, nichts anderes.

ECHTE Ziele sind solche, die dich antreiben, morgens aufzustehen, und abends ins Bett gehen lassen, mit dem Willen, am nächsten Tag noch mehr zu geben. Bei echten Zielen ist der Hunger nach diesen Zielen so groß, dass er durch nichts als seine Erreichung gestillt werden kann.

ECHTE Ziele entstehen, wenn der Schmerz, den du aktuell verspürst, so groß ist, dass du nicht anders kannst, als daran etwas zu ändern. Du musst Schmerz, echten Schmerz empfinden mit deiner Situation oder mit der, mit der du unzufrieden bist, um ein ECHTES Ziel zu haben.

Ein solches ECHTES Ziel ermöglicht es dir, Tag für Tag dein Bestes zu geben, auch wenn du keine direkten Ergebnisse siehst. Sie geben dir den Antrieb, weil du diesen Zielzustand so sehr erreichen möchtest, dass dir kein Preis zu hoch, keine Arbeit zu schwer und kein Tag zu lang erscheint.

Wahrscheinlich hakt es jetzt genau an zwei Dingen:

Entweder hast du (noch) keine ECHTEN Ziele oder du bist dir noch keiner ECHTEN Ziele bewusst, oder du weißt nicht, wie du deine Ziele in ECHTE Ziele umformulieren kannst und dadurch die Motivation und den Antrieb erhältst, deine Ziele wie ECHTE Ziele zu verfolgen.

Ich gebe dir jetzt hier ein Versprechen ab: Ich werde dir erläutern, wie du es schaffst, ein ECHTES Ziel herauszufinden oder eben deine Ziele auch zu ECHTEN Zielen zu transformieren. Das ist jedoch eine sehr drastische Methode und wird neben dem Input von mir auch viel Initiative von dir verlangen. Weiterhin muss ich dir eben auch hier sagen, dass es sich um den Prozess, ECHTE Ziele zu statuieren, ebenfalls um ein ECHTES Ziel handelt. Das bedeutet also, dass dies einem Prozess unterliegt, der nicht von heute auf morgen, aber von heute bis in zwei Wochen abgeschlossen sein kann. Aus dem Grund wirst du hier auch nicht direkt Ergebnisse erkennen, wirst jedoch merken, dass sich relativ schnell Ergebnisse erzielen lassen, wenn du denn bereit bist, auch wirklich ernsthaft und mit Nachdruck daran zu arbeiten.

Dieses Kapitel wird nicht ganz einfach, aber es wird sich lohnen, das verspreche ich dir!

Wie du ECHTE Ziele herausfindest oder solche erschaffst

Wie wir bereits besprochen haben, sind ECHTE Ziele (zukünftig nur noch klein geschrieben, da du die Bedeutung nun kennenlernen und nicht mehr durch die schriftliche Darstellung aufmerksam gemacht wirst) solche Ziele, deren Erreichung für dich ein unmittelbares Bedürfnis zur Steigerung deiner Lebensqualität bieten. Auf die Definition einer Lebensqualität möchte ich hier nicht genauer eingehen, da dies ein unglaublich vielfältiges Wort ist, ich bin mir jedoch sicher, dass du darunter eine Vorstellung hast und weißt, was Lebensqualität für dich bedeutet.

Im Umkehrschluss muss das bedeuten, dass bei Nicht-Erreichen dieses Ziels eindeutig Lebensqualität fehlt beziehungsweise verlorengeht. Dein oberstes Ziel sollte also das Erreichen deiner echten Ziele sein.
Warum steigert ein echtes Ziel deine Lebensqualität? Weil du mit diesem Dinge verbindest, die für dich, dein Leben und das Leben aller deiner Beteiligten von außerordentlichem Interesse sind. Das bedeutet, dass sie gesundheitlich, privat, finanziell, materiell oder

immaterielle positive Auswirkungen auf dein Leben und das Leben deiner Freunde und Verwandte haben.

Ein echtes Ziel unterscheidet sich von einem gewöhnlichen Ziel um die Dringlichkeit, mit der wir dieses erreichen wollen. Je dringlicher das Ziel ist, desto echter. Zudem brauch ein echtes Ziel keine Teilziele, lediglich Meilensteine sind sinnvoll. Bei einem echten Ziel ist die Motivation, den Zielzustand zu erreichen, so groß, dass du deine Motivation jederzeit intrinsisch findest, immer in dir selbst, weil du davon überzeugt bist, dass es für dich richtig ist und du es verdient hast.

Wie erschaffst du dir diese intrinsische Motivation? Dein Ziel muss so sehr gewollt werden, dass du keine andere Möglichkeit siehst, als es zu erreichen. Und diese Begierde hast du dann, wenn du mit deiner aktuellen Situation derart unzufrieden bist, dass du aus dieser herauskommen möchtest, koste es, was es wolle. Und genau dieser Zustand richtet sich dann ein, wenn du mit deiner aktuellen Situation Schmerz verbindest Denn Schmerz ist ein Empfinden, das wir alle nicht lange aushalten können oder aushalten wollen. Anhaltender Schmerz macht müde, lebensmüde, und führt zu Krankheiten, körperlich, aber auch geistig.

Das ist natürlich eine sehr unangenehme Situation, doch nur dann sind wir wirklich in der Lage, etwas ändern zu wollen. Und wir werden etwas ändern, weil wir den Schmerzzustand verlassen wollen und müssen. Eine andere Lösung existiert in dieser Situation nicht für uns, wenn wir dringend etwas ändern wollen. Wir können zwar Schmerzmittel nehmen (das sind hier im übertragenen Sinne die Gedanken, die uns Auswege suchen oder Ausreden finden), ändern aber nichts an der Ursache und bekampfen immer nur die Symptome, bis auch die Schmerzmittel ihre Funktion verlieren und wir weiter mit den Schmerzen leben müssen. Ich denke du weißt sehr gut, das Schmerzmittel in der Medizin immer nur eine kurzfristige Lösung darstellen sollten, wenn es denn möglich ist.

Du musst also mit deiner jetzigen Situation Schmerz verbinden. Und das ist eine optimale Grundvoraussetzung, wenn auch gleich eine sehr drastische, um wirklich etwas ändern zu wollen. Denn wenn du mit deiner Situation keinen Schmerz verbindest, dann bist du genau an diesem Punkt im Leben, wo du auch jetzt bist. Ist der Schmerz nicht groß genug, so wirst du nichts ändern. Darum hast du ja bisher auch nichts geändert. Weil deine Schmerzmittel (im übertragenen Sinne deine Faulheit sowie deine Ausreden) immer den Schmerz übertüncht haben. Du hast jedoch tief in dir drin dennoch diesen Schmerz, da du dich ansonsten ja nicht dazu hast hinleiten lassen, etwas ändern zu wollen. Da du diese Entscheidung nun schon getroffen hast, solltest du dir nun auch den Schmerz vor Augen führen, den du wirklich verspürst, und das ist der erste Schritt, um ein echtes Ziel zu erschaffen.

Wir wollen, was uns glücklich macht. Und das fühlen wir. Es ist dieses Unterbewusstsein, dass uns manchmal sagt, es ist richtig, dies oder jenes zu machen oder zu lassen. Dieses Unterbewusstsein gibt uns vor, Dinge richtig oder Dinge weniger richtig zu machen. Manchmal nennst du es auch Intuition. Denkst du, dass dir dein Unterbewusstsein angeboren ist? Denkst du, dass jeder Mensch mit einem ganz eigenen Unterbewusstsein geboren wurde und nun ein Opfer dessen ist? Ganz gefangen, frei von irgendwelcher Macht, die dir die Möglichkeit geben kann, unterbewusst etwas besser oder etwas schlechter zu machen?

Ich bezweifle es genauso sehr wie du. Ich denke, dass unser Unterbewusstsein durch das entsteht, was wir machen, vor allem, was wir routinemäßig machen. Ich denke auch, dass sich unser Unterbewusstsein entwickeln muss, damit wir damit arbeiten können und erst recht, uns auch darauf verlassen können. Ohne philosophisch zu sehr auf dieses Thema eingehen zu wollen, kannst du dir sicherlich auch denken, dass dein Unterbewusstsein irgendwie daraus entstanden ist, was du bisher so in deinem Leben getan hast, was du für richtig empfunden hast, was du routinemäßig getan hast und wofür du dich nun unterbewusst entscheidest. Ein Stück weit sprechen wir hier dann eben auch von Erfahrung. Also wird unser Unterbewusstsein eben auch durch Erfahrung geprägt. Je besser die Erfahrung, desto größer das Belohnungsempfinden und desto schneller und stärker prägt es sich in unser Unterbewusstsein ein.

Erfahrungen entstehen in aller Regel jedoch nicht dadurch, dass du nichts tust oder nichts passiert. Erfahrungen sammelst du dadurch, dass du Schritt für Schritt Dinge angehst, deren Ergebnisse sich dir präsentieren, und sie entweder günstig oder ungünstig für dich sind. Wenn sie in der Tat ungünstig sind, wirst du sie wahrscheinlich nicht so schnell unterbewusst ausführen, da du ein negatives Ergebnis damit verknüpfst, sondern sie unterbewusst meiden wollen. Unser Unterbewusstsein gibt uns also gleichermaßen Handlungsempfehlungen, warnt uns jedoch auch wiederum vor Dingen, die uns negative Resultate geliefert haben.

Unser Unterbewusstsein ist also keinesfalls ein gottgegebenes Instrument, ein Frühwarnsystem, das uns von Geburt an auferlegt wurde. Unser Unterbewusstsein bildet sich eben genau aus diesen Erfahrungen, die wir Tag ein und Tag aus erleben. Das bedeutet dann auch, dass dein Unterbewusstsein in gewisser Weise steuerbar ist. Wir können es steuern in dem Sinne, welche Erfahrungen wir machen oder viel mehr wie wir diese Erfahrungen erleben. Somit können wir es so programmieren, dass wir mehr positive anstatt negativer Erfahrungen erleben. Wichtig hierbei ist die Betrachtung. Positive Ergebnisse sind solche, die uns voranbringen auf unserem Weg. Negative Erfahrungen liefern uns Lektionen und Hinweise darauf, die Dinge nächstes Mal besser zu machen. Unser Unterbewusstsein lernt auf beide Weisen: Einmal direkt, und einmal indirekt. Und wir können es so programmieren, dass wir unterbewusst dazu neigen, dass zu tun, was uns zugutekommt, und nicht, was uns schadet.

Da wir viele Dinge unterbewusst tun, zeigt sich schnell, was für ein mächtiges Instrument dieses Unterbewusstsein ist. Und das zeigt auch seine Bedeutsamkeit für unseren Alltag. Wenn wir unterbewusst ein so starkes Verlangen nach etwas haben, dann werden wir auch unterbewusst versuchen, es irgendwie und um jeden Preis zu erreichen. Wir tun unterbewusst die richtigen Dinge dafür. Unser bisheriges, unterbewusstes Handeln hat uns dorthin gebracht, wo wir jetzt sind. Dementsprechend wird deine jetzige Aufgabe sein, dein Unterbewusstsein so zu verändern, dass du unterbewusst Dinge tust, die dich weiterbringen.

Wenn wir von Unterbewusstsein sprechen, dann ist es quasi ein Ablaufplan, der UNTER unserem BEWUSSTSEIN liegt, den wir quasi als nicht wahrnehmbar empfinden und uns dennoch leitet und scheinbar automatisch abläuft. Wäre doch super, wenn genau dieser Motor dich nun zu Dingen antreibt, die dich näher an dein Ziel und näher an dein Glücklichsein bringen, oder? Das wäre nicht nur die Lösung, es ist die Lösung! Also müssen wir uns nun damit beschäftigen, wie wir genau das hinbekommen.

Dein Unterbewusstsein neu programmieren

Ich denke, dass du nachvollziehen konntest, was ich dir weiter oben beschrieben habe, wie unser Unterbewusstsein gebildet wird und wie es uns bei unserer täglichen Routine unterstützt. Das Unterbewusstsein entsteht nicht von heute auf morgen, sondern durch einen Prozess, nämlich dem Prozess des Erfahrung-Sammelns und der Wiederholung. Aus diesem Grund wird es auch ein wenig Zeit in Anspruch nehmen, bevor wir merkliche Änderungen in unserem Unterbewusstsein beziehungsweise den daraus resultierenden Taten feststellen können. Daher werden wir versuchen, das Ganze logisch und konsequent anzugehen, um diese Zeit auf ein Minimum zu reduzieren und das Möglichste herauszuholen.

Dein Unterbewusstsein ist sicherlich am stärksten davon abhängig, wie häufig du etwas tust und welche Erfahrung du damit verknüpfst. Das sicherlich Unterbewussteste, dass unser Handeln bestimmt, sind Reflexe. Und Reflexe sind uns antrainiert. Und damit meine ich keine biologischen Reflexe, sondern die, die wir täglich auf immer wiederkehrende Situationen anwenden. Wir reagieren mit Souveränität auf Dinge, die wir bereits kennen, mit Prozessen, die wir bereits kennen, um Ergebnisse zu erhalten, die wir bereits kennen. Reflexe sind also antrainierte Antworten auf bestimmte Sachverhalte. Und dafür mussten wir diese ziemlich häufig wiederholen und immer wieder betrachten, welche Ergebnisse uns diese Handlungen liefern. Wenn wir also etwas neu in unser Unterbewusstsein programmieren wollen oder eben aufnehmen möchten, dann müssen wir Dinge immer und immer wieder machen, wiederholen, bis wir es so oft getan haben, dass es in unserem Unterbewusstsein angelangt ist. Was du bisher in dein Unterbewusstsein aufgenommen hast, ist eben auch nicht anders entstanden.

Du musst also das, was du erreichen willst, also deine Ziele, immer und immer wieder aufrufen, du musst immer und immer wieder abspulen, um unterbewusst ein Programm zu errichten, was dich dann auch unterbewusst dazu bewegt, Dinge zu tun, die dafür zuträglich sind. Also musst du dir das, was du in dein Unterbewusstsein aufnehmen willst, immer und immer wieder vorstellen, visualisieren, durchlesen, anhören, was auch immer. Du musst sehr häufig aktiv damit handeln, damit es irgendwann passiv abgespeichert wird. Ergibt Sinn, oder? Und wie hast du es in der Schule erfahren, wie wir Dinge erfolgreich lernen? Sie immer wieder durchlesen, aufschreiben, wiederholen, durchlesen, aufschreiben. Genauso funktioniert es jetzt auch. Nimm dir ein neues Blatt Papier, schreibe dir die Dinge auf, die du in dein Unterbewusstsein aufnehmen willst, und sei jetzt diszipliniert. Wenn du es wirklich willst, dann musst du jetzt auch die Disziplin zeigen.

Schreib sie dir auf, und lies dir die Dinge jeden Morgen nach dem Aufstehen und jeden Abend vor dem Schlafengehen durch. Mindestens für 21 Tage. So lange brauch unser Geist, etwas als wiederkehrendes Muster wahrzunehmen und damit auch in unser Unterbewusstsein aufzunehmen. Sei diszipliniert! Es kostet dich gerade einmal 3-4 Minuten am Tag, es zu tun. Es kostet dich aber ein ganzes Leben, es nicht zu tun. Mach es, und du wirst sehen, dass sich dein Unterbewusstsein fortan ändern wird.

Warum ist es so wichtig, dass du dein Unterbewusstsein auf deine Ziele hin programmierst?

Weil du dann alles, was du tun wirst, unterbewusst so tust, dass es dir und deinen Zielen zuträglich ist. Du merkst sicherlich, wieviel Kraft es dir kostet, bewusst Dinge zu tun, die nicht deiner Routine entsprechen und die anfangs für dich unbequem erscheinen. Wenn du immer und zu jeder Zeit gegen diese Unbequemlichkeit ankämpfen musst, wirst du immer wieder enorm viel Kraft aufwenden müssen, um voranzukommen. Das ist natürlich möglich, macht die Sache aber um ein Millionenfaches schwieriger.

Wenn dein Unterbewusstsein so programmiert ist, dass du automatisch die Dinge tust, die gut für dich sind, die dich automatisch weiterbringen, dann wird es dir einerseits gar keine Kraft mehr kosten und andererseits wirst du automatisch immer weiter Fortschritte machen. Das Perpetuum Mobile deiner Ziele. So kannst du mit kurzweilig begrenztem Aufwand einen langfristig unglaublich kraftvollen Motor errichten, der dich immer näher an deine Ziele bringen wird. Dein Unterbewusstsein steuert alles und hat eben auch direkte Auswirkungen darauf, was du bewusst wahrnimmst und wie du bewusst handelst.

Unterbewusst wirst du Dinge tun, die dir guttun und dich glücklich machen. Aufbauend auf die Erfahrungen, die du bereits gemacht hast. Wenn du nun deine Ziele mit positiven

Assoziationen verknüpfst und diese dein Unterbewusstsein prägen, wirst du nicht anderes tun können, als Fortschritte zu machen.

Aus diesem Grund ist es unheimlich wichtig, ach was, sogar notwendig, diesen Schritt zu tun. Du musst dir also aufschreiben, was deine Ziele sind, was du damit erreichen willst und vor allem WARUM du es erreichen willst. Die Sehnsucht danach muss groß sein. Es muss ausformuliert aufgeschrieben sein. Nicht üppig ausgeschrieben, aber doch so, dass du den Sinn immer wieder deutlich erfassen kannst, wenn du es dir immer wieder durchliest. Formuliere deine Ziele SMART. Du hast bereits gelernt, was das bedeutet. Je konkreter, desto besser. Damit du eben auch eine klare Call-to-Action hast, also weißt, warum du diese Ziele verfolgen willst und warum sie dich glücklich machen.

Aufschreiben, durchlesen, jeden Morgen und jeden Abend. Dadurch startest du morgen motiviert in den Tag und weißt, was dich bewegt, Großes zu erreichen. Du hast die Nacht, dir vorzustellen, wo du bald sein wirst. Zwei nicht unbedeutende Zeiträume in deinem Alltag.

Warum hilft dir das Unterbewusstsein, die richtigen Dinge scheinbar automatisch zu tun? Weil du sie eben nicht nur bewusst machst, sondern dich durch deinen unterbewussten Motor für Dinge entscheiden wirst, die deinem neuen Zielzustand oder deinen neuen Vorstellungen entsprechen. Dieses „automatisch" bedeutet nichts anderes, als dass du dich unterbewusst zu Entscheidungen bekennen wirst, die eher günstig als ungünstig zu deinen Vorstellungen beitragen. Dein Unterbewusstsein, das Gefühl, deine Intuition, sie helfen dir, eher die Entscheidungen zu treffen, die für deine Ziele förderlich sind.

Einfaches Beispiel: Willst du Müll trennen und hast bisher nicht getrennt, wirst du wahrscheinlich aus Gewohnheit und unterbewusst immer den Mülleimer nehmen, der sich in der Situation gerade am besten anbietet. Wenn du dein Unterbewusstsein daraufhin neu programmierst, wirst du unterbewusst den Müll sinnvoller trennen können. Nach einiger Zeit wirst du automatisch den Mülleimer wählen, der dafür vorgesehen ist, weil du dich darauf programmiert hast.

Dein Unterbewusstsein ist für deine Handlungen von sehr hoher Relevanz. Unter anderem, weil es auch dein bewusstes Handeln maßgeblich beeinflussen wird. Daher solltest du definitiv dein Unterbewusstsein neu programmieren. Auch wenn das Wort „programmieren" negativ behaftet ist, so ist es doch äußerst positiv in diesem Zusammenhang.

Welche Schritte sind nun also dafür erforderlich? Diese werden im Folgenden kurz dargestellt:

1) Überlege und lese dir durch, was deine ECHTEN Ziele sind

2) Visualisiere dir diese echten Ziele vor deinem geistigen Auge. Regelmäßig! Je detaillierter, desto besser.

3) Beschreibe dir diese Bilder so gut es geht und halte es auf einem Blatt Papier fest. Auch Traumcollagen helfen dir dabei. Egal wie ausführlich. Nimm dir die Zeit. Je konkreter, je traumhafter für dich, je positiver, desto besser. Kein Zweifel: Hier ist träumen erlaubt. Du solltest dir einen konkreten Zustand ausmalen und diesen so gut es geht beschreiben. Kleiner Tipp: Wenn eine Fee dir einen freien Wunsch gewährt, dieser Wunsch aber ganz genau beschrieben werden muss, dann solltest du dir wirklich Mühe geben, deinen Wunsch auch so zu erfassen, wie du ihn dir vorstellst. Genauso solltest du dir nun auch deine Zielzustände, deine echten Ziele, aufschreiben.

4) Verknüpfe deine echten Ziele mit positiven Emotionen. Egal in welcher Situation du bist: Sobald du über den Zielzustand nachdenkst, solltest du sofort Glücksgefühle empfinden. Das lässt sich biologisch sogar so steuern, dass du, sobald du an deine Ziele denkst, Glückshormone ausschüttest. Dies entspricht einer Art Konditionierung. Höre deine Lieblingsmusik, wenn du darüber nachdenkst, höre motivierende oder aufbauende Musik, iss dein Lieblingsessen, sei an deinem Lieblingsplatz. Du musst dich wohlfühlen und zu jederzeit, solange du dich in der „Lernphase" befindest, also in der Phase, wo du deine Ziele mit positiven Situationen verknüpfst, glücklich sein und ein unglaublich positives Gefühl haben. Dadurch wirst du in jeder kommenden Situation, in der du über diese Ziele nachdenkst, dich an jedem Ort der Welt zu jeder Zeit und in jeder Situation absolut positiv stimmen lassen, sobald du darüber nachdenkst. Und genau dadurch wirst du auch in jeder Situation neue Kraft und Motivation tanken können, immer das Beste zu geben, um deinen Zielen näherzukommen.

5) Lies dir deine echten Ziele und deine beschriebenen Zustände mindestens zweimal täglich durch. Am besten nach dem Aufstehen und vor dem Zubettgehen. Das sind unglaublich mächtige Zeiträume, um deiner Phantasie und deinem Vorstellungsvermögen pure Energie zufließen zu lassen

6) Wiederhole diesen Vorgang für mindestens 21 Tage. So lange, bis du dein Aufgeschriebenes nahezu auswendig aufsagen kannst. Wenn du soweit bist, brauchst du nicht mehr jeden Tag deine Formulierungen durchlesen, sondern beginnst nun, das Ganze aufzusagen und aus dem Gedächtnis heraus zu formulieren. In den ersten Tagen kann es sinnvoll sein, immer mal wieder auf deine Aufzeichnungen zu schauen, damit du auch die wichtigsten Details erfasst. Nach und nach kannst du dich jedoch immer mehr lösen. Das ist der Zeitpunkt, wo es erst richtig in dein Unterbewusstsein geht. Dann hast du nämlich auch die Aufzeichnung in deinem Langzeitgedächtnis abgespeichert und kannst es nahezu fehlerfrei reproduzieren. Dann sollten auch anschließend ca. 28 Tage insgesamt vergangen sein. Jetzt ist definitiv der Zeitpunkt erreicht, wo du dein Unterbewusstsein mit dem neuen Programm bekannt gemacht hast, wenn du denn vorher diszipliniert warst. Nun brauchst du dann auch nicht mehr die gesamte Aufzeichnung fehlerfrei aufsagen, sondern du kannst dich souverän an die Dinge erinnern, die für dich wichtig sind. Diese Grundpfeiler reichen, um dir immer wieder die kraftvolle Visualisierung deiner Ziele hervorzurufen. Wenn es noch nicht ausreicht, wiederhole die vorherigen Schritte für weitere 21 Tage.

Suche nach Möglichkeiten, deinen Willen zu stärken, deinen Sinn zu schärfen, und dein Leben nach deinen Vorstellungen zu gestalten

Dieses Instrument ist sehr heftig und unglaublich mächtig, aber es wird auch die krasseste Waffe sein, die du verwendest, um dich erfolgreich und glücklich zu machen.

Konditionierung ist ein ebenfalls sehr negativ behaftetes Wort. Die Assoziationen, die wir mit Konditionieren verbinden, bestehen häufig aus sehr schlechten und manipulativen Charakteristika. Gehirnwäsche wird in diesem Zusammenhang auch häufig erwähnt. Damit meinen wir, dass uns unterschwellig eine bestimmte Denkweise aufgezwungen wird oder wir eine bestimmte Verhaltensweise annehmen sollen, die uns unfreiwillig aufgetragen wurde.

Im eigentlichen Sinne besagt Konditionierung jedoch lediglich, dass wir eine bestimmte Denkweise, Reize und Handlungen miteinander verknüpfen. Auf bestimmte Aktionen hin eine bestimmte Reaktion zeigen. Anhand von Signalen eine Denkweise oder ein Verhaltensmuster darlegen. Insofern ist dieses Wort eigentlich so neutral wie sein Ursprung. Es kommt nur eben darauf an, was wir damit verbinden. Und in diesem Zusammenhang wollen wir dem Ganzen einen positiven Deutungsrahmen geben, und zwar nicht, weil es in diesem Fall besser passt und wir uns die Welt machen, wie sie uns gefällt, sondern, weil dieser Prozess ein neutraler im eigentlichen Sinne ist und wir ihn verwenden können, etwas sehr Positives für uns daraus zu folgern. Ähnlich ist es ja auch mit Kritik. Kritik ist negativ behaftet, gibt uns jedoch im besten Fall konstruktive Hinweise und Handlungsempfehlungen, wodurch wir noch besser werden können.

Wie können wir also die Konditionierung zum einen positiv gestalten und zum anderen für uns arbeiten lassen? Indem wir uns so konditionieren, dass wir Dinge, die uns guttun, noch mehr schätzen, und Dinge, die uns schaden, versuchen zu meiden. Du denkst nun sicherlich: „Das versuche ich doch jeden Tag!" Und ja, das machst du wohl mehr oder weniger täglich, aber nicht bewusst oder eben nicht geschickt genug, um dort wirklich einen großen Nutzen herausziehen zu können. Denn: Tust du Dinge, die du magst, bist du glücklich, allein schon aufgrund der Tatsache, dass du sie tust und auch die Gelegenheit hast, sie ausführen zu können. Tust du Dinge, die du nicht magst, bist du unglücklich, unzufrieden, vielleicht findest du aber auch einen emotionalen Umweg, damit klarzukommen. Tust du Dinge, die du sehr häufig machst, also eine Art Routine werden, bist du emotional wahrscheinlich relativ losgelöst von diesen. Vielleicht nervt es dich, vielleicht siehst du aber auch den Nutzen darin. Irgendwo pendelt es sich jedoch sicherlich mehr oder weniger im leicht positiven oder negativen Bereich ein, irgendwo um Null herum. Im Endeffekt geht es darum, welche Emotionen und Gedanken du mit deinen Handlungen und den Prozessen verbindest. Wir haben also über alles, was geschieht, die völlige Freiheit, wie wir es sehen wollen. Deine Freundin oder dein Freund sieht es als Problem, du siehst es als Herausforderung. Sie/Er sieht als Hürde, du siehst es als Chance. Sie/Er denkt an Scheitern, du an Wachsen. Die gleiche Situation, unterschiedliche Gedanken, unterschiedliche Herangehensweisen.

Wer denkst du, wird eher (oder überhaupt) ans Ziel kommen, und mit welchem Ergebnis: Die Person, die einen 5km Lauf vor sich sieht und denkt:" Das schaffe ich doch nie! Das ist zu viel! Ich habe nicht trainiert!" Oder die Person, die ebenfalls nicht trainiert hat, ebenfalls die gleiche Strecke laufen muss, aber denkt: Jetzt habe ich die Möglichkeit, auch endlich mal einen 5km Lauf zu schaffen. Nach dem Lauf werde ich sicher sehr fertig sein, aber ich habe etwas für meine Fitness getan. Und wenn sich noch einmal die Möglichkeit ergibt, werde ich noch schneller und noch besser sein als vorher!
Wer denkst du, wird überhaupt den Lauf beginnen, und wenn es beide tun, wer wird das bessere Ergebnis abliefern, wenn sonst alle Voraussetzungen gleich sind? Die Antwort ist klar...

Dieses Mindset, dass dir hilft, die Chancen statt den Risiken zu sehen, die Herausforderungen der Probleme zu erkennen - dieses Mindset lässt sich antrainieren, und darauf kannst du dich konditionieren! Und hier ist das Wort, vor dem wir alle so zusammenschrecken, wenn wir es lesen oder hören. Konditionierung! Aber wir können tatsächlich davon profitieren, wenn wir trainieren, ein Positivdenker zu sein. Und das ist dein Dosenöffner. Dadurch siehst du eben Chancen statt Risiken, dadurch siehst du Möglichkeiten statt verschlossener Türen.

Du musst dich also darauf trainieren, mit anderen Worten konditionieren, mit bestimmten Situationen, Signalen oder Reizen bestimmte Dinge zu verknüpfen. Und das sowohl im Positiven wie auch im Negativen. Das hilft dir, bestimmte Dinge zu machen, und wiederum andere Dinge zu lassen. Der Schlüssel liegt darin, um es schon einmal vorwegzunehmen, mit positiven Gedanken und Taten Glücksgefühle und euphorische Emotionen zu verknüpfen und mit negativen, unproduktiven oder schlechten Dingen Schmerz zu verbinden. Dieses Instrument ist sehr heftig und unglaublich mächtig, aber es wird auch die krasseste Waffe sein, die du verwendest, um dich erfolgreich und glücklich zu machen. Deal?

Einfach erklärt ist es, die Umsetzung jedoch ist nicht ganz so einfach, weil sie relativ viel Zeit, Geduld und Nerven erfordern. Aber wenn du einmal dort bist, dann bist du in einem Zustand, von dem jeder erfolgreiche Mensch spricht: Dann kann dich niemand aufhalten! Die größten Redner dieser Welt, die besten Sportler dieser Welt, alle haben sich darauf konzentriert, am Tag des Wettkampfes ihre Bestleistung zu bringen. Und das funktioniert sehr häufig, weil sie sich eben auf diesen Erfolg und auf diese Situation konditioniert haben.

Wie geht das? Du musst mit Dingen, die dich voranbringen und näher zu deinen Zielen befördern, positive, ja wirklich euphorischen Zustand verknüpfen. Das geschieht durch eine Gedanken-Gedanken-Verknüpfung: Denkst du an den Zielzustand, das Erreichen eines echten Ziels, dann musst du mit diesem Gedanken imposante Freudemomente verknüpfen. Es muss spürbar mehr Endorphin durch deinen Körper fließen. Biologisch lässt sich das sogar nachweisen! Höre deine Musik, wenn du daran denkst, erschaffe eine Situation, in der du dich unglaublich gut, machtvoll, ausgeglichen, glücklich, freundlich und geliebt fühlst, und denke dann an deine Ziele. Iss dein Lieblingsessen, schaue deine Lieblingsserie. In all diesen Momenten sollst und MUSST du an deine ECHTEN Ziele und den damit verbundenen Zielzustand denken. Das alles kannst du immer und zu jeder Zeit tun, wenn du dort angekommen bist, wo du sein willst. Also solltest du jetzt dieses Gefühl so gut leben, wie dir nur möglich ist. Verknüpfe deine Ziele immer mit stark positiven Situationen und Zuständen. Und das musst du regelmäßig, jede Stunde, zumindest jeden Tag, für Wochen, vielleicht auch für Monate machen, je nachdem, wie schnell du dich selbst davon überzeugen kannst. Damit du so derart positiv konditioniert bist, dass du nun in jeder Situation, in der du dich befindest, egal wie herausfordernd oder kräftezehrend sie ist, immer nahezu vor Freude platzen könntest, wenn du an deine Ziele denkst: Weil du sofort ein Gefühl bekommst, das Alles aus einem Grund für einen Grund zu tun. Du tankst sofort deine Kraft, deine Motivation, weiterzumachen, weil du weißt, dass es sich auszahlen wird. Es kann Wochen oder sogar Monate dauern, bis du diesen Prozess gemeistert hast und dich in nahezu jeder Situation mit Endorphinen selbst dopen kannst. Aber wenn du soweit bist, dann wirst du nie wieder erschöpft sein, etwas zu tun, was dich weiterbringt, egal, wie schwer es auch zu sein scheint. Dann bist du UNAUFHALTBAR!

Und genau das Gleiche tust du nun auch in umgekehrter Richtung. Nämlich in die negative Richtung. Und das wird noch unbequemer. Denn jetzt musst deine aktuelle Situation, alle Dinge und Umstände, mit denen du unzufrieden oder in denen du unglücklich bist, mit negativen Emotionen, sogar mit emotionalem Schmerz verbinden. Der ungefähr entsprechende Level deines Schmerzes muss so in dem Bereich liegen, als wenn man dir jetzt, wie aus heiterem Himmel, 10 000 Euro wegnimmt Vielleicht eine Strafzahlung, weil du deinen Stromzähler nicht richtig überprüft hast oder er einfach komplett falsch lief. Aus welchem Grund auch immer: Du musst diese Zahlung jetzt begleichen! Das tut weh, oder? Das würde so richtig, richtig wehtun. Und genau diese Art von Schmerz musst du auch mit deiner aktuellen Situation verbinden. Mit der Situation, in der du nicht mehr sein willst, mit Zuständen, die du nicht mehr erleben willst. Ein Einfaches: „Keine Lust mehr darauf" reicht hier bei weitem nicht mehr. Das war vorher, und vorher hat es dir ja auch nicht geholfen. Jetzt geht es einen Level weiter. Jetzt musst du tiefen Schmerz damit verbinden. Verknüpfe Dinge, die dich nicht weiterbringen, mit absolutem psychischem Schmerz. Es muss wehtun. Es muss wehtun, das Geld monatlich aus dem Fenster zu werfen, nur um dich kurzzeitig zu betäuben, von deinen Zielen abzulenken oder zielfeindliche Dinge zu tun. Auch wenn du schon etwas Geld gespart hast, wovon du dir jetzt ein schönes Auto kaufen kannst: Es muss immer noch so weh tun, dass du keine Sekunde darüber nachdenkst, es nun für Unfug auszugeben, sondern, es jetzt als Anlass nehmen, es sinnvoll zu investieren. Und bei dieser Investition dann die positiven Gedanken fühlen. Ein Wechselspiel der Emotionen, aber unglaublich machtvoll.

Du brauchst den Schmerz, du brauchst die Unbequemlichkeit, damit du etwas änderst. Und sei doch ehrlich zu dir selbst: Wenn es nicht so wäre, dann hättest du ja vorher etwas geändert. Wir alle werden müde, uns wird die Kraft geraubt, wir werden schwächer, wenn wir dauerhaft Schmerz empfinden. Über die Schmerzmittel sprachen wir an anderer Stelle. Aber wir suchen uns dann eine Möglichkeit, wie wir dort herauskommen. Wie wir keinen Schmerz mehr empfinden müssen. Wie wir schmerzfrei werden. Aus diesem Grund wenden wir uns an Ärzte. Weil wir mit diesen Schmerzen nicht leben wollen und können *(und hoffentlich auch nicht müssen. Ich weiß, dass dies hier ein sehr sensibles Thema ist und psychologisch auch nicht einfach. Daher bitte ich ausdrücklich, sich mit diesen Gedankengängen lediglich auf das erfolgsorientierte Denken auszurichten und dieses Wissen nur anzuwenden, wenn du erfolgreicher werden willst. Psychische Erkrankungen und oder andere Zustände möchte ich hier nicht thematisieren, sind natürlich aber dramatisch und nicht herunterzuspielen. Daher bitte ich, bei diesen Anmerkungen lediglich den Kontext des erfolgsorientierten Denkens zu sehen).*

Verbinde Schmerz mit deiner aktuellen Situation. Im krassesten Fall kannst du damit wirklich Momente verbinden, die für dich sehr unangenehm sind. Soweit kannst und solltest du aber auch nicht unbedingt gehen müssen. Nur dann, wenn du auf andere Art und Weise keine ausreichende Dringlichkeit aufbauen kannst. Verbinde mit diesen Situationen einfach Unwohlsein, Unzufriedenheit, Unglück. Mach das auf deine Art, wie du es richtig findest. Aber mache es so, dass es wirklich wirkt. Wenn du hier wieder aus Bequemlichkeit heraus keine solchen Verknüpfungen erschaffen kannst, dann wird es dir auch nichts bringen. Grundsätzlich gilt aber: So milde wie möglich, so schmerzhaft wie nötig. Es gibt hier keine Faustformel, da wir mit psychischem Druck alle anders umgehen und die einen oder anderen besser oder schwerer damit klarkommen. Situationen, die du nicht gut findest, und die dich nicht voranbringen, von denen du keinen Nutzen hast, sollten mit schlechten oder negativen Emotionen verbunden werden. Die Aufgabe liegt nun bei dir, es entsprechend auch anzuwenden.

Suche dir einen Mentor

Dein Handeln von heute legt den Grundstein für dein Leben am Morgen. Das bedeutet, dass du einzig und allein entscheidest, was für dich morgen passieren wird. Du bist der Auslöser. Es kann sich nichts ändern, wenn du nicht etwas änderst. Ich denke, dass wir über diese Dinge bereits ausführlicher gesprochen beziehungsweise geschrieben haben. Es gibt jedoch Dinge, die kannst du allein schaffen, die sollst du allein schaffen oder musst du allein schaffen. Es gibt keine anderen Möglichkeiten. Zwar werden sich dir immer wieder Gelegenheiten bieten, dass du unterstützt wirst, im Endeffekt musst du aber immer bereit sein, es im Zweifel selbst zu übernehmen und für deinen Erfolg verantwortlich zu sein. Das bedeutet jedoch nicht, dass du wirklich allein bist. Es gibt immer Menschen, die ihr bisheriges Handeln erfolgreich durchgeführt haben, die diese Situation, die du gerade durchlebst, bereits in ähnlicher Art und Weise durchlebt haben und die dir mit ihrem Wissen und ihrer Erfahrung wertvolle Hinweise geben können. Sie können einen wichtigen Beitrag dazu leisten, welche Dinge und wie du diese umsetzt, und viel wichtiger noch, dass du sie umsetzt!

Diese Menschen, die genau das tun, sind nicht unbedingt deine besten Freundinnen und Freunde, nicht unbedingt deine Geschäftspartner. Es sind Coaches und Mentoren, die dich genau dabei unterstützen, dein Ding zu machen. Denn sei mal ehrlich: Wie zufrieden warst du bisher mit deinen Ergebnissen, wenn du etwas wirklich mit voller Leidenschaft, mit vollstem Engagement und mit größter Begeisterung erledigt hast? Das Ergebnis war sicherlich ziemlich gut, oder? Vielleicht geht es jetzt noch ein Ticken besser mit dem Wissen, was du jetzt aufsaugst, aber das Ergebnis war wirklich schon beachtenswert. Aber kannst du dieses Leistungsvermögen auch auf alle anderen Prozesse und Situationen übertragen, wo Dinge erledigt werden müssen? Das ist wahrscheinlich schwer. Und dann auch in diesen Situationen solch herausragende Ergebnisse zu liefern, ist wahrscheinlich ähnlich schwer. Was kann dir dabei wirklich helfen? Entweder ein Ratschlag, der dir hilft, wie du ein gutes Ergebnis abliefern kannst, oder ein Motivator, der dir hilft, deine Flamme so lodern zu lassen, dass du darauf brennst, diesen Prozess erfolgreich abzuschließen. Denn dann wird ja wahrscheinlich auch dein Ergebnis gut werden, oder?

Ein Mentor macht genau das! Ein Mentor ist kein Mensch, der alles kann, alles weiß, und dir einen durchstrukturierten Tagesablauf liefert, nach dem du einfach stur vorgehst und hoffst, morgen erfolgreich zu sein. Ein Mentor hilft dir, in deinem Bereich mit guten Ratschlägen zur Seite zu stehen und der dich in jeder Situation zur Höchstleistung zu motivieren. Ein Mentor kann genau das! Er kann dein Feuer entfachen, und deine Flammen lenken, damit du eine Brandspur entfachst, die genau in Richtung deines Zieles läuft. Ein Mentor hat immer Benzin am Start, um deine Flamme am Leben zu erhalten und den Brand größer und größer werden zu lassen. Und irgendwann wird deine Flamme wahrscheinlich auch andere entzünden, die ebenfalls brennen werden. Und gemeinsam brennt es sich am schönsten! Siehst du, wie wichtig es ist, dass deine Flamme weiterbrennt? Verstehst du, warum es wichtig ist, einen Mentor zu haben, aber dennoch selbst dafür verantwortlich zu sein, was brennen soll?

Es gibt viele Menschen dort draußen, die brennen wollen, aber ihre Flamme selbst im Keim ersticken. Es gibt viele Menschen dort draußen, die den nötigen Zunder brauchen. Es gibt aber wenige Menschen, die das erkennen.

Ebenso gibt es viele Mentoren und Coaches dort draußen, die deine Flamme zwar sehen, aber nur wenige, das Benzin dabeihaben. Vertraue auf eigene Erfahrungen oder ehrliche Erfahrungen von anderen. Es ist egal, wie „gut" ein Coach oder ein Mentor ist. Wichtig ist, dass ihr die gleiche Sprache sprecht, ihr müsst das gleiche Verständnis haben. Deine Flamme bringt dir nichts, wenn dein Mentor nur Streichhölzer für dich dabeihat. Sammle Erfahrung, mache dich schlau, sprich deinen Mentor darauf an. Du wirst erkennen, ob er Benzin oder Streichhölzer für dich parat hat.

Auch ich habe einen Mentor, auch ich habe jemanden, der meine Flamme mit Benzin versorgt.

Was sind Niederlagen und wie gehst du damit um?

Das Wort Niederlage ist wie kaum ein anderes Wort so emotional schmerzhaft und negativ. Eine Niederlage bedeutet, dass du verloren hast. Und ein Verlust ist in der Regel nie leicht wegzustecken.

Mit Niederlagen verbinden wir meistens einen Wettkampf, eine Konkurrenzsituation, in der wir unterlegen waren. Eine Niederlage kann jedoch auch bedeuten, dass wir ein Ergebnis erhalten, dass weit unter unserer Erwartung liegt. Meist setzen wir das Resultat in Relation zu unseren Bemühungen, der Zeit, die wir darin investiert haben und die Ressourcen, die wir dafür aufgewendet haben, um letztendlich festzustellen, ob wir einen Gewinn oder eine Niederlage erlebt haben. Die Niederlage fällt dann häufig umso größer aus, je mehr wir in das Ergebnis investiert haben.

Das bedeutet zum einen, dass der Output im Verhältnis zum Input betrachtet wird, und zum anderen, was wir als Ergebnis erwarten.

Den Input kannst und solltest du zu jeder Zeit selbst bestimmen. Hier trifft die Regel „keine halben Sachen machen" voll und ganz zu. Dinge halbherzig zu machen sollte nicht an der Tagesordnung von dir sein, denn sie liefern dann auch nur halbherzige Ergebnisse, die dich erstens nicht zufriedenstellen werden und zweitens nicht weiterbringen. Das bedeutet also, dass dein Input idealerweise immer sehr groß sein soll, du solltest immer dein Bestes geben, um auch das Beste für dich herauszuholen. Nichtsdestotrotz solltest du dich natürlich nicht im Detail verlieren. Wir sprachen hier bereits über das Pareto-Prinzip 80/20. Das sollte immer dann Anwendung finden, um wichtige Prozesse zu begleiten und Fortschritte zu erzielen, auch in Routineprozessen. Der Input ist dann natürlich auch davon abhängig, wie wichtig eine Aufgabe und ein Prozess für dich und dein Weiterkommen ist.

Der zweite Punkt ist, was wir für ein Ergebnis erwarten. Und hier, du ahnst es schon, liegt die Lösung wieder auf der Hand. Das Ergebnis liegt immer im Auge des Betrachters. Und die Lösung ist hier nicht, dass du deine Ansprüche so weit herunterschrauben sollst, als das jedes Ergebnis für dich vermeidlich positiver sein würde, als es überhaupt ist. Niederlagen sind nicht dazu da, um dir zu signalisieren, dass du für das nächste Mal deine Ansprüche auf ein Minimum reduzieren musst, um ein zufriedenstellendes Ergebnis zu erhalten. Niederlagen sagen dir genau zwei Dinge:

1. Überprüfe deine Wahrnehmung deines Input/Output-Verhältnisses
2. Nächstes Mal muss es besser werden

Das sind zwei durchaus harte und unbequeme Aussagen, können dir jedoch enormes Potential schenken. Warum?

Wenn du eine Niederlage erleidest, ist das Ergebnis deinen Anstrengungen und Investitionen nicht angemessen gewesen. Das liegt entweder an der Qualität und Quantität deiner Investition oder an der Erwartung deines Resultates. An einem der beiden Faktoren muss es liegen. Entweder hast du in der Vorbereitung oder in der Durchführung etwas ausgelassen. Vielleicht war die Bedarfsanalyse, was du für dein gewünschtes Ergebnis investieren musst, nicht angemessen, unzureichend oder du hast bei der Durchführung geschlampt. Wenn du in der Championsleague gegen Real Madrid spielst, wirst du eben eine umfassende Analyse vor dem Spiel benötigen und auch auf dem Platz alles geben, um als Sieger vom Platz gehen zu können. Beide Faktoren, die Vorbereitung wie auch die Durchführung, müssen passen.

Wenn beides passt und du trotzdem eine Niederlage erlitten hast, dann gab es anscheinend zu hohe Erwartungen an dein Resultat. Du bist dann schlicht und einfach davon ausgegangen, dass du gegen Real Madrid gewinnen wirst, ohne zu sehen, dass es sehr schwer wird, zu siegen. Deine Erwartungen waren schlicht und einfach zu hochgesteckt. Was nicht bedeutet, dass du dir keine hohen Ziele stecken sollst, sondern sie in Korrelation zu deinen aktuellen Voraussetzungen sehen musst. Dein Ziel, Real Madrid zu besiegen, sollte zu jeder Sekunde bestehen bleiben. Auch an ein 5:0 kannst und sollst du denken. Du musst jedoch auch realistisch sein und erkennen, in welcher Phase der Vorbereitung du dich noch befindest. Wenn du deinen Führerschein machen willst, und die Theorie-Prüfung angehen möchtest, obwohl du erst zwei Theorie-Stunden absolviert hast, ist deine Ambition und dein Ziel sicherlich richtig, deine Vorbereitungssituation jedoch noch nicht so weit, dass dein Ziel gleich morgen realisierbar ist. Das bedeutet: Große Ziele sind wichtig. Sie sind notwendig! Zu jeder Zeit, unabhängig von deinem Vorbereitungsstatus. Du solltest jedoch die Zeit bis zum entscheidenden Moment entsprechend anpassen. Das ist einzig und allein der entscheidende Faktor nichts anderes. Egal auf welchem Stand du gerade bist: Wenn du große Ziele hast, und diese auch so schnell wie möglich erreichen möchtest, musst du bereit sein, auch alles was möglich ist in die Vorbereitung zu stecken. Wenn dir das aus gegebenem Anlass nicht direkt möglich ist und du deine Vorbereitungsphase noch etwas ausdehnen musst, dann brauchst du nicht deine Ziele herunterschrauben, sondern die Zeit bis zur Erreichung realistisch einschätzen oder eben noch mehr Gas geben. Das sind die Stellschrauben, an denen du drehen kannst. Und wenn du diese Phase sehr gut meisterst, dann wird auch ein 5:0 gegen Real Madrid realistisch.

Übernimm Verantwortung

Dies ist ein sehr schwieriger, aber auch wichtiger Punkt, wenn es um das Thema Erfolg geht. Verantwortung übernehmen und Konsequenzen einleiten. Das klingt nicht nur dramatisch, das ist es definitiv auch.

Übernimmst du für alles, was du tust, Verantwortung? Instinktiv würdest du nun wahrscheinlich mit „Ja" antworten. Faktisch gesehen müssen wir uns noch davon überzeugen, ob das wirklich so ist. Denn der Punkt ist, dass du für alles, was du tust und für das Meiste, das dir wiederfährt, verantwortlich bist. Das impliziert, dass du von Anfang bis Ende auch entsprechend verantwortlich bist. Für die Vorbereitung, für den Prozess an sich, und für die Qualität des Ergebnisses. Übernimmst du wirklich die Verantwortung für das alles und bist dir auch dessen bewusst?

Sicherlich ist diese Aussage sehr trivial zu beantworten, Sinn und Zweck ist es jedoch, sich wirklich einmal intensiver mit dieser Thematik auseinanderzusetzen und als Ergebnis zu erkennen, welchen Einfluss du wirklich auf Dinge hast und welche Macht du mit der Verantwortung erhältst, sie so zu gestalten, wie sie für dich optimal sind.

Gab oder gibt es aktuell Situationen, in denen du dich befindest, Ergebnisse, die du erhalten hast oder Probleme, mit denen du konfrontiert bist, an denen du nicht schuld bist und dir dennoch wiederfahren sind? Gibt es Dinge, die nicht deinem Verantwortungsbereich liegen und trotzdem dein Leben beeinflussen oder zumindest tangieren? Und gibt es Situationen, bei denen du denkst, dass es nicht deine Aufgabe ist, dort etwas zu ändern, und du mit den Konsequenzen lebst, obwohl du damit unzufrieden bist, du also in einer Art „Aushalten"-Zustand bist? Wartest du oder viel mehr erwartest du etwas, eine Veränderung, eine Verbesserung, ein Ergebnis, ohne direkt aktiv etwas dafür zu tun, weil du denkst, dass es nicht deine Aufgabe ist?

Nun, soll ich dich jetzt enttäuschen oder damit noch etwas warten? Ach komm, du erwartest es ja schon. Dann können wir das auch direkt machen. Natürlich bist du verantwortlich dafür. Jetzt. Vorher auch schon. Sowohl für die Vorbereitung, wie auch für den Prozess und erst recht für das Ergebnis. Aktiv und passiv. Du bist verantwortlich für alles, was in deinem Leben passiert. Natürlich kannst du die Zukunft nicht voraussagen und weißt, welcher Mensch dir begegnet und welche Situation du erlebst, aber du hast immer, zu jeder Zeit an jedem Ort, die Verantwortung dafür, wie du mit der Situation umgehst und was du daraus machst. Daran wird sich niemals etwas ändern. Egal, in welcher Lebenslage du dich befindest. Für diese beiden Dinge hast du immer die komplette Verantwortung.

Wenn du durch eine Klausur durchgefallen bist, wer ist schuld? Der Lehrer oder Professor, die Klausur, das Wetter? Wenn du einkaufen gehst, und eine Menge an ungesundem Essen im Einkaufswagen hast und schließlich auch in deinen Schränken daheim, obwohl du etwas abnehmen wolltest. Wer ist schuld? Der Supermarkt, das Marketing? Wenn du in einem Angestelltenverhältnis und unzufrieden mit deiner Bezahlung bist, wer ist schuld? Ich weiß, heikles Thema, daher spreche ich es hier auch an.

Soll ich es dir verraten? Du bist schuld! Du bist schuld an all dem, was dir wiederfährt und was dir wiederfahren wird. Warum? Ganz einfach: Weil du entscheidest, wie du mit der Situation umgehst, wie du dich von Umständen beeinflussen lässt und wie du fortan weitermachst. Die Art, wie du weitermachst, bestimmt eben auch, mit welcher Wahrscheinlichkeit du dich in ähnlichen Situationen erneut wiederfinden wirst. Sicherlich widerfahren dir auch unvorhergesehene Umstände. Wenn du jedoch einen bestimmten Weg einschlägst, wirst du viel mehr kalkulieren können, welche Situationen und welche Dinge dir dort widerfahren, als wenn du dich auf einen anderen Weg begeben würdest.

Beispiel: Du willst Sängerin oder Sänger werden. Du begibst dich nun also an Orte, wo sich Sängerinnen und Sänger üblicherweise aufhalten. Sicherlich wirst du dort auch andere Künstler finden wie Maler und Schriftsteller. Die Wahrscheinlichkeit ist jedoch höher, auf andere Sängerinnen und Sänger zu treffen. So verhält es sich auch mit deinem Weg, auf den du dich begibst. Daher bestimmt dein Umgang mit verschiedenen Situationen auch, mit welcher Wahrscheinlichkeit du Handlungen fortführst, die dir bestimmte Situationen wahrscheinlicher liefern. Dass du gerade in einer Zweizimmerwohnung lebst und einen schlecht bezahlten Job ausübst, der dir keinen Spaß macht. Wessen Schuld ist das? Nicht die des Staates, nicht die der Politik, nicht die der Wirtschaft. Du bestimmst, welche Art von Ausbildung du absolvierst. Du bestimmst, wann und wo du dich für etwas bewirbst und du bestimmst, mit wem du wann als was arbeitest. Du bestimmst sogar über dein monatliches Entgelt, indem du bestimmst, welche Vorbildung du mitbringst, welche Qualifikationen du hast und welchen Mehrwert du einbringst. Das sind alles Dinge, auf die du, und zwar nur du, direkten Einfluss hast.

Ich möchte es etwas klarer formulieren: Du bist nicht jede Situation schuld. Eine kleine Kollision mit einem anderen Auto kann auch durch den Unfallgegner verschuldet worden sein. Aber es ist deine Schuld, wenn du diese Situation in dein Leben eindringen lässt und sie dich fortan beherrschst, egal in welcher Form. Es ist deine Schuld, wenn du keine Anzeige einreichst und es ist deine Schuld, wenn du das Auto nicht in die Werkstatt bringst, damit es wieder auf Vordermann gebracht wird, wenn es der/die Unfallgegner/in beziehungsweise seine Versicherung sogar übernimmt. Es kommt immer und überall darauf an, wie du dich auf etwas vorbereitest, aber noch viel mehr, was du aus dieser Situation machst und wie du damit umgehst, sogar noch, welche Schlüsse du daraus ziehst und wie sie dein weiteres Vorgehen bestimmen.

Und alle diese Beispiele sind solche, die sich nahezu ideal auf dein eigenes Leben projizieren lassen. Es ist nicht unbedingt egal, was passiert. Aber es hat keine außerordentlich hohe Priorität, was passiert, wenn etwas passiert, solange du die Verantwortung dafür übernimmst, was du daraus machst und wie du weiter vorgehst.

Aus diesem Grund lautet die knallharte Regel: Übernimm die Verantwortung für jede Entscheidung, die du triffst. Denn damit übernimmst du auch die Verantwortung für die Dinge, die du nicht tust Und das ist der Schüssel. Du bist also verantwortlich für alles Aktive, was du tust, sowie auch alles Passive, was du nicht direkt tust oder was sich daraus ergibt, was dir wiederfährt.

Natürlich ist das in aller Regel leichter gesagt als getan. Denn vielleicht stellt sich dir schon die erste Frage: Wofür soll ich denn Verantwortung übernehmen? Die Antwortet lautet: Für alles! Denn wenn du die Verantwortung übernimmst, was du tust, was du nicht tust, womit du dich auseinandersetzt und womit nicht, damit triffst du Entscheidungen. Und ich sage dir: Erfolgreiche Menschen treffen am Tag bis zu 10 000 Entscheidungen mehr als Nicht-Erfolgreiche, bewusst und unbewusst. Und der Großteil davon spielt genau in ihre Karten.

Und das haben sie ebenfalls lernen müssen. Aber da sie es gelernt haben, sind sie in der Lage, erfolgreich zu sein und so zu handeln, dass der Erfolg bleibt.

Natürlich ist Verantwortung übernehmen nicht immer angenehm, meist sogar genau im Gegenteil: Es ist anstrengend, es ist schwer, es ist unangenehm und manchmal auch beängstigend. Denn wenn du Verantwortung übernimmst, bedeutet das, dass du dich auch schließlich mit der Thematik auseinandersetzt und dass du für den Prozess und das Ergebnis geradestehen musst. Du kannst dich nicht einfach aus der Affäre herausziehen und Dinge einfach geschehen lassen. Weil dann Prozesse und Resultate geliefert werden könnten, die dich unzufrieden machen oder dir auf dem Weg in Richtung Erfolg den Gang zusätzlich erschweren und Konsequenzen nach sich ziehen, die du verantworten musst. Das gibt dir jedoch Chancen und Möglichkeiten. Lass dich davon nicht verängstigen. Es ist gut, Verantwortung zu haben. So musst du dich von niemandem abhängig machen und bestimmst allein über Erfolg oder Misserfolg. Denn wenn du die Verantwortung abgibst, kannst du in der Regel nur enttäuscht werden. Nicht, weil andere keine gute Qualität abliefern können, sondern, weil du von ihnen zu sehr abhängig bist, und diese Abhängigkeit dich immer in eine Warte- und Erwartungshaltung drückt, von der du nahezu nie profitieren kannst. Wenn du Verantwortung übernimmst, bedeutet das auch, dass du dich mit den Dingen auseinandersetzen musst, die dir vielleicht unangenehm sind oder die du aufschieben wolltest. Wir sprachen darüber, wie du mit diesen Dingen am besten verfahren solltest. Du solltest sie direkt machen. Und jetzt musst du sogar Verantwortung dafür übernehmen. Es gibt dir jedoch die Möglichkeit, die Kontrolle zu erlangen. Und wie du wahrscheinlich mehrfach in deinem Leben festgestellt hast, ist Kontrolle einer der Schlüsselfaktoren für das Weiterkommen.

Die Antwort auf die Frage: „Warum ist es denn so wichtig, für alles die Verantwortung zu übernehmen?“ lautet schlicht: „Weil du Kontrolle hast, wenn du die Verantwortung besitzt“. Die Bedeutung wird vielleicht noch klarer, wenn wir diese Aussage negativ formulieren: „Du gibst die Kontrolle ab, wenn du die Verantwortung abgibst!“. Und was passiert, wenn du die Kontrolle abgibst? Was verstehst du unter Kontrollverlust? Assoziierst du damit positive Dinge? Nicht? Warum soll es dann in deinem Leben anders sein? Ist es da plötzlich positiv? Bullshit! Kontrollverlust bedeutet, du hast kaum beziehungsweise keine Auswirkungen mehr auf die Quantität und die Qualität der Handlungen, die dich und dein Leben maßgeblich beeinflussen. Du hast keine Kontrolle mehr darüber, wohin der Weg, dein Weg, gehen soll. Erinnerst du dich, warum der Weg wichtig ist, den du einschlägst? Willst du das? Willst du den ganzen Weg, den du schon hinter dir gelassen hast, riskieren, indem du jemand anderes die Kontrolle von nun an übergibst? Vielleicht geht diese oder dieser jemand einen völlig anderen Weg, der genau in die gegenteilige Richtung führt, in die du dich nun schon so lange und mühevoll begeben hast. Vielleicht geht er ein Stück in deine Richtung, kann dich mitnehmen, biegt dann aber scharf links ab. Die Gefahr, von deinem Weg abzukommen, ist unglaublich groß, wenn du keine Kontrolle mehr hast. Verantwortung ist Kontrolle! Verantwortung abgeben bedeutet, die Kontrolle darüber zu verlieren, ob dich Dinge weiterbringen oder nicht. Es wird nahezu ein Zufallsprodukt für dich, da kein anderer so genau weiß wie du, was du willst und was du erwartest und vor allem, wohin der Weg gehen soll. Wenn du ein Ziel hast, und dir den Weg zu diesem Ziel suchst, ist es auch wichtig, dass du selbst fährst.

Vielleicht nicht alles, vielleicht kann zeitweise auch jemand anderes fahren. Du musst jedoch immer checken, ob sie/er auch in die Richtung fährt, in die du möchtest. Wenn du per Anhalter fährst, sollte die/der Fahrer/in auch in deine Richtung fahren. Wenn sie/er in eine komplett andere Richtung fährt, bist du nachher noch weiter entfernt von deinem Ziel. Es kann also mal jemand ans Steuer, der für kurze Zeit für dich einspringt, wo du weißt, dass sie oder er weiter auf deinem Weg entlangfährt. Über kurz oder lang musst du jedoch wieder die volle Kontrolle über das Steuer haben, da du entscheiden musst, ob es eine Abkürzung gibt, ob sie für dich in Frage kommt, wann du tanken solltest und wie schnell du fahren willst.

Erkenne, dass dieses Beispiel nicht so oberflächlich und fiktiv ist, wie es sich anfangs liest. Erkenne, dass sich dieses Beispiel in exakter Genauigkeit auf dein Leben, deine Art, wie du lebst, und deine Entscheidungen, wie du sie triffst, übertragen lässt. Wenn du das erkennst und siehst, wie wichtig es ist, Kontrolle über dich, deine Entscheidungen und dein Leben zu haben, wirst du sehen, wie wichtig es ist, Verantwortung zu übernehmen. Immer! Für alles! Es wird dich weiterbringen.

Führe ein Tagebuch

Ein Tagebuch ist ein durchaus mächtiges Instrument, wenn es darum geht, Prozesse und deren Resultate festzuhalten und diese mit einigen sehr wichtigen Fakten zu verknüpfen. Anhand dessen kannst du einen tatsächlichen Fortschritt überprüfen, aber auch, welche Fortschritte du vielleicht emotional gemacht hast, wie leicht dir Dinge mittlerweile fallen oder auch, welche Prozesse überflüssig sind.

Das schriftliche Festhalten ist ein unabdingbares Instrument auf deinem Weg zum Erfolg. Dein Tagebuch kann aber sogar noch mehr: es hat gleichzeitig eine Kontrollfunktion. Bedeutet also: je nachdem, wie sorgfältig du dein Tagebuch führst, kannst du den aktuellen Status eines Projektes oder eines Prozesses ablesen. Falls du gerade an mehreren Schrauben gleichzeitig drehst, hilft dir das, den Überblick zu behalten und dennoch nach Struktur weiter vorzugehen.

Das Tagebuch muss nicht nach strikter Form geführt werden. Es braucht auch kein besonderes Format. Wichtig ist, dass du dir wichtige Fakten notierst, die für dich und deine Aufgaben und Ziele sinnvoll sind und Informationen überliefern, die auch bei späterer Betrachtung noch interessant sein werden.
Folgende Informationen können dir dabei helfen:

Was wird gemacht?

Warum wird es gemacht?

Wann habe ich damit begonnen?

Wann möchte ich es abschließen?

Was brauche ich dafür?

Von welchen Faktoren ist der Erfolg des Prozesses abhängig?

Worauf habe ich Einfluss?

Was habe ich an notwendigen Ressourcen?

Welche Ressourcen müssen noch herangeschafft werden?

Wie komme ich mit der Aufgabe klar?

Welche Wichtigkeit hat dieser Prozess für meine Ziele?

Was ist der aktuelle Status?

Für welche Prozesse ist dieser Prozess Voraussetzung?

Du siehst: Dies sind nur einige Fragen, wovon es weit mehr gibt. Wichtig ist, dass du dir ein paar Fragen heraussuchst, die für dich sinnvoll sind und die Prozesse in adäquater Ausführlichkeit erfassen, sodass du auch zu einem späteren Zeitpunkt noch einen guten Überblick erhältst. Führe dein Tagebuch strukturiert und organisiert, aber nicht nach strikter Vorlage. Du kannst dir sicherlich ein Muster einrichten. Das sollte für dich dann aber sinnvoll strukturiert sein.

Die Gewohnheiten der Erfolgreichen

Wir haben bereits viel darüber gesprochen, was dich erfolgreich beziehungsweise noch erfolgreicher machen kann. Dazu sind einige Umprogrammierungen in deinen Denkmustern notwendig. Ganz logisch, denn wenn du etwas ändern willst, dann musst du auch erst einmal etwas an deiner Denkweise ändern. Denn bisher hat sie dich ja lediglich dorthin gebracht, wo du jetzt bist. Wenn du weiter möchtest, brauchst du jetzt eben auch andere Werkzeuge.

Es ist wie ein Navigationssystem. Besitzt du ein Navigationssystem, das nur Deutschland als Karte besitzt, dann kannst du es auch nur in Deutschland verwenden. Wenn du aber ins Ausland möchtest und dafür dein Navigationsgerät verwenden willst, brauchst du entweder ein Update oder ein anderes Navigationssystem. Eines, das auch Karten für die umliegenden Länder besitzt. In erster Linie ist es dann nicht so wichtig, ob sich das Navigationssystem besser bedienen lässt, schneller ist oder andere Vorteile besitzt. Erst einmal brauchst du es, um überhaupt ausländische Karten sehen zu können.

Vielleicht entscheidest du dich auch dazu, dir das Navigationssystem von Bekannten zu leihen, um erst einmal diese Karten zu erhalten. Sprich: Wenn du weiterkommen möchtest, kannst du auch erst einmal die Dinge übernehmen, die andere, erfolgreiche Menschen getan haben, um schon einmal weiterzukommen. Nach und nach wirst du dann eigenständiger. Du lernst die Orte im Ausland immer besser kennen und brauchst irgendwann das GPS-System deines/deiner Bekannten nicht mehr. Du findest dich allein zurecht. Und dort ist nun auch der Zeitpunkt, wo du weiter vorankommst und Fortschritte machst auf eigener Erkundungstour.

Bedeutet im Klartext: Wenn du etwas ändern und deine Denkweise umprogrammieren willst, kannst du natürlich auch erst einmal Dinge von anderen übernehmen, die erfolgreich sind, da sie anscheinend schon Denkprozesse erörtert haben, mit denen sie weiter vorankamen. Nach und nach wird es dann aber wichtiger, eigene Erfahrungen zu machen und auf Grundlage dieser Basis, den Navigationssystemen anderer, dann auch einen eigenen Orientierungssinn zu entwickeln.

Übernimm fürs erste das Navigationssystem von anderen. Eigne dir also Eigenschaften und Denkweisen an, die andere Menschen erfolgreich gemacht haben. Das erleichtert dir den Einstieg bei weitem! Du musst das Rad eben nicht immer neu erfinden. Es reicht, bestehende Prozesse zu adaptieren beziehungsweise optimieren. Dadurch kannst du auf ein bereits bestehendes, erfolgreiches Konzept aufbauen.

Die Morgenroutine

Einer dieser Prozesse ist die Morgenroutine. Was ist eine Morgenroutine? Es ist ein Prozess, den du jeden Morgen, am besten sieben Tage pro Woche, immer und immer wiederholst. So entstand auch der Name.

Warum solltest du eine Morgenroutine einführen? Aus dem einfachen Grund, als dass der Morgen der erste Kontakt zwischen dir und dem neuen Tag ist. Die Art, wie du in den Tag startest, kann deine Motivation, deinen Antriebsmotor für den Tag, den Impuls, dramatisch erhöhen. Stell dir vor, du wachst jeden Morgen auf, und kommst einfach nicht aus dem Bett. Du stellst deinen Wecker vielleicht früh, aber hast direkt schon fünf weitere Timer gestellt, da du sowieso nicht davon ausgehst, dass du beim ersten Wecker direkt aufwachst und aufstehst. Es fällt dir super schwer, denn du bist noch unglaublich müde, niedergeschlagen, draußen ist es kalt, im Bett ist es warm, und noch so gemütlich, und: „Ach, auf das Frühstück kann ich heute auch verzichten oder eben unterwegs was essen. Wichtig sind die 9 Minuten mehr Schlaf, die ich bekomme!". Kennst du das?

Was glaubst du, wie produktiv ist dieser Prozess, in einen Tag erfolgreich und tatenhungrig zu starten? Die Frage beantwortest du dir bitte selbst. Glaubst du, dass du mit dieser Einstellung einen unglaublichen Tag abliefern wirst? Oder kannst du mit diesen 9 Minuten mehr dank deines Timers dann ein Vielfaches an Energie tanken, um richtig loszulegen? Kennst du das, in die Schule, in die Uni oder in die Ausbildung, zur Arbeit oder wohin auch immer verpennt zu erscheinen? Das regt dich wahrscheinlich nicht unbedingt zur Höchstleistung an.

Glaubst du, dass du etwas anders machen müsstest, damit du auch anders in den Tag startest? Es ist bewiesen, dass deine morgendliche emotionale Ausstattung, sprich also dein

Mindset, deine Energie, dein Hunger, sich auf den ganzen Tag auswirkt. Es ist bewiesen, dass die Art, wie du in den Tag startest, direkte Konsequenzen auf den weiteren Tagesverlauf hat.

Kennst du das nicht auch, wenn du morgens sehr müde bist und nicht aus dem Bett kommst, dass du den ganzen Tag so antriebslos bist, niedergeschlagen und irgendwie so richtig „verklatscht"? Schonmal Gedanken darüber gemacht, warum das so ist? Häufig sagen wir, dass wir zu wenig oder gar zu viel geschlafen haben und wir deswegen super antriebslos sind. Stimmt in 10% der Fälle schätze ich mal. Dann schonmal etwas von Biorhythmus gehört? Das unser Hormonhaushalt von äußeren Einflüssen wie Sonnenlicht, Dunkelheit und so weiter abhängt? Das ist unter anderem auch der Grund, warum du in den meisten Fällen sehr fertig sein wirst, wenn du nachts um 4 Uhr schlafen gehst und mittags um 13 Uhr aufwachst, obwohl du neun Stunden geschlafen hast. Auch wenn du diesen Schlaf hast, wirst du dennoch fertig sein. Schonmal Gedanken darüber gemacht, warum das so ist?

Der Biorhythmus ist ein Oberbegriff für eine Vielzahl von physiologischen Prozessen, die an endogene und exogene Faktoren gekoppelt sind. Er erfasst nicht die Komplexität der Dinge, die er beschreiben soll, besagt jedoch grundlegend, dass es so etwas wie einen Rhythmus gibt. Du wirst in der Nacht müde, du wirst morgens wach. Du schläfst anders in einem komplett abgedunkelten Raum als in einem hellen, Sonnenlicht lässt dich aktiver werden als Dunkelheit. Alles Prozesse, die über physiologische Zusammenhänge entstehen und deinen Tagesablauf mehr oder weniger bestimmen. Meist mehr als weniger. Und genau das ist dann eben auch der Grund, warum du dich nicht, beziehungsweise nicht so oft, gegen diesen Rhythmus stellen solltest. Er bestraft dich mit Müdigkeit, Abgeschlagenheit, Faulheit. Die Biologie gewinnt immer, früher oder später.

Und das Verblüffende ist: Erkennst du Gemeinsamkeiten zwischen einem Rhythmus und einer Routine? Außer, dass beide mir „R" anfangen und sieben Buchstaben haben. Sie beschreiben ein ähnliches Phänomen: Immer wiederkehrende Muster, gleiche Prozesse, replizierbare Ergebnisse. Würdest du den Sinn auch verstehen, wenn ich es Morgenrhythmus nennen würde? Oder Bioroutine? Wahrscheinlich schon! Glaubst du, dass dieser Zusammenhang willkürlich gewählt ist? Ich denke nicht.

Eine Morgenroutine hilft dir, strukturiert und fokussiert in den Tag zu starten. Dadurch erhältst du einen Fokus, der dich deine tagesanfänglichen Dinge produktiver gestalten lässt. Daraus ergibt sich dann wiederum ein innerer Drang, der sogenannte Drive, die nachfolgenden Dinge ähnlich produktiv zu gestalten. Deine Morgenroutine hilft dir also, nicht nur spirituell, sondern auch praktisch positiven Einfluss auf die Dinge zu nehmen. Deine Morgenroutine hilft dir, jeden Morgen deine Ziele zu visualisieren und dich zu motivieren sowie dir tagtäglich einen Grund zu geben, aufzustehen, und erfolgreich zu sein. Konditioniere dich auf diese Morgenroutine, und du wirst einen messerscharfen Fokus erhalten. Tag für Tag für Tag...

Wie sollte deine Morgenroutine aussehen?

Die Morgenroutine ist so individuell gestaltbar wie ein weißes Blatt Papier. Wichtig ist lediglich, dass sie dir und deiner Ziele förderlich ist und du durch diese Kraft tankst und deinen Fokus einrichtest. Bedeutet also: Tue das, was dich glücklich macht und motiviert.

Zwischen diesen Ramen gibt es unglaublich viel Spielraum, doch es haben sich ein paar Dinge herauskristallisiert, die dir besonders viel Energie geben und deinen Fokus besonders stark ausprägen. Diese werden auch von den großen Erfolgreichen durchgeführt, so zumindest, wenn man der Überlieferung traut.

Beginnen solltest du deinen Tag mit einem großen Schluck Wasser. Durch die Nacht hast du einiges an Energie und Wasser verbraucht. Damit dein Organismus sehr gut funktioniert, solltest du einen großen Schluck Wasser zu dir nehmen. Es hilft, deine Zellen wieder prall aufzufüllen und ihrer vollständigen Funktion zu bemächtigen. Als nächstes solltest du mit ein paar Dehnübungen beginnen. Nicht viel. Nur eben so, dass du deine Muskelfasern aktivierst, wie man es so schön sagt. Durch das stundenlange liegen und die anhaltende Entspannung braucht dein Körper etwas Ansporn, um erst einmal wieder an Kraft zu gelangen. Schonmal eine verschlossene Wasserflasche direkt nach dem Aufstehen versucht zu öffnen? Wenn ja, dann weißt du, was ich meine. Mit deinen Dehnübungen solltest du einmal deinen gesamten Körper abdecken.

Als nächstes kann dir eine kalte Dusche sehr guttun. Kalt deswegen, weil es deinen Kreislauf anregt, die Durchblutung gefördert wird und dich damit schneller back-on-Track bringt. Du merkst schnell, dass du spürbar wacher wirst.

Inspirationsphase

Nach dem Duschen kannst und solltest du dir deine Ziele, von denen wir vorher bereits gesprochen haben, durchlesen, visualisieren, festigen. Das kannst du auf verschiedene Art und Weise tun. Wichtig ist lediglich, dass du dir deine Ziele in dein Unterbewusstsein einprägst und auch vor deinem geistigen Auge nun aufrufst. Das gibt dir die Motivation, heute einen extrem positiven und produktiven Tag zu haben, denn du weißt, wofür du die Dinge tust. Die Phase, in der du dir deine Ziele aufrufst, sie durchliest, sie festigst oder irgendeine Art von Abruf betreibst, ist mit die wichtigste Phase in deiner Morgenroutine. Sie ist nicht nur ein Teil deiner Meditationsphase, sie ist ein Teil deiner Tagesplanung.

In der Meditationsphase solltest du alles tun, um deinen Fokus aufzubauen und deine Motivation für den Tag zu tanken. Hier kann es helfen, sich ein paar Seiten in einem Erfolgscoaching-Buch durchzulesen, NACHDEM du dir deine eigenen Ziele und deren Visualisierungen vorgenommen hast. Diese sollten immer die Grundpfeiler deines morgendlichen Rituals sein. Es gibt keinen stärkeren Motor, keine größeren Motivatoren als die eigenen Ziele!

Für deine Meditation kannst du weiterhin auch Musik hören. Hier hilft häufig Instrumentalmusik, Klassik, epische Musik, auch Motivationsreden, Vorträge, Biographien, Hörbücher, Bilder, Videos. Alles ist erlaubt. Wichtig ist, dass es dir Motivation geben soll, die du dann auf die Dinge legen kannst, die dir und deinen eigenen Zielen zuträglich sind.

Ich empfehle dir, jedoch vermehrt auf Musik zurückzugreifen anstatt ausgiebig auf einen Bildschirm zu starren. Die auf dich einwirkende Strahlung des Monitors sowie die Auflösung machen deine Augen müde und können gegebenenfalls deine Sinne am Morgen überreizen, sodass du kaum Nutzen daraus ziehst. Anders sieht es jedoch aus, wenn du Motivationsvideos oder ähnliches etwas später einbaust und sie als zusätzliche Stütze wählst.

Die Meditationsphase muss so lange dauern, bis du dich konditioniert hast, dein Ziel klar und deutlich visualisiert zu haben und dein Bewusstsein wie auch dein Unterbewusstsein vollständig von diesen Visionen geprägt ist. Anfangs kann das etwas dauern, mit Übung brauchst du dafür dann lediglich noch 2-3 Minuten.

Meditationsphase

In den anschließenden zwei Minuten solltest du nun alle Medien ausschalten und dich für eine Minute ganz ruhig verhalten, deine Augen schließen und dich auf das Wesentliche fokussieren: Deine Ziele. Denke an deine Ziele, versuche zu spüren, wie es sich anfühlt, wenn du sie erreicht hast, erlebe den emotionalen Moment der Euphorie und überlege, welche Dinge du heute tun musst, um noch ein Stück näher heranzukommen. In der zweiten Minute öffnest du deine Augen und spricht zu dir, mit dir. Das mag vielleicht in erster Hinsicht etwas merkwürdig erscheinen. Auf den zweiten Blick wirst du jedoch sehen, dass es dir unglaubliche Kraft gibt. Du kennst sicherlich einige Übungen, bei denen du dich vor einen Spiegel stellen sollst und zu dir sprichst. Das wird häufig für Rhetorik-Schulungen oder Präsentationen angewendet, um Souveränität zu erlangen. Es ist jedoch wissenschaftlich bewiesen, dass du, wenn du zu dir selbst sprichst, deutlich mehr Einfluss auf deine Gedanken ausübst und auf dein Bewusstsein, als wenn du die Dinge nur denkst. Also, auch wenn es dir komisch vorkommt, versuche es mal für einige Tage. Du wirst sehen, wie sich ein Mindset verändert.

Weiterhin kommt es auf die Art und Weise an, wie du sprichst. Dazu gibt es ein paar sehr interessante Beispiele. Stell dich vor einen Spiegel, lass die Schultern hängen, stell dich in einem engen Stand hin und senke leicht den Kopf. Sprich nun ein paar Machtworte aus, beispielsweise: „Ich bin gut. Ich bin erfolgreich. Ich bin stark. Ich habe die Macht, über mich und mein Leben selbst zu entscheiden. Ich bin gesund und ich bin glücklich. Ich werde den heutigen Tag zum besten Tag meines Lebens machen“. Egal wie viel Mühe du dir dafür gegeben hast, es wird weder dich, noch irgendwen anderen auf der Welt überzeugen. Warum? Weil du mit deiner Körperhaltung Signale sendest, die deinem Gesagten genau widersprechen. Und wir wissen mittlerweile, dass zu 90% des Gesagten nicht entscheidet, was gesagt wird, sondern, wie es gesagt wird Die Emotionalität gewinnt immer und zu jeder Zeit über die Rationalität. Daher kannst du noch so überzeugend in dem sein, was du sagst. Die Art, wie du es sagst, wird es dir immer zerstören.

Versuche, die gleichen Worte nun erneut zu sagen. Dabei ziehst du nun aber deine Schultern nach hinten, Brust raus, schulterbreiter Stand, Kopf gehoben, und jetzt sprichst du genau das Gleiche erneut aus: „Ich bin gut. Ich bin erfolgreich. Ich bin stark. Ich habe die Macht, über mich und mein Leben selbst zu entscheiden. Ich bin gesund und ich bin glücklich. Ich werde den heutigen Tag zum besten Tag meines Lebens machen". Egal, wie komisch das nun für dich klingen mag. Bitte probiere es aus. Es ist extrem wichtig!

Merkst du es? Hast du es gespürt? Du bist viel sicherer, viel überzeugender. Jetzt kaufst du es dir auch selbst ab. Vorher hättest du das doch niemals getan. Und wie sollst du heute andere Menschen von deinen Fähigkeiten überzeugen, wenn du dich selbst nicht überzeugen kannst.

Die Art, wie du über Dinge nachdenkst, wie du sprichst, hat unmittelbar Konsequenzen für dich, deine eigene Glaubwürdigkeit gegenüber dir selbst, und den Einfluss, den es auf dich und auf dein Mindset hat.

Aus genau diesem Grund gibt es sogenannte Power-Moves! Solche Power-Moves sind kraftvolle Bewegungen, die pure Energie durch deinen Körper fließen lassen. Zugegeben, dass klingt sehr abstrakt und spirituell, hat aber wirklich direkte Auswirkungen auf deine psychische Verfassung, im positiven Sinne! Schau dir die Vorbereitung der Größten und Besten an. Schau dir an, was sehr gute Redner vor ihrem Vortrag tun. Schau dir an, was ein Tony Robbins vor seinen unglaublich kraftvollen und mitreißenden Auftritten macht. Er hat Power-Moves, die ihn in eine Art Trance-Zustand bringen, in dem er energiegeladen und aktionsgeladen ist. Diese Energie, die er nun emotional verspürt, kann er direkt auf sich, seine Haltung, und auf seine Art des Sprechens lenken. Daher schafft er es auch, die Menschen zu begeistern und zu bewegen.

Du kennst den Tipp, in einer Präsentation aufrecht und kraftvoll zu stehen und deine Muskeln anzuspannen, bei einer intensiven Arbeit aufrecht zu sitzen und deine Füße fest auf den Boden zu drücken. Alle diese kleinen Tipps kennst du sicherlich. Hast du dir schonmal überlegt, warum du das machen sollst? Und hast du es, bevor du es verurteilt hast, auch schonmal gemacht? Genau das ist der Grund, warum du diese Dinge machen sollst. Weil sie dir Kraft und Selbstbewusstsein geben, weil du eine komplett andere Konstitution erreichst, als du ohne jemals erreichen würdest. Sie werden dir Kraft geben, weil du Kraft aufwendest. Das Gesetz der Umwandlung in Verbindung mit dem Gesetz der Erhaltung der Masse. Es kann keine Energie erschaffen werden oder verloren gehen. Sie wird lediglich in andere Formen umgewandelt. In der Physik häufig in Verformungsenergie und Wärme, in der Menschlichkeitslehre von Gedanken in Taten und andersherum.

Aktionsphase

Nach der Meditationsphase bist du geistig auf einem neuen Level. Dort hast du dich selbst hinaufkatapultiert und kannst diesen Schwung, diesen Fokus und die Leidenschaft, die du in der Meditationsphase aufgebaut hast, nun in deine Aktionsphase mit übernehmen. In der Aktionsphase geht es darum, körperlich aktiv zu werden. Dazu zählen all die Dinge, die deinen Körper physisch mit Energie versorgen. Du kannst nun also mit etwas Morgensport beginnen, ein paar Übungen machen, 5-10 Minuten joggen gehen oder einfach Frühstücken und Energie tanken. Es gibt verschiedene Meinungen zu diesem Thema, was nun genau am sinnvollsten für dich ist. Die einen schwören auf ein ausgewogenes, vitaminreiches Frühstück mit einem Kaffee, die anderen sind von intermittierendem Fasten überzeugt und nehmen, wenn überhaupt, einen Butter-Kaffee (du hast richtig gelesen) zu sich. Letztendlich gibt es klare Fakten, die für das eine, aber auch für das andere sprechen. Meine Meinung: Probiere beides aus und schaue, womit du besser klarkommst. Wenn du es ausprobierst, solltest du aber mindestens zwei Wochen lang eines der beiden Frühstücksrituale ausprobieren, damit sich dein Körper daran gewöhnen kann und du nicht durch den krassen Umstieg geblendet wirst und dadurch dein Fazit beeinträchtigst.

Nun zur Frage aller Fragen: Solltest du deine Morgenroutine auch an „freien" Tagen ausführen? Meine Meinung: Ganz klar ja! Sie hilft dir jeden Tag, erfolgreich durchzustarten und fokussiert dich für jeden Tag erneut auf die Dinge, die dich weiterbringen und glücklich machen. An deinen freien Tagen kannst du dann jedoch das Ganze etwas ausdehnen. Etwas ausschlafen, das ganze ruhiger angehen. Durchführen solltest du sie aber trotzdem. Denn die Morgenroutine wird dir nur in den ersten Tagen und Wochen schwerfallen oder unbequem sein. Irgendwann ist sie so fest in deinen Alltag integriert, dass du gar nicht mehr darauf verzichten willst und kannst. Daher stellt sie auch an freien Tagen keine Belastung, sondern eine Ergänzung dar.

Abendroutine

Wenn es dir ungemein helfen kann, produktiv und strukturiert in den Tag zu starten, liegt es natürlich nahe, dass es auch durchaus sinnvoll sein kann, den Tag strukturiert zu beenden. Nun, wie kann eine solche Abendroutine aussehen?

Fakt ist: Die Nacht ist zur Erholung da. Egal ob du ein Morgenmuffel, eine Nachteule oder ein Tagträumer bist. Dein Körper sieht biologisch vor, dann zu schlafen, wenn kein Tageslicht zur Verfügung steht. Die Nacht kann und sollte also zur Ruhe und Erholung genutzt werden. Das ist jedoch häufig leichter gesagt als getan, denn oftmals haben wir noch Dinge zu erledigen, die wir eben noch abends anschließen möchten, andere Sachen machen, die tagsüber liegengeblieben sind oder wir nutzen die Zeit, die wir abends haben, um uns Gedanken zu machen. Das ist wenig produktiv, denn obwohl du in dieser Zeit ja offensichtlich Dinge erledigen könntest, ist es viel produktiver für dich, eine geregelte Ruhephase einzulegen. Schonmal gehört, dass regelmäßige Pausen wichtig sind? Im Kraftsport spricht man von Superkompensation, also das Phänomen, nach Anstrengung ein kleines Leistungstief zu durchlaufen und erst nach gewisser Zeit wieder auf das Ausgangsniveau zu regenerieren beziehungsweise dann einen noch höheren Level zu erreichen.

Und auch für dich ist das sehr relevant, auch wenn du dich nicht von sportlicher Betätigung erholen musst, sondern von geistiger. Das Prinzip ist dasselbe und sollte auch hier für dich Anwendung finden. Aus diesem Grund ist es wichtig, eine Erholungsphase zu durchlaufen, um Kraft zu tanken, das Geschehene zu verarbeiten und nach dieser Phase noch stärker zurückzukommen.

Diese Pause legen wir am besten dann ein, wenn es die Biologie vorsieht. Nachts. Hier hast du Zeit, dich zu regenerieren und zu erholen. Deswegen ist Schlaf auch so wichtig. Zu wenig Schlaf kann zu ernsthaften, psychischen Problemen führen, die sich natürlich auch körperlich bemerkbar machen. Nicht umsonst ist Schlafentzug eine Foltermethode.

Das bedeutet für dich im Klartext: Pausen sind gut, Pausen sind wichtig, Schlaf ist gut, Schlaf ist wichtig. Und aus diesem Grund solltest du diese Phasen auch heilig behandeln und sie nicht eintauschen oder einschränken lassen. Das bedeutet ebenso, dass du in diesen Phasen auch geistig darauf eingestellt sein solltest, Ruhe zu haben und dir die Zeit zu nehmen.

Ein typisches Phänomen ist es, keinen Tagesabschluss zu finden, die Arbeit mit ins Bett zu nehmen und dann eine katastrophale Ruhephase zu haben, die dazu führt, dass du dich nicht regenerieren kannst. Das geht für eine gewisse Zeit gut, du weißt jedoch sicher selbst, dass sich die Probleme damit potenzieren. Du wirst unkonzentrierter, unproduktiver und das schlägt sich direkt auf die Resultate deiner Arbeit wieder. Und schlechte Resultate beziehungsweise das Ausbleiben dieser Resultate kann dein Projekt respektive die Erreichung deiner Ziele sehr stark gefährden.

Finde also eine passende Abendroutine für dich. Im besten Fall lässt du dich bis kurz vor Schlafenszeit nicht mehr von Bildschirmen oder hellen Displays erleuchten, da sie dein Gehirn anstrengen und zur Arbeit anregen, warum es dich dann bedeutend schlechter zur Ruhe kommen lässt. TV schauen führt zu einem ähnlichen Phänomen. Besser ist es, sich ein Buch zur Hand zu nehmen, etwas zu schreiben, malen, etwas Kreatives, aber nicht Forderndes zu tun, um sich geistig und emotional zur Ruhe zu bekennen und sich auf den Schlaf vorzubereiten. Tee, Wärme, Gemütlichkeit... Nur ein paar Dinge, die dich in deiner Entspannung unterstützen können. Finde deinen Weg, wie du abends zur Ruhe kommst. Mein Tipp: Schreibe dir ein paar Dinge auf, die du heute gut gemacht hast, die du erledigt hast, und die morgen erledigt werden sollen. Dadurch schaffst du bereits heute eine Struktur für morgen und kannst deinen Tag heute in aller Ruhe abschließen. Der perfekte emotionale Zustand, um ausgeruht einzuschlafen. Auch Musik kann dich zusätzlich entspannen, sollte idealerweise dann mit dem Schreibprozess verbunden werden.

Was ist dein größtes Problem?

Du kennst die Aussage: „Das Einzige, was dich aufhält, bist du selbst!“ Dies ist ein sehr oberflächlicher Spruch, bringt es aber sehr gut auf den Punkt. Und ich bin überzeugt davon, dass du das auch weißt. Ich möchte aber noch ein bisschen tiefer hineinblicken. Dein größter Feind, der dich davon abhält, erfolgreich und wirklich glücklich zu sein, ist dein Ego! Ich bin überzeugt davon, nahezu sicher, dass dein Ego häufig verhindert, dass du wirklich vorankommst. Dein Ego hindert dich, zu wachsen. Warum? Weil du mit Sicherheit einige Dinge nicht machst, weil dein Ego zu groß ist. Du bist dir zu schade darum, bestimmte Dinge zu machen. Ich nenne hier absichtlich keine Beispiele, weil du selbst darüber nachdenken sollst, ob es teilweise vielleicht wirklich so ist. Du bist zu stolz, etwas ein zweites Mal anzugehen. Du bist zu stolz, dir eine Niederlage einzugestehen. Du bist zu stolz, eine Herausforderung anzunehmen und du bist zu stolz, nach Hilfe zu fragen.

Kennst du den besten Freund von deinem Ego? Faulheit! Wenn die beiden gemeinsam aufkreuzen, ist Schicht im Schacht. Die beiden hauen alles platt. Wenn einer der beiden erscheint, kann man gegebenenfalls noch dagegen ankämpfen. Wenn beide auf die Tanzfläche kommen, ist es sehr schnell sehr leer. Die Kombination dieser beiden lähmt dich nahezu. Einer der beiden Kollegen verunsichert dich, der andere gibt dir dann den Rest.

Deutlicher gesprochen: Dein Ego hält dich sicherlich zeitweise davon ab, bestimmte Dinge zu erledigen. Faulheit ebenso. Faulheit ist fast noch schlimmer. Wenn du zu faul bist, etwas zu machen, dann rechtfertigst du es meistens vor dir selbst, und lässt dann dein Ego sprechen. Das Resultat ist, wenn du auf einer der beiden Faktoren oder gar auf beide hörst, dass du nichts tust. Und Stillstand ist mit Sicherheit das Schlimmste, dass du erleben kannst, wenn es darum geht, voranzukommen. Stillstand ist der Gegner aller Prozesse, aller Fortschritte, aller Ergebnisse.

Wenn ich dich frage, was du von Faulheit hältst, bist du sicherlich sehr davon überzeugt, dass es kontraproduktiv ist, egal in welcher Situation und egal in welchem Kontext. Ich rede hier nicht von wohlverdienten Ruhephasen. Ich rede von wirklicher Faulheit. Du bist sicher gleicher Meinung. Aber lebst du deine Meinung dann auch?

Achte darauf, dass dein Ego dich nicht von Möglichkeiten abhält, und deine Faulheit jede Herausforderung niederschmettert. Möglichkeiten und Herausforderungen bringen eine selbstwirkende Dynamik, die essentiell sind für deine Fortschritte.

Was kannst du nun also gegen diese Faulheit tun? Ganz einfach: Etwas Machen! Das Machen ist das Übel aller Faulheit. Du musst einfach etwas machen. Egal was, aber starte mit irgendetwas. Beginne, im Internet zu recherchieren, Bücher zu lesen oder mit Menschen Kontakt aufzunehmen. Du musst etwas tun. Es wird dich anfangs sicherlich große Überwindung kosten, aus deiner Faulheit auszutreten. Es wird schwerfallen und viel Energie kosten, doch die Dynamik, die es mit sich bringt, wird dir noch viel mehr Energie liefern, als du jemals zuvor hattest. Fang an! Hör auf, Ausreden zu suchen, Faulheit gewinnen zu lassen, und fang an, etwas zu machen. Es gibt keinen wichtigeren Tipp als diesen. Du wirst nirgends einen besseren bekommen. Dir muss einfach klarwerden, dass du Machen musst. Das ist das einzige, was Faulheit besiegt. Und durch Machen gewinnst du Erfahrung, lernst Disziplin, und erlebst Routine, die du positiv für dich auslegen kannst. Das ist ein Schaffensprozess der Superlative. Am Anfang eines jeden Prozesses gibt es nur diesen einen Schritt. Aber ohne diesen Schritt wirst du nicht weiterkommen. Es ist der Zaun, über den du herübermusst, um auf diese wundervolle Blumenwiese zu gelangen. Es ist die Glasscheibe, hinter der der Goldbarren liegt. Lass dich nicht von einem Zaun aufhalten, über den du drüber schauen kannst, und nicht von einem Material, durch das du durchschauen kannst. Du bist groß und stark genug, diese Hindernisse zu überwinden. Also tu es auch!

Nichts trifft dich härter als der Zufall. Das stimmt wahrscheinlich, wenn man an Zufälle glaubt und diese als natürlichen Schicksalsschlag ansieht. Zufälle sind jedoch viel eher ungeplante Ereignisse, deren Eintritt für uns nicht vorhersehbar ist. Du denkst dir nun sicherlich, dass es absolut dasselbe ist, nur anders formuliert. Damit hast du nicht ganz unrecht. Dennoch gibt es hier einen kleinen aber feinen Unterschied. Denn wenn du davon ausgehst, dass dir etwas Ungeplantes zustoßen kann, erst einmal unabhängig davon, ob gut oder schlecht, dann solltest du so weit gehen, dass du so ziemlich alles andere planen solltest, damit du diesen Faktor möglichst klein hältst. Denn alles, was ungeplant ist, kann im Zweifel auch schlecht für dich sein. Bedeutet: Mehr Planung, mehr Kontrolle. Und Kontrolle ist grundsätzlich etwas sehr Gutes. Daher kannst du versuchen, die großen und wichtigen Dinge in deinem Leben sehr gut zu planen, da du hier von voller Kontrolle profitierst, aber auch die kleineren Dinge, da du auch hier von zusätzlicher Kontrolle einen Nutzen ziehst. Ungeplante Dinge passieren ja sowieso. Und sie treffen dich hart, wenn du entweder gar keinen Plan hast oder einen sehr starren Plan. Wenn du sowieso keinen Plan hast, wird dir das Ungeplante vielleicht nicht aus der Bahn werfen, aber einzig und allein nur deswegen, weil du sowieso keinen Weg angepeilt hast. Hast du einen zu starren Plan, so wird dich jede kleine Erschütterung ins Wackeln bringen und du musst deinen Plan andauernd überarbeiten und anpassen. Was ist die Lösung? Einen Plan zu erschaffen, der Puffer mit einbezieht. Bedeutet also, dass du immer einen Puffer für alle entscheidenden Parameter mit einbauen sollst: Geld, Zeit, Platz usw.

Ein Plan ist nicht dann so großartig, wenn er strikt ist, er ist dann gut, wenn er dich auf deinem Weg hält und auch kleine Erschütterungen wegstecken kann. Daher solltest du für eine lange Fahrradtour auch ein Trekking-Bike wählen, weil es sein kann, dass du auch mal über Schotter fahren musst. Vielleicht dauert es etwas länger als mit einem Rennrad, aber dafür platzt dir auch kein Reifen, wenn du über eben ein Stück mit Schotter überqueren musst.

Wie erschaffst du dir einen solchen Plan?

1. Setze smarte Ziele. Wir haben oben besprochen, was smarte Ziele sind. Achte jedoch darauf, dass du deine Termine realistisch wählst und Pufferzeit einplanst. Die Pufferzeit sollte dir nicht die Möglichkeit geben, unnötig zu trödeln. Aber sie sollte dir genug Flexibilität geben, wenn sich etwas verzögert.
2. Gliedere aufeinander aufbauende Prozesse in einer logischen Kausalkette. Wenn du Auto fahren möchtest, musst du erst für den Führerschein lernen, dann den Führerschein bestehen, dann ein Auto kaufen, versichern, und dann kannst du fahren. Klingt logisch. Aber ist in dieser Kette alles bedacht worden? Allem vorgeschaltet ist, dass du das nötige Geld besitzt, um diese Schritte einzuleiten. Bedeutet also: Du musst dich rechtzeitig um alle Ressourcen kümmern, damit du auch den Fortgang deiner Ziele gewährleisten kannst.

3. Schaue, welche Prozesse abgeschlossen sein müssen, damit der nächste Prozess beginnen kann, oder welche Prozesse gegebenenfalls parallel laufen können und sollten.
4. Richte deinen Fokus auf den aktuell wichtigsten Prozess. Wenn du einen zweiten Prozess nebenbei initiierst, dann nur, um gewisse Dinge einzuleiten. Bedeutet also, dass du natürlich schon deine Führerscheinprüfung anmelden kannst, bevor du wirklich an das Ende deiner Theorie- oder Praxiseinheit gelangt bist. Einige Dinge benötigen etwas Vorlaufzeit und verlangen keinen großen Aufwand. Daher kannst du sie bereits nebenbei ins Laufen bringen. Aber nur dann, wenn sie nicht allzu viel Kapazität benötigen, sonst verlierst du deinen Fokus. Welche Aufgaben nebenbei erledigt werden können und sollten, legst du bereits im Vorfeld fest, also dann, wenn du einen Plan erschaffst.
5. Setze dir Meilensteine. Anhand dieser kannst du den Status überprüfen und auf reibungslosen Ablauf kontrollieren
6. Schließe Prozesse mit einem klaren Ergebnis ab, bevor du einen weiteren Prozess beginnst (außer Parallelprozesse, die wenig Aufmerksamkeit benötigen)
7. Schreibe alles auf, was dir zu einem späteren Zeitpunkt noch wichtig sein könnte.
8. Starte keine Aufgabe, ohne den Fortschritt deines Ziels zu erfassen. Sonst verlierst du dich zu schnell.

Eine Beispielplanung ist im Folgenden dargestellt. Der Einfachheit geschuldet werden wir das oben erwähnte Beispiel des Autofahrens verwenden. Wichtig für dich ist, dass du deine Prozesse und Ziele immer so gestalten kannst, wie es für einen reibungslosen Ablauf für dich passt. Bedeutet: Es gibt keine vorgegebene Form, die unbedingt eingehalten werden muss. Es gibt jedoch wesentliche Teilaspekte, die erfüllt werden sollten. Die Grundpfeiler der Planung, die durch die obenstehenden Fragen beantwortet werden sollen. Ansonsten sollst du dir einen Plan ausarbeiten, der zu dir passt, und nicht eine starre Vorlage verwenden, die dich einschränkt.

Ich empfehle dir immer, eine visuelle Darstellung wie auch eine schriftliche Darstellung deines Plans anzufertigen. Der visuelle Plan bleibt dir leichter im Gedächtnis und hilft dir, logisch deine Prozesse im Gedächtnis abzulaufen, wohingegen der schriftliche Plan alle Ausführlichkeit besitzen sollte.

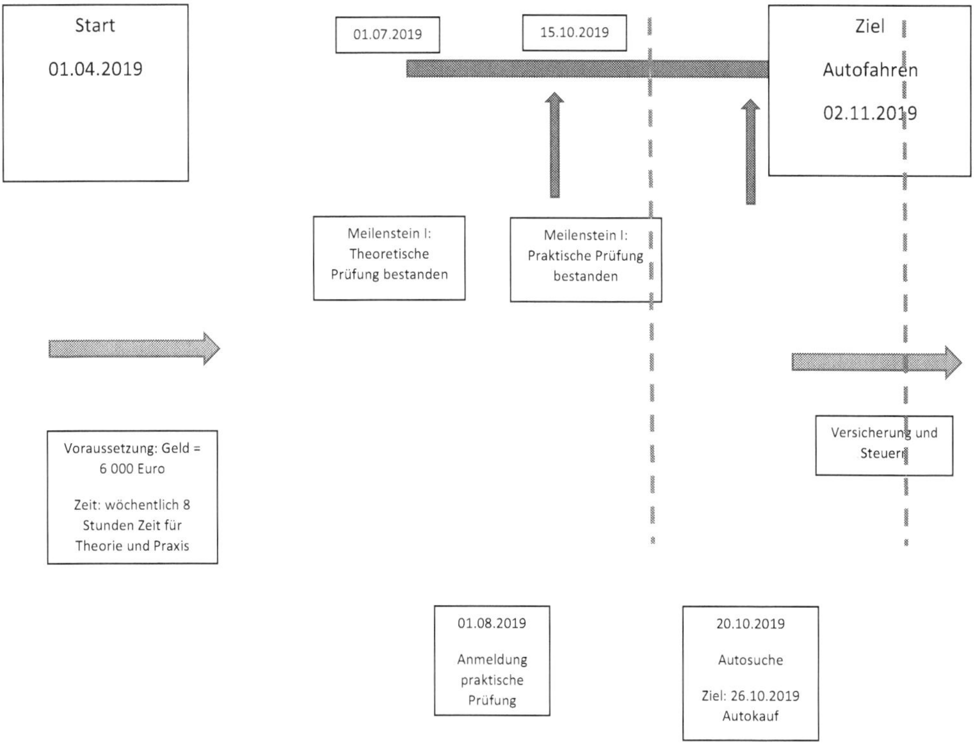
Start
01.04.2019
01.07.2019
15.10.2019
Ziel
Autofahren
02.11.2019
Meilenstein I:
Theoretische
Prüfung bestanden
Meilenstein I:
Praktische Prüfung
bestanden
Voraussetzung: Geld =
6 000 Euro
Zeit: wöchentlich 8
Stunden Zeit für
Theorie und Praxis
Versicherung und
Steuern
01.08.2019
Anmeldung
praktische
Prüfung
20.10.2019
Autosuche
Ziel: 26.10.2019
Autokauf

Ziel: Autofahren

Startpunkt der Projektplanung: 01.02.2019

Zeitrahmen: 01.04.2019 – 02.11.2019

Voraussetzungen:

Kapital = 6 000 Euro (2 000 Euro Führerschein, 3 000 Euro Auto, 1 000 Euro Steuern und Versicherung)

8 Stunden Zeit wöchentlich für 4 Stunden Theorie und 4 Stunden Praxis

Meilensteine:

01.07.2019	Theoretische Prüfung bestanden
15.10.2019	Praktische Prüfung bestanden

Parallelprozesse:

Anmeldung praktische Prüfung

Ziel: 15.10.2019

Voraussetzung: Theoretische Prüfung bestanden

Autosuche und Autokauf

Ziel: 26.10.2019

Projektabschluss; 02.11.2019

Diese Übersicht ist sehr simpel gehalten, bietet aber einen groben Rahmen und genug Raum, weitere Ergänzungen hinzuzufügen, Pufferzeiten einzuräumen, Kriterien hinzuzufügen etc.

Wichtig ist nicht, dass im Plan jedes kleinste Detail aufgeführt ist. Es müssen jedoch alle wichtigen Pfeiler vorhanden sein, um letztendlich dann kleine Details hinzufügen zu können.

Es ist von hoher Bedeutung, dass du alle Prozesse abbildest, die für ein Fortschreiten des Projektes erforderlich sind. So tiefgründig muss deine Planung sein. Kleine Dinge müssen nicht strikt geplant werden. Sie werden durch ungeplante Ereignisse sehr häufig am meisten getroffen, dafür ist hier also eine gewisse Flexibilität sinnvoll. Zu starre Planungen kommen schnell in die Brüche. Ein Hochhaus in Dubai, dass 97 Stockwerke hoch ist, muss immer etwas „schwingen" können, damit es bei kleineren Bewegungen nicht bricht und diese Bewegungen austarieren kann. So sollte dein Plan auch sein. Strukturiert und ausgefeilt, aber nicht zu starr.

Nichtsdestotrotz gilt: Keine Projekte ohne Planung. Ein grober Plan muss immer stehen und sollte auch dringend schriftlich und visuell festgehalten werden.

Partneraufgaben

Manche Dinge kannst du nicht allein ausführen und manche Dinge solltest du nicht allein durchführen. Auch wenn du immer die Verantwortung übernehmen solltest und so strukturiert vorgehst, dass du im schlimmsten Fall auch allein weitermachen kannst, so wird sich oft die Möglichkeit ergeben, deutlich größere Fortschritte in kürzerer Zeit mit einem Partner oder einer Partnerin zu erreichen, beziehungsweise deutlich schneller. Wenn sich diese Möglichkeit ergibt, solltest du definitiv Gebrauch davon machen, wenn es eine Partnerschaft zu beiderseitigem Nutzen ist. Dann ist gewährleistet, dass auch beide Seiten an einem erfolgreichen Abschluss des Projektes interessiert sind und sich beide voll ins Zeug legen.

Um auf geschäftlicher Ebene mit jemandem zusammenzuarbeiten, solltest du dir jedoch immer grundlegend die folgenden Fragen stellen:

Was möchte ich durch die Kooperation erreichen?
Was möchte meine Partnerin oder mein Partner durch die Kooperation erreichen?
Welche Übereinstimmung gibt es mit meinen Zielen und ihren/seinen Zielen?

Was passiert, wenn das Projekt scheitert?

Welche Aufgaben übernehme ich, welche meine Partnerin oder Partner?

Wie sehr bin ich von ihren/seinen Ergebnissen abhängig?

Welche Bedingungen sollen, welche müssen gestellt werden?

Auf welche Ziele wird sich gemeinsam geeinigt, welche Beteiligungen werden ausgesprochen?

Für alle diese Fragen und gegebenenfalls auch noch weitere solltest du die passenden Antworten liefern können. Und das Allerwichtigste dafür ist: Halte alles schriftlich fest und lass es von deiner Partnerin oder deinem Partner unterschreiben. Egal wie gut, egal wie lange ihr euch kennt, egal ob Freundin oder Freund, Verwandte/r oder Fremde/r: Einigt euch schriftlich auf alles. Bestehe darauf. Wenn ihr einen fairen Deal ausmacht, sind beide Parteien daran interessiert. Überlasse es nicht einfach dem Schicksal. Du weißt gar nicht, wie viele Freundschaften daran zerbrochen sind, dass sich NICHT an Abmachungen gehalten wurde. Freundschaften überleben in aller Regel, wenn der eine Partner dem anderen mit seinen Verpflichtungen nachkommt. Es ist aber fast schon die Regel, dass derartige Kooperationen scheitern und nicht nur das Geschäft, sondern auch die Freundschaften zerstören. Sicherlich denkst du dir: „Das brauchen wir nicht. Bei uns ist es anders“. Mach es aber trotzdem, um jeden Preis. Du wirst mir danken. Wenn alles gut läuft: Umso besser. Wenn es nicht gut läuft, wirst du unglaublich dankbar sein, einen Vertrag ausgemacht zu haben. Du wirst sonst dein blaues Wunder erleben. Vertraue mir. Es ist nicht nur Erfahrung, es ist ein Fakt. Wenn ihr euch gegenseitig vertraut, dann seid ihr euch ja auch sicher, dass beide Seiten ihre Abmachungen einhalten. Daher werdet ihr beide bereitwillig unterzeichnen, auch, wenn du derjenige bist, der diesen Vorschlag aufbringt. Wie war das? Verantwortung übernehmen?

Der perfekte Zeitpunkt

Der Perfektionist ist gewillt, etwas Perfektes“ nach seinen Vorstellungen zu kreieren, bedeutet also, alle Facetten in seiner Betrachtungsweise als „optimal“ unter den gegebenen Umständen zu erschaffen. Bedeutet eben auch, dass der Zeitpunkt seiner Kreation perfekt sein muss.

„Perfekt“ sein ist immer unterschiedlich, da es nahezu vollständig subjektiv zu betrachten ist. Was für dich ein perfekter Abend ist, kann für jemand anderes der reinste Horror sein. Zu aufregend, zu langweilig, was auch immer. Der perfekte Freund oder die perfekte Freundin können für jemand anderes der Grund zum Weglaufen sein, sogar schreiend! Frage zwei Menschen nach einem perfekten Zustand und sie liefern dir höchstwahrscheinlich zwei komplett verschiedene Antworten. Und das ist auch gut so! Denn jeder Mensch hat eine eigene Vorstellung eines Input- und Output-Verhältnisses. Das bedeutet, dass das Resultat im Zusammenhang mit der Investition betrachtet wird. Da jeder Mensch eine eigene Ansicht hat, welche Investition und welcher Aufwand zu wenig, angemessen oder überdurchschnittlich ist, kommen wir in aller Regel auch zu unterschiedlichen Ergebnissen.

Du kennst es sicherlich aus der Schule: In deinen Aufsätzen wurdest du von einer Lehrerin oder einem Lehrer relativ schlecht bewertet, von einer anderen Lehrerin oder Lehrer dann aber gut, obwohl du denselben Schreibstil angewandt hast. Für die/den einen war es eben besser, für die/den anderen schlechter.

Perfekt sein ist also, wie so vieles im Leben, Auslegungssache. Perfektionismus ist dementsprechend ein Verhaltensmuster, den eigenen Ansprüchen gerecht zu werden und besondere Sorgfalt auf die Vollkommenheit der Befriedigung eigener Bedürfnisse zu schaffen. Frage deine Nachbarin oder deinen Nachbar in der Schule, Ausbildung oder Universität, wann der perfekte Zeitpunkt ist, um mit dem Lernen für die anstehende Klausur zu beginnen. Frage deine Freundinnen und Freunde, wann der perfekte Zeitpunkt ist, um zu heiraten oder Kinder zu bekommen. Du wirst unterschiedliche Antworten erhalten. Was ist also der perfekte Zeitpunkt?

Der perfekte Zeitpunkt ist, so sachlich betrachtet wie möglich, der Zeitpunkt, wo du die besten Voraussetzungen hast, mit etwas zu starten, wo alle Vorkehrungen getroffen sind, um einen reibungslosen Ablauf in die Wege zu leiten. Du möchtest dich also nun auf deinen Weg zum Erfolg begeben: Was ist der perfekte Zeitpunkt dafür? Welche Voraussetzungen müssen getroffen oder erfüllt werden, um anzufangen?

Schreibe dir hier die idealen Voraussetzungen für den perfekten Zeitpunkt für dich auf:

Wenn du das getan hast, solltest du nun schauen, dass du diese Vorbereitungen triffst. Sobald du diese Vorbereitungen getroffen hast, ist der perfekte Zeitpunkt, um zu starten...

...Moment mal! Wenn du Vorkehrungen triffst, um zum perfekten Zeitpunkt zu starten, und du für deine Vorbereitungen aktiv wirst, dann hast du ja quasi schon angefangen. Und wenn du dafür angefangen hast, dann war es der perfekte Zeitpunkt, mit diesen Vorbereitungen zu beginnen? Hast du dir Gedanken darüber gemacht, wann du mit den Vorbereitungen starten sollst? Und vielleicht hattest du Vorbereitungen zu den Vorbereitungen, die du schon erledigt hast. War es damals der perfekte Zeitpunkt, zu starten?

Siehst du? Du startest mit etwas, ungeachtet, ob es der perfekte Zeitpunkt ist oder nicht. Das Machen überwiegt immer dem perfekten Zeitpunkt. Und soll ich dir etwas verraten? Diesen perfekten Zeitpunkt, von dem du träumst, den gibt es nicht. Den gibt es ganz und gar nicht. Und wenn es ihn doch geben würde, dann war es gestern! Perfekt ist immer subjektiv, daher gibt es für jeden Menschen auch einen anderen, perfekten Zeitpunkt. Fakt ist aber, je früher du beginnst, je früher du für den Marathon trainierst, je früher du beginnst für die Klausur zu lernen, desto besser und desto wirkungsvoller ist deine Vorbereitung. Also verschwende nicht deine Zeit, auf einen „perfekten Zeitpunkt“ zu warten. Das ist eine Erfindung des Faulen. Es gibt keinen perfekten Zeitpunkt und den wird es niemals geben. Fang heute an, fange jetzt an! Die Kräfte des Machens sind überwältigend größer als die eines „Zeitpunktes“, an dem du beginnst.

„Ich starte meine Diät nächste Woche“ sagte sie/er und startet nie. Legst du dir einen Termin in die Zukunft, weil es unbequem ist, ihn jetzt in Angriff zu nehmen, wirst du auch in Zukunft diese Unannehmlichkeit verspüren und es erneut hinauszögern wollen. Du zögerst es so lange hinaus, bis du einfach anfängst. Und dann tankst du auch Kraft und Motivation. Es hat dich noch nie motiviert, wenn du etwas verschieben musst. „Ich verschiebe meine Sporteinheit auf nächste Woche Mittwoch. Ich habe so Bock drauf, am nächsten Mittwoch anstatt heute trainieren zu gehen…“ Mach dir nichts vor! Das ist reinste Selbstsabotage. Fange an die Dinge selbst in die Hand zu nehmen, fange an zu machen! Erfolgreiche Menschen sind Macher, keine Warter. Sie fangen an, wenn grobe Voraussetzungen stimmen, wenn der Plan steht, und den Rest werden sie aufbauen und anpassen. Sie warten nicht auf nächste Woche, weil sie wissen, dass es da schon zu spät ist und sie in einer Woche schon bedeutend weiter fortgeschritten sind. Der perfekte Zeitpunkt ist nichts als Illusion, um dir Zeit zu verschaffen. Du hast dein Leben lang gewartet, um etwas zu schaffen. Wie viele perfekte Zeitpunkte hast du bisher erlebt, wenn du noch nicht wirklich angefangen hast? Wohl nicht so viele… Wie hoch ist die Wahrscheinlichkeit, dass der perfekte Zeitpunkt nun nächste Woche ist?

Eben! Also fange an, mache dir einen Plan und lege los! Wie kann etwas perfekt sein, wenn jeder eine unterschiedliche Vorstellung von „perfekt“ hat? Es ist dein Leben. Es ist deine Zeit. Du hast 24 Stunden Zeit, großartig zu sein, genau wie jeder andere Mensch auf dieser Welt. Fang an zu machen. Denn jetzt ist der perfekte Zeitpunkt, perfekt zu sein. Nicht für mich, für dich!

Ein heißer Tipp für deinen Erfolg

Lerne das Verkaufen! Aus dem ganz einfachen Grund, als dass du, egal in welcher Situation du im Leben bist, immer etwas verkaufen musst. Du verkaufst ständig, bewusst und unterbewusst. Wir verbinden Verkaufen in der Regel immer mit einem negativen Gedanken. Die bösen Verkäufer, die uns etwas aufschwätzen wollen, was wir gar nicht brauchen, und mit Geld bezahlen müssen, was wir eigentlich gar nicht haben. Verkäufer haben ein sehr schlechtes Bild.

Es ist jedoch unabhängig, welchen Typ Mensch du mit dem Bild eines Verkäufers assoziierst: Fakt ist, du verkaufst selbst! Vielleicht keine Produkte oder Dienstleistungen, dafür aber tagtäglich dich selbst. Jeder Kontakt zu einem anderen Menschen ist ein Verkauf. Du verkaufst dich und deine geistige Haltung jemand anderen. Du versuchst ihr oder ihm, dich zu verkaufen. Als Ergebnis hast du keine geldmäßige Transaktion, sondern das Resultat, ob sie/er dich als sympathisch, attraktiv, fürsorglich, nervig etc. empfindet oder nicht. Du verkaufst dich deinem/deiner gegenüber durch deine Handlungen und Gedanken.

Das erste Date? Reinster Verkauf! Du verkaufst deinem/deiner Partner/in in spe, warum du großartig bist und warum es zu einem zweiten Date kommen sollte. Deine eigene Business-Idee? Reinster Verkauf! Du suchst dir ja Leute, die dich pushen und deine Idee weiter vorantreiben oder dich sogar direkt unterstützen. Was musst du machen, um sie dazu zu überzeugen? Ihnen deine Idee schmackhaft machen, ihnen deine Idee verkaufen. Noch Fragen, warum du verkaufen können solltest? Es gibt viele Verkaufstrainer auf dieser Welt. Vielleicht besuchst du ja mal einen.

Über deine Finanzen

Warum Geld mehr wert ist als deine Zeit

Weil Zeit Geld ist! Ganz einfach. Du kennst sicherlich den Spruch: Zeit ist Geld. Was bedeutet das denn eigentlich? Es bedeutet, dass deine Zeit genauso wertvoll ist wie Geld. Das du Zeit eintauschen musst, um als Gegenwert das Geld zu erhalten. Verschwendest du Zeit, hast du Zeit verschwendet, in der du hättest Geld machen können. Verschwendest du Geld, war die Zeit, die du zum Geldmachen verwendet hast, nutzlos. Es scheint, ein Hamsterrad zu sein. Und genau diese Art von Hamsterrad ist es, die den Menschen ständig in Bewegung hält, nur leider dennoch auf der Stelle treten lässt. Es ist die Karotte an der Angel. Vor deiner Nase. Auf dem Laufband. Du rennst Dingen hinterher, die du gerne haben möchtest. Machst dafür etwas, was du eigentlich gar nicht machen willst. Wahrscheinlich einen strikten 9-to-5-Job, der dir schon seit Jahren stinkt. Du machst es aber, weil du es machen musst, da du sonst deine Rechnungen nicht bezahlen kannst. Stimmt es? Oder könntest du, unter Einhaltung der Kündigungsfrist, sofort aussteigen und erst einmal von anderen Einkommensquellen leben oder hast genug gespart, um dir ein paar Monate dein Überleben zu sichern? Nicht? Klassisches Hamsterrad!

Dieser Begriff „Hamsterrad“ ist so verteufelt, dass man ihn schon gar nicht mehr lesen, geschweige denn hören möchte. Kein Bild passt jedoch so gut zu deiner Situation wie dieses. Du rennst und rennst und rennst, kannst aber nicht plötzlich stoppen, weil du dich sonst überschlägst. Also rennst du weiter. Du rennst so viel und so schnell, und trotzdem kommst du keinen Zentimeter voran. Das ist ein Hamsterrad.

Die Frage sollte nun lauten: Wie kommst du nun aus diesem Hamsterrad? Wie schaffst du es, schadenfrei dort herauszukommen und dich mit eigenen Mitteln nach vorne zu bewegen?

Bildlich gesprochen kommst du aus dem Hamsterrad heraus, indem du beginnst, deinen Fokus zu verschieben. Dein Fokus sollte nicht mehr nur auf Laufen und auf Schnelligkeit liegen, sondern auf Kontrolle. Warum? Du musst es erst einmal schaffen, dass sich das Hamsterrad nicht mehr so schnell bewegt. Bedeutet, dass du nun etwas Geschwindigkeit herausnehmen musst. Du musst das Rad in solch einen Takt bringen, dass es dir möglich ist, verletzungsfrei auszusteigen und anschließend deinen Weg gehen zu können. Du brauchst also vor allem eines: Die Kontrolle über dein Hamsterrad. Die Kontrolle über die Geschwindigkeit, die Position, die Größe. Du musst Kontrolle über deine Situation erhalten. Was für ein tolles Bild, es jetzt auf deine derzeitige Lebenssituation zu übertragen.

Wie schaffst du es nun, Kontrolle über dein Hamsterrad zu erlangen? Wir sprechen hier vom Zeit/Geld-Faktor. Du kannst also weiterkommen, indem du Geld von Zeit entkoppelst. Eben nicht mehr Zeit gegen Geld tauschst, sondern Geld unabhängig von deiner Zeit einnehmen kannst oder Wege findest, aus Geld mehr Geld zu machen, sprich also, Geld selbst als Instrument zu wählen. Und dafür gibt es ein paar einfache Gesetze und Regeln, über die wir gleich direkt sprechen werden. Du wirst auch erkennen, dass Floskeln wie: „Man braucht viel Geld, um Geld zu machen" vollkommener Quatsch sind.

Ich habe es mir zur Aufgabe gemacht, zwei Mythen zu bekämpfen. Zum einen, das Geld nicht glücklich macht und zu Glück verhilft, und zum anderen, dass du bereits viel Geld brauchst, um noch mehr Geld zu machen. Wir werden über beides sprechen. Wie gehst du nun am besten vor?

Wie kommst du an Geld?

Du musst dir also etwas suchen, wo du keine Zeit gegen Geld eintauschst, sondern Geld nahezu von allein kommt. Das schaffst du, indem du passive Einnahmequellen aufbaust, mehr Verantwortung in deinem Job übernimmst und für die gleiche Arbeit mehr Geld bekommst oder dein Kapital für dich arbeiten lässt.

Ich weiß, das erzählt dir jeder Finanzexperte. Darum frage dich zunächst einmal, warum das so ist. Ich will aber nicht die gleichen Argumente wieder und wieder durchkauen, sondern mit dir hier ein paar wichtige Dinge durchgehen und dann konkrete Handlungsempfehlungen geben, die dir sagen, was du nun tun musst, um dies zu erreichen.

Wie werde ich diese Empfehlungen gestalten? Ganz einfach: Wir gehen deine aktuelle Situation an, und zwar dadurch, indem du eine Analyse anfertigst, wo du gerade stehst, welche Möglichkeiten du hast und welche Option nun für dich die Beste ist, um wirklich Geld zu machen. Hier gibt es keine schwammigen und oberflächlichen Empfehlungen, bei denen man nicht weiß, wo man anfangen soll oder wie es überhaupt funktionieren kann. Wir werden Schritt für Schritt erkennen, welche Möglichkeiten sich dir bieten, eine Überprüfung auf Machbarkeit durchführen, und dann beschließen, wann du wie am besten beginnst. Klingt das nach einem sinnvollen Plan für dich?

Natürlich sprechen wir auch über die unangenehmen Dinge deiner aktuellen Situation. Wir müssen sie ansprechen, da sie uns den Hinweis darauf geben, was du dringend ändern musst, um Veränderungen in deinem Leben zu erzeugen. Diese Tatsache, dass wir viel über deine Schwächen und deine Probleme sprechen werden, macht dieses Buch wahrscheinlich zum unangenehmsten Buch der Welt. Ich werde hier nicht drumherum reden, ich werde dich sehr direkt ansprechen. Ich werde auch nicht immer höflich dabei bleiben, sondern vielmehr versuchen, den Kern der Aussage zu treffen, auch wenn er schroff herüberkommt, dafür aber ehrlich ist und dir verdammt nochmal hilft zu erfahren, wie du endlich weiterkommst.

Vor der ausführlichen Lektüre dieses Buches solltest du bitte ein Versprechen abgeben: Bitte nimm dir diese Informationen zu Herzen, aber fühle dich nicht persönlich angegriffen. Auch wenn es sich manchmal so anfühlt, als möchte ich dich sehr stark kritisieren, gibt mir nichts in dieser Welt das Recht, dies zu tun, oder deine Situation zu bewerten. Ich möchte dir nur weiterhelfen, deine Ziele und deine Wünsche zu erreichen und mit dir gemeinsam auf das nächste Level zu gehen. Daher werde ich die Dinge auch aus meiner Perspektive darstellen und sie entsprechend dieser einordnen. Du bist ein vollkommener Mensch, und bist, egal woher du kommst, wie du aussiehst und was du hast, ein liebenswerter und erfolgreicher Mensch. Ich möchte dich lediglich dazu ermutigen, noch besser zu werden. Und das werde ich auf ziemlich deutliche Art und Weise machen.

Warum du denkst, das Geld nicht glücklich macht

Bullshit! Um gleich damit abzuschließen! Dennoch werde ich diese Aussage etwas ausführen. Das bin ich dir definitiv schuldig nach so einer Ansprache! Dann lass uns loslegen.

Wahrscheinlich denkst du, das Geld nicht glücklich macht, weil es menschlich ist, Dinge abzulehnen oder aus dem eigenen Kosmos zu streichen, wenn sie nicht erreichbar zu sein scheinen. Gerade in verschiedenen Gesellschaftsformen und Kulturen ist es eine Art Hobbysport geworden, Dinge zu verurteilen, die nicht der eigenen Vorstellung entsprechen oder eben schier unerreichbar erscheinen. Hat jemand einen athletischen Körper, so muss er sicherlich Steroide nehmen, hat jemand viel Geld, dann muss er sicherlich krumme Dinger drehen. Ist jemand reich, dann gibt er nichts ab und will nur noch mehr Geld haben. Viele Schlüsse, die wir ziehen, ohne uns wirklich mehr mit der Materie auseinandergesetzt zu haben. Vorurtele eben...

Ich behaupte einfach mal, dass dies Vorurteile sind. Warum? Ganz einfache Frage: Wie viele Menschen kennst du, die dieses Klischee bedienen? Wie viele kennst du wirklich persönlich und zwar so gut, dass du genau weißt, aus welcher Motivation sie handeln und welcher Überzeugung sie sind? Ich denke viel eher, dass diese Vorurteile einem Gedankenkonstrukt entspringen. Eines, dass man sich selbst errichtet hat oder durch beiläufige Meinungen Dritter gebildet wurde. Aber wieviel Wahrheit steckt in diesen Aussagen?

Herzlich wenig. Denn mit gleicher Wahrscheinlichkeit, dass Geld unglücklich macht, kann es auch glücklich machen. Du denkst nur, dass es unglücklich macht, damit du dich in deiner Situation komfortabler fühlst. Es ist einfacher, einen anderen Zustand zu kritisieren, als seinen Eigenen zu überdenken. Lieber anderen den Erfolg absprechen als selbstkritisch in den Spiegel zu schauen. Das ist kein Vorwurf, das ist häufig die unangenehme Wahrheit. Ich habe es lange Zeit nicht anders gemacht, weil es mir geholfen hat, mich für kurze Zeit besser zu fühlen und mich auszuruhen, ohne ein schlechtes Gewissen haben zu müssen. Ich konnte kurzweilig darüber nachdenken und dadurch mir meine eigene Situation vor mir rechtfertigen. Und genau hier liegt das Problem: Es war lediglich eine kurzzeitige Lösung! Die langfristige Lösung ist das sicherlich nicht, denn so richtig glücklich gemacht hat mich diese „Pseudoüberzeugung" ja nicht. Und eine andere Lösung war zu anstrengend, deswegen wollte ich es ja auch schnell lieber verurteilen.

Und hier tritt ein Phänomen auf, dass du sehr häufig im Alltag beobachten kannst: Wir verurteilen Menschen sowie deren Ansichten und Einstellungen viel zu schnell, ohne die eigentlichen Hintergründe zu kennen. Weiterhin finden wir uns oft in der Situation wieder, einen Zustand zu kritisieren, der für uns vielleicht teilweise erstrebenswert ist, aber zu viel Aufwand benötigen würde, wodurch wir durch das Verurteilen eine Rechtfertigung vor uns selbst erzeugen. Oder wir verurteilen schlicht und einfach Dinge, weil sie nicht unserer Vorstellung entsprechen. Der schlimmste Punkt, den ich hier jedoch ansprechen möchte, ist der zweite. Das ist mit Abstand der Schlimmste. Nicht immer ist es der Hauptgrund, warum wir etwas verurteilst, aber häufig genug finden wir uns in solchen Situationen wieder. Du verurteilst andere, weil sie in einer Situation sind, in der du eigentlich auch gerne wärst. Du hättest auch gerne mehr Geld. Es scheint nur sehr unbequem zu sein, um dort hinzukommen. Außerdem haben ja mehr Leute kein Geld als das Leute Geld haben. Daher scheint ja das Prinzip der Mehrheit zu gelten: Die größere Menge wird wohl mehr recht haben als die kleinere Menge. Was uns diese Einstellung einbringen kann, hat die deutsche Geschichte mehr als eindrucksvoll bewiesen. Einer von vielen Gründen, genauer darüber nachzudenken, ob dieser Glaubensansatz sinnvoll ist.

Es ist sehr unkomfortabel, Dinge zu erreichen, die einem nicht gleich zufliegen. Es ist viel einfacher, in seiner „Komfortzone" zu bleiben, sich gegen jede „komfortzonenfeindliche" Aussage zu richten und sie mit Ach und Krach zu verteidigen. Es könnte ja sonst wirklich ungemütlich werden.

Bitte verstehe mich nicht falsch: Ich denke, dass es grundsätzlich eine sehr gute Einstellung ist, zufrieden zu sein mit den Dingen, die man hat. Ich denke jedoch auch, dass man sich nicht zufriedengeben sollte, wenn man sich höhere Ziele gesteckt hat. Ich bin überzeugt, dass ein Verweilen in dieser Situation mit eigentlich höher gewünschten Zielen dann nur eine zu hohe Bequemlichkeit ist, mehr nicht. Denn warum solltest du deine Ziele nicht erreichen wollen, wenn du es könntest? Wenn du in ein Autohaus gehen könntest, und dir ein Auto frei auswählen darfst, nimmst du doch sicher nicht das Günstigste und bist damit zufrieden? Du wirst sicherlich das Auto nehmen, mit dem du die meisten Emotionen verbindest und den größten Wert beimisst, das Schönste, das Sicherste und so weiter... oder irre ich mich? Wenn das Autohaus jedoch noch verschlossen ist, und du 20km zu Fuß in einen anderen Ort laufen musst, um dort den Schlüssel für die Eingangstüren zu holen, um dir ein Auto auszusuchen, ist das schon unkomfortabler. Und wenn du nicht nur 20km laufen müsstest, sondern sogar noch 40km schwimmen und 100km Fahrradfahren, einen Radschlag und 10 Kniebeugen machen müsstest, würdest du wohl schon anfangen zu überlegen, ob es das „wert" ist?! Und nun gibt es Menschen, die diese Chance trotzdem unbedingt wahrnehmen wollen, alles dafür getan haben, um an den Schlüssel für das Autohaus zu kommen, und sich nun ein Auto aussuchen zu dürfen. Warum verurteilst du dann diese Menschen, nur weil es ihnen das wert war?

Vielleicht nicht das beste Beispiel, aber eines, das den Sachverhalt der eigentlichen Problematik halbwegs adäquat darstellen sollte: Manche Menschen haben höhere Ziele, wollen mehr für sich, aber auch für andere Menschen erreichen. Manche Menschen streben nach Geld, da sie mit Geld Dinge ermöglichen können, die ihnen ohne verwehrt bleiben würden. Warum verurteilst du diese Menschen? Warum denkst du, das Geld unglücklich machen sollte, wenn du noch nie in dieser Situation warst? Warum probierst du es nicht aus, auch wenn es unangenehm wird, dort hin zu kommen, und bildest dir dann deine Meinung? Du kannst dann immer noch dein gesamtes Geld spenden, wenn du mit diesem Geld unglücklich bist. Dann hast du damit auch was Gutes getan. Du hast mit Geld andere Menschen unterstützt, hast also wirklich etwas GUTES getan: und dafür brauchst du ja Geld, um Kindern in Armut zu helfen, oder Obdachlosen ihr Essen zu stiften. Bist du glücklich, wenn du das machst? Dann brauchst du eben Geld, um das tun zu können.

Geld macht also nicht unglücklich, Geld macht das mit dir, was du damit machst. Und mit Geld kannst du viele Dinge ermöglichen, egal welcher Art. Du brauchst Geld, um andere Menschen und auch dich glücklich zu machen: Weil die Welt nun mal Geld als Tauschmittel gegen Güter und Dienstleistungen verwendet. Siehst du das ähnlich? Ich möchte niemanden zu etwas überreden. Wenn du ein sehr minimalistischer oder komplett finanzabgewandter Mensch bist, und dich wirklich gar nicht darum kümmerst, dann ist das wirklich voll in Ordnung, vollkommen legitime Einstellung. Dann bist du jedoch eher die Ausnahme, so meine Meinung. Das ist kein Angriff in irgendeiner Art und Weise, es ist nur meine Erfahrung und meine Ansicht, die mich letztendlich dann auch dazu bewegt hat, selbst etwas zu ändern. Und deswegen will ich es dir so auch weitergeben.

Fakt ist, dass Geld dir in nahezu jedem Lebensbereich helfen kann, weiterzukommen. Diese „finanzielle Freiheit", von der immer gesprochen wird, bedeutet nichts anderes als Unabhängigkeit von einer Einkommensquelle. Bedeutet, dass du entweder so viel Kapital besitzt oder durch passive Einnahmequellen einen solchen Betrag regelmäßig erhältst, der alle deine laufenden Kosten decken kann und darüber hinaus dir noch das ermöglichen kann, dass du als wichtig betrachtest. Sie befreit dich im wahrsten Sinne von einer finanziellen Abhängigkeit jeglicher Art. Diese finanzielle Freiheit ist also immer erstrebenswert. Sie legt keine feste monatliche Summe fest, die du einfahren musst, sie gibt dir lediglich das Kapital, was du brauchst, um damit zu leben, was du möchtest. Du brauchst keine 20 000 Euro monatlich verdienen. Es kann sein, dass für dich finanzielle Freiheit schon mit 1 000 Euro beginnt. Aber nur dann, wenn du diese 1 000 Euro losgelöst von irgendwelchen pflichten erhältst, die dich nicht binden. Das besagt finanzielle Freiheit. Und deswegen ist sie für nahezu jeden Menschen ein großes Ziel. Nicht die Höhe der Summe entscheidet, sondern die Auswirkung dieser auf deine Abhängigkeit.

Was kann dir Geld ermöglichen?

Erst einmal die Gegenfrage: Was kann dir Geld nicht ermöglichen? Versuche erst einmal, Antworten hierauf zu finden, und überlege, ob in dieser Schaffungskette nicht irgendwo ein Faktor auftaucht, der durch Geld erst realisierbar oder verbesserbar ist.

Zweiter Schritt: Überlege, was dir im Leben wichtig ist. Anschließend, was du denkst, was noch wichtig wäre, obwohl du es aktuell nicht hast. Und dann, was du dir wünschst, für dich, deine Familie, Verwandte oder Freunde. Überlege nun, ob dir Geld dabei helfen könnte. Nimm dir dafür bitte zwei Minuten Zeit....

...siehst du? Thema abgehakt!

Warum Geld schlechtgemacht wird...

...weil Geld so etwas wie Macht bedeutet. Menschen mit viel Geld haben in der Regel mehr Macht als Menschen mit weniger Geld. Warum das so ist? Ganz einfach, weil wir eben von Geld abhängig sind. Nicht des Geldes wegen an sich: Die Scheine an sich sind im Prinzip wertlos, bis auf das Papier und den Druck. Sondern, weil es weltweit anerkannt ist, für Produkte und Dienstleistungen Geld als Gegenwert anzusehen. In manchen Regionen dieser Welt wird mehr Geld, in anderen weniger Geld im Tausch gegen diese angeboten. Das dies eine große Problematik ist, ist sicherlich klar, sollte jedoch aufgrund der Thematik zu einem anderen Zeitpunkt besprochen werden. Unwichtig ist die ganze Sache halt eben nicht. Sollte nur nicht gerade jetzt thematisiert werden.

Und weil wir Menschen eben von Geld abhängig sind, sind wir, wenn wir selbst kein Geld haben, von denen abhängig, die Geld haben, da sie uns Geld geben im Austausch gegen unsere Dienstleistungen und Produkte, also unsere „Arbeit“. Wir tauschen Zeit und Arbeit gegen Geld, damit wir das Geld wieder gegen Produkte und Dienstleistungen austauschen können. So simpel es ist, so schwer ist es, diesen Kreislauf auch perfekt zu managen. Und du verurteilst jemanden, der Geld hat, weil er dadurch Macht besitzt, schenkst ihm aber erst dadurch Macht, indem du dich ihm unterordnest beziehungsweise sein Geld möchtest: Du bettelst nach einer Arbeitsstelle, um dein tägliches Brot zu verdienen, und bietest deinem Chef deine Arbeitsleistung im Tausch gegen Geld an.

Hier gibt es also nur zwei logische Auswege:

1) Sei unabhängig vom Geld!
2) Verdiene genug Geld und sei unabhängig!

Zu 1): Darüber sprachen wir bereits. Wenn du das bist, sein willst oder sein kannst, bist du sicherlich ein sehr glücklicher und ausgeglichener Mensch. Das ist super! Und ich möchte mit dir hier keinen Glaubenskrieg beginnen, da du sicherlich eine ganz eigene und logische Haltung dazu hast. Ich denke jedoch, dass du die Ausnahme bist.

Zu 2) Hier beginnt deine Reise. Lies bitte weiter, damit wir gemeinsam so weit kommen, dass du genug Geld verdienst, so auch mehr „Macht" bekommst und dadurch von anderen Mächtigen unabhängig bist.

Siehst du?! Dieses Macht-Gehabe ist wieder ein Gedankenkonstrukt, eine Illusion, die wir uns aufgerufen haben, weil wir uns in diese Situation versetzen, indem wir uns selbst extrem eingrenzen und unterschätzen, es Komfortzone nennen und lieber andere verurteilen. Verdiene doch einfach genug Geld, damit du nicht von einem Arbeitgeber abhängig bist oder du deine Zeit gegen Geld eintauschen musst. Und ja, es ist einfach, nur halt eben ungewohnt. Da es ungewohnt ist, kann es auch unbequem sein. Im Prinzip aber genau das Gleiche, was du jetzt auch machst. Du arbeitest nur dann halt eben für dich und deine Ziele, als für jemand anderen, um dadurch wieder abhängig zu sein.

Wir drängen uns selbst in diese Position, abhängig zu sein. Wir nehmen sie selbst an und beschweren uns dann darüber. Mach dich doch komplett frei von Geld. Wenn du einsiehst, dass das nicht geht, und dieser Meinung bin ich auch, dann mach dich finanziell frei. Diese beiden Möglichkeiten hast du. Machbar sind beide. Ich denke, logischer ist die zweite.

Warum du dein Geld falsch verdienst

Das lässt sich ganz einfach auf den Punkt bringen: Weil du entweder Zeit gegen Geld tauschst, für deine Zeit zu wenig Geld bekommst oder das Geld, was du für deine Zeit bekommst, nicht sinnvoll in weiteres Geld umwandelst.

Der Durchschnittsbürger beziehungsweise die Durchschnittsbürgerin lebt in einer Abhängigkeit, und zwar in einer dauerhaften Abhängigkeit. Das beginnt schon bei seiner Arbeit. Sie/er ist Angestellte/r in einem Unternehmen, hat einen Arbeitsvertrag unterschrieben, und verpflichtet sich, eine Anzahl an Stunden oder ein bestimmtes Projekt abzuleisten und im Tausch zu seinen Dienstleistungen Geld zu erhalten. Das klingt soweit nach einem fairen Deal. Ist es auch, wenn du ausreichend für deine Tätigkeit vergütet wirst. Was bedeutet jedoch ausreichend? Ausreichend bedeutet, dass du deiner Arbeit adäquat entlohnt wirst, also den Mehrwert, den du schaffst, durch deine Tätigkeit auch entsprechend vergütet bekommst. Hier haben wir also schon zwei Stellfaktoren: Den Mehrwert, den du leistest, und die Entlohnung, die an diesen Mehrwert angepasst sein sollte. Nach einfacher, zugrunde liegender Kausalität sollte das bedeuten:

Leistest du bessere Arbeit, wirst du besser bezahlt, oder leistest du mehr Arbeit, wirst du mehr bezahlt. Die Gleichung klingt logisch und sinnvoll. Betrachtet man das Ganze etwas genauer, so lässt sich jedoch feststellen, dass der Mehrwert teilweise subjektiv und teilweise objektiv gemessen werden kann. Die subjektive Wahrnehmung wird dadurch bestimmt, was die oder der Einzelne an Wert in deiner Arbeit erkennt. Das kann von Person zu Person unterschiedlich sein, da dem Wert andere Parameter zugeordnet werden. Für den oder die eine/n ist deine Kommunikationsfähigkeit und der Mitarbeiterkontakt wichtig, andere beschränken sich rein auf den effektiven Umsatz, den du bewirkst. Das bringt uns auch direkt zum objektiven Punkt: Deine Arbeitsleistung und dein Mehrwert kann je nach Aufgabenfeld von dir auch direkt in Umsatz umgemünzt werden. Bedeutet also: Wenn du im Vertrieb tätig bist, kann dein Mehrwert, der erkannt wird, vielleicht auch nur von deinen Umsätzen abhängen, die du generierst. Ob das sinnvoll und fair ist, ist eine andere Frage. Es ist jedoch eine Möglichkeit, deinen Mehrwert mit praktischen Zahlen zu verifizieren.

Anhand des Wertes, den du in das Unternehmen bringst, bezahlt zu werden, ist jedoch nicht immer die Regel. Bei Arbeitsverträgen läuft es häufig so, dass du einen Pauschallohn für eine pauschale Anzahl an Stunden erhältst. Bedeutet also, dass du nicht mehr verdienst, wenn du mehr arbeitest (Überstunden können bezahlt werden, werden jedoch häufig geleistet ohne zusätzliche Entlohnung, um den Chef oder die Chefin zufriedenzustellen und seinen vermeintlich sicheren Job vermeintlich noch einmal mehr zu sichern), oder auch nicht besser bezahlt wirst, wenn du bessere Arbeit leistest. Bei letzterem spielt die Beförderung noch eine Rolle: Je länger du bessere Arbeit ablieferst, desto höher liegen in der Regel deine Chancen, eine Beförderung zu erhalten. Du siehst, dass es nicht so trivial ist, in einem Angestelltenverhältnis einfach mal mehr verdienen zu können. Und wahrscheinlich entspricht das eben auch deiner Erfahrung. Aus diesem Grund müssen wir schauen, wie wir das ändern können.

Du weißt durch deine eigenen Erfahrungen sicherlich sehr gut, wie gut dir dieses Konstrukt ermöglicht, mehr Geld zu verdienen. Oder, wenn du noch nicht in diesem Hamsterrad gefangen bist, kannst du es dir sicherlich sehr gut vorstellen. Die Möglichkeiten sind sehr gering, da sie eben nicht rein von dir abhängen. Natürlich kannst du versuchen, wirklich das Beste aus dir herauszuholen. Dieser Wert muss jedoch von deinen Vorgesetzten erkannt werden, dann muss das Budget vorhanden sein, die Position für dich frei sein und so weiter...

Letztendlich hast du nur dann einen wirklich größeren Vorteil, wenn du eine besser bezahlte Position bekleidest. Wenn das der Fall sein kann und sich dir diese Möglichkeit hypothetisch bieten wird, dann lohnt es sich sicherlich, viel Zeit und Mühe in die Arbeit zu stecken. Auch als Angestellter kannst du so sehr gutes Geld verdienen. Je nach Branche passiert das bereits früher oder eben erst später. Nichtsdestotrotz ist es teilweise echt schwer, in einem Angestelltenverhältnis mehr Geld zu verdienen, ohne eine höhere Position in der Hierarchie zu erklimmen.

Verstehe mich nicht falsch: Es kann definitiv sinnvoll sein, sich in die Wertschöpfungskette von Unternehmen einzubringen, ob groß oder klein, um einen Mehrwert für potentielle Stakeholder oder Shareholder zu schaffen. Deine Weiterentwicklung, deine persönliche Entfaltung oder eine finanziell positive Auswirkung auf dein Leben wird es jedoch nicht unbedingt haben. Sicherlich kann es schön sein, Autotüren an die Karosserie zu schrauben, damit die Endverbraucher ein vollständiges Auto erwerben können. Die Frage ist eben nur, ob du und deine Bedürfnisse dort nicht auf der Strecke bleiben...

Ein solches Arbeitsverhältnis, wie es vom Durchschnittsbürger eingegangen wird, ist dann auch der Grund, warum das monatliche Gehalt gedeckelt ist. Wenn du dich in einem solchen befindest, ist es für dich schwer, „einfach so" mehr Geld durch mehr Arbeit zu erlangen. Es ist nur dann möglich, wenn das Mehr an Arbeit auch eine bessere Bezahlung durch beispielsweise einen besseren Job oder eine höhere Tarifstufe bedeutet. Aber genau, weil es eben durch Arbeits- und Tarifverträge gedeckelt ist, wirst du nicht einfach so mehr Geld verdienen können. Und deswegen empfehlen dir auch die Finanzexperten aus der ganzen Welt, dein eigenes Business zu machen, weil du hier kein gedeckeltes Einkommen hast, du für dich arbeitest und eben auch mit einem Mehr auch ein Mehr an Geld entwickeln kannst. Darauf gehe ich an späterer Stelle noch einmal ein.

Diese Tatsache führt dann auch zu einem weiteren Fakt, dass du, um finanziell wirklich weiter voranzukommen, deine Zeit gegen mehr Geld tauschen solltest. Das geht aber eben nur dann, wenn dein Geldgeber, in der Regel deine Chefin oder dein Chef, dass auch so sieht. In Tarifklassen ist das dann nochmal eine andere Geschichte. Bedeutet also: Wenn du für deine Zeit mehr Geld bekommen möchtest, solltest du schauen, unter welchen Umständen du genau das erreichen kannst. Da können mögliche Faktoren sein: Arbeitgeber, Arbeitsort, Verantwortungsbereich, Arbeitsleistung etc. Du weißt wahrscheinlich am besten, welche Dinge du tun musst oder solltest, um einen dieser Faktoren auf den gewünschten Level zu bringen. Um mehr Geld für die gleiche Zeit in einem Arbeitsverhältnis zu verdienen, musst du die Änderung dieser Faktoren in Betracht ziehen. Ich möchte dich hiermit also auffordern, dass du dir einmal eine genaue Übersicht über deine derzeitige Angestelltensituation verschaffst, und schaust, wie du es schaffen kannst, mehr Geld zu verdienen.

Unter Umständen kann es auch Sinn machen, das Berufsbild zu wechseln. Leichter gesagt als getan, doch häufig bieten sich Quereinsteiger als interessante Komponente in verschiedenen Berufsbranchen an. Du kannst auch als Naturwissenschaftler in einer Beratungsagentur arbeiten, da es hier durchaus wichtig sein kann, beispielsweise ein Chemieunternehmen kompetent zu beraten und dabei einige naturwissenschaftliche Prozesse zu verstehen, um Abläufe, Kundenaufträge etc. besser nachvollziehen zu können. Fachspezialisten sind branchenübergreifend in wichtige Schlüsselprozesse eingebunden. Es schadet nicht, sich einfach mal im Internet umzusehen, welche Positionen ausgeschrieben sind, und welche Berufsbilder letztendlich vorstellbar sind. Zwar kostet es Zeit und Arbeit, dann schließlich auch die Bewerbung abzuschicken, im schlimmsten Fall kriegst du dann jedoch einen wohlmöglich besser bezahlten Job an die Hand. Versuchs doch einfach mal!

Wenn du in dieser Abhängigkeit bleibst, wird sich dein Hamsterrad dennoch immer weiterdrehen, da du monatlich deinem Geld hinterherläufst, um deine Rechnungen zu bedienen und so weiter. Diese erfordern wiederum, dass du Geld verdienst, um sie decken zu können. Da sie auch eine gewisse Laufzeit haben, fordern sie dich, über längeren Zeitraum diesen Pflichten nachzukommen. Mit der Zeit lösen sich einige dieser Verbindlichkeiten mit neuen ab. Das Rad dreht sich und dreht sich und dreht sich...

Wenn das nicht geht oder dir keinen bedeutenden Vorteil verschafft, musst du eben nehmen, was du kriegen kannst. Nimm das Beste, wenn du auch dein Bestes gibst. Natürlich kannst du dir jedoch auch in einem recht einfachen und bescheidenen Arbeitsverhältnis einen gewissen Wohlstand aufbauen. Das dauert länger und verlangt etwas mehr Bescheidenheit, doch funktioniert ebenfalls. Wie das geht, erfährst du jetzt...

Wohlstand aufbauen mit einem mickrigen Monatslohn

Zugegeben, diese Überschrift ist ziemlich provokant, soll jedoch das Bild beschreiben, das die meisten Menschen dort draußen als Eindruck von ihrem monatlichen Gehalt haben: Am Ende des Monats bleibt kein Geld mehr übrig beziehungsweise ist kaum bis nichts mehr vom Gehalt da. Wie ein schöner Spruch besagt:

Am Ende des Geldes bleibt noch so viel Monat übrig.

Das liegt hauptsächlich an zwei Gründen:

1) Du verdienst zu wenig. Und darüber sprachen wir bereits vorher. Es gibt Möglichkeiten, mehr Geld mit deiner jetzigen Tätigkeit und deinem aktuellen Job zu verdienen, aber die liegen teilweise nicht in deiner Hand und können daher nur über weitere Faktoren bestimmt werden, auf die du eben nur begrenzt Einfluss nehmen kannst.

2) Du gibst zu viel Geld aus. Bedeutet, dass du von dem, was du monatlich durch dein Gehalt in die Kassen bekommst, zu viel verschwendest. Und ich wähle bewusst das Wort „verschwenden". Denn du gibst mit Sicherheit zu viel Geld für Dinge aus, die du eigentlich gar nicht benötigst. Zumindest nicht dringend. Sicher, eine Miete sollte man bezahlen können und das Essen und Trinken auch. Doch welche Kosten entstehen darüber hinaus? Handykosten, Autokosten, vielleicht Finanzierungskosten von anderen Gegenständen wie Möbel oder Elektronikgeräte. Natürlich sind das Dinge, auf die man nur ungern verzichten will. Das sind aber auch Dinge, die jeden Monat dein Gehalt zu einem großen Teil auffressen. Das sind die sogenannten, bösen Konsumschulden. Darauf gehe ich im nächsten Kapitel ein und sage dir, warum du keinen Wohlstand aufbauen kannst, wenn du nicht deine Denkweise darüber änderst.

Beides führt letztendlich dazu, dass du am Ende des Monats kein Geld mehr übrighast, um es zu sparen, anzulegen, oder zu investieren. Wenn am Ende kein Geld da ist, um damit etwas Sinnvolles anzufangen, wirst du deinen neuen Monat genauso beginnen wie du den alten beendet hast. Nämlich ohne finanzielle Mittel. Du wirst das neue Jahr beginnen, wie du das alte beendet hast. Du wirst so weiterleben, wie du bisher gelebt hast. Ist das erstrebenswert? Willst du das? Und willst du das wirklich? Also so richtig? Hast du keine anderen Ziele oder Wünsche? Wenn nicht, dann solltest du deine Zeit nicht mit diesem Buch verschwenden und in deinen Alltag zurückgehen, weil du einfach glücklich und zufrieden bist mit dem, wie du lebst. Und, ich wiederhole mich, das ist in Ordnung, wenn es denn so ist. Wenn du jedoch noch unerfüllte Ziele und Wünsche hast, irgendwo dort in deinem Herzen, tief drin, dann bitte, lies noch ein wenig weiter, weil dann werde ich dir zeigen, wie du genau das erreichen wirst! Es passiert nicht von allein. Das sollte dir von Anfang an bewusst sein. Aber es wird passieren, wenn du es richtig angehst. Wir sollten erst einmal klären, warum du am Ende des Monats kein Geld mehr zum Sparen übrighast.

Konsumschulden sind keine Ehrenschulden!

Konsumschulden sind jene wiederkehrenden Ausgaben, die dem Konsum unterliegen, also solche, die du für deinen Handyvertrag, den Kredit für dein Mobiltelefon, einen Fernseher oder ähnliches aufbringen musst. Glaube mir, ich weiß wovon ich rede. Sicherlich denkst du jetzt: Aber ich brauche doch ein Handy! Darüber kann man wohl nicht streiten, gerade in unserer heutigen Gesellschaft. Da stimme ich dir überwiegend zu. Nichtsdestotrotz solltest du dir kurz dein Handy in die Hand nehmen und schauen, ob es genau dieses Handy sein muss?! Hätte es nicht auch ein günstigeres getan? Klar ist dein jetziges cooler, hat mehr Funktionen, eine bessere Kamera und ist schneller, aber es kostet dich halt auch mehr. Wenn nicht monatlich, dann doch durch den Wertverlust durch jede Benutzung. Hast du an die Kosten gedacht, die bei einer Reparatur deines Handys anfallen können? Hast du das Geld dazu auf der Seite liegen?

Bitte verstehe mich nicht falsch: Ich möchte dir damit nicht sagen, dass du kein Handy besitzen sollst oder dein jetziges besser sofort verkaufst. Darum geht es mir ganz und gar nicht. Ich möchte dich lediglich für ein paar Dinge sensibilisieren und dir eine andere Sichtweise präsentieren. Ich selbst liebe Technik und bin der erste, der eine neue Innovation sofort haben möchte, doch weiß ich auch, dass das unvernünftig ist, und deswegen lasse ich es. Ich lasse es nicht für ewig, aber meine Prioritäten liegen anders. Sie liegen nicht darauf, einen teuren Handyvertrag abzuschließen, um ein Handy zum Preis eines gebrauchten Kleinwagens in der Tasche zu haben. Die Priorität liegt darauf, im Jetzt zu sparen und mit seinem Geld klug zu haushalten, um später, ohne darüber nachdenken zu müssen, ein solches Handy direkt kaufen zu können. Die Aussage, die ich damit treffe möchte, ist die: Du entscheidest dich dafür, ein Handy oder andere Dinge zu finanzieren, die dich einiges kosten und vor allem, für die du nun auch monatlich arbeiten gehen musst, um die monatliche Rate bedienen zu können. Dort setzt du deine Prioritäten. Dann beschwerst du dich jedoch, dass du am Ende des Monats kein Geld mehr übrighast. Verstehst du, in welchen Teufelskreis du dich damit begibst? Das funktioniert schlicht und einfach so nicht. Du musst wohl bereit sein, ein paar Jahre mit einem günstigeren Handy klarzukommen und nicht das neuste und teuerste Modell auszuwählen. Das ermöglicht dir, dass du am Ende des Monats ein wenig Geld übrighast, um dir etwas Geld anzusparen. Das wird deinen Wohlstand finanzieren, glaube mir. Schon kleine Summen monatlich reichen aus, um über Jahre, von ganz allein, ein beachtliches Kapital aufzubauen. Und von diesem kannst du dann für den Rest deines Lebens sorgen. Du musst es dir doch wert sein, dich etwas im Verzicht zu üben, um nicht dein gesamtes Leben lang von der Hand in den Mund zu leben. Verstehst du, was ich dir damit sagen möchte? Du kaufst dir sehr teure Dinge, schlimmer noch finanzierst sie über Monate, um dir dann einen monatlichen Betrag aufzubürden, den du bedienen musst. Du gehst also nur arbeiten, um deine wiederkehrenden Kosten decken zu können. Und du hast Angst und weißt nicht, wie du die Kosten decken sollst, wenn du deinen Job unglücklicherweise verlieren würdest. Mit jeder Finanzierung in deiner aktuellen Situation erhöhst du deinen Druck und deine monatliche Belastung. Sie zwingt dich in das Hamsterrad und es dreht sich immer und immer schneller. Du verstärkst dadurch deine Abhängigkeit von der Abhängigkeit.

Es ist immer unangenehm, Rückschritte zu machen, das ist klar, aber ist es dir das nicht ansatzweise wert? Ist es dir das nicht wert, um jeden Monat ein paar Euro zu sparen, die du vernünftig anlegen kannst (und damit meine ich wirklich vernünftig – darauf komme ich später zu sprechen- um dir Wohlstand aufzubauen und deine Ziele und Träume zu verwirklichen? Sind es dir deine Ziele nicht wert? Warum hast du sie dann? Willst du dein ganzes Leben träumen, und Tag ein Tag aus denselben Mist zu machen, um dann unglücklich von Jahr zu Jahr zu gehen und nichts in deinem Leben zu ändern? Das ist Murks, wirklich. Entweder bist du dir nicht wichtig genug oder du belügst dich selbst. Ein IPhone 8 ist dir gerade lieber als später deiner Familie ein unabhängiges und freies Leben zu ermöglichen, und nicht nur eine Woche Urlaub an der Mosel machen zu können, sondern auch andere, für dich spannende Orte und Kulturen zu entdecken? Du denkst ich übertreibe? Wirklich? Dann schau dir mal bitte an, was der Zinseszinseffekt ist und was dieser aus 1 000 Euro in 10 Jahren bei einer jährlichen Rendite von realistischen acht Prozent macht. Er verdoppelt dein Kapital, mehr sogar noch. Nach 10 Jahren erhältst du aus 1 000 Euro bei einer jährlichen Rendite von acht Prozent ungefähr 2 160 Euro. Das schenkt dir noch kein sorgenfreies Leben, das ist richtig. Aber stell dir mal vor, du schaffst es, sogar noch mehr zu sparen. Stell dir vor, du schaffst es, 10 000 Euro im Jahr zu sparen. Jedes Jahr. Siehst du, wo das Ganze für dich hinführen kann? Unterschätze nicht, was kleine Beträge monatlich ausmachen, um nach ein paar Jahren ein bedeutsames Kapital anzuhäufen. Es kostet dich nicht viel, jeden Monat auf ein paar Dinge zu verzichten. Aber es kostet dich viel, dein ganzes Leben lang auf deine Wünsche und Ziele zu verzichten...

Mach bitte sofort eine Liste, und dass meine ich vollkommen ernst! Bitte hole dir jetzt einen Stift und Papier, um dir jetzt die wichtigsten Punkte aufzuschreiben. Ich fange jetzt nicht an, die psychologischen Aspekte aufzuzählen, warum es wichtig ist, seine Gedanken und Punkte wirklich aufzuschreiben...

Also, schreib bitte auf, was du dir in den letzten 12 Monaten gekauft hast, finanziert hast etc. und was nicht besonders relevant für dein tägliches Leben ist. Natürlich musst du hier streng und ehrlich mit dir sein, da du dir sonst alles plausibilisieren kannst. Einige typische Beispiele: Handy, Fernseher, Klamotten, Küchengeräte, Kameras...

... okay, ich hoffe, du hast dir nun fünf Dinge aufgeschrieben. Wenn du keine fünf Dinge aufgeschrieben hast, dann solltest du dich wirklich ernsthaft fragen, ob du auch wirklich ehrlich zu dir warst und dir nicht einige Dinge selbst schöngeredet oder vor dir gerechtfertigt hast. Ich rede hier von Dingen, wo es durchaus auch eine günstigere Version getan hätte oder du komplett hättest verzichten können.

Wenn du keine fünf Dinge gefunden hast und durchaus ehrlich und kritisch warst, spricht das definitiv positiv für dein Sparverhalten.

Und jetzt, schreib dir bitte fünf Gründe auf, warum du das Geld hättest sparen sollen. Was sind deine Ziele? Was möchtest du unbedingt mal machen oder erreichen? Wohin möchtest du unbedingt reisen? Wo möchtest du unbedingt Leben? Was willst du unbedingt deinen Kindern (später) ermöglichen können?

Schreibe es hier auf:

Warum das wichtig ist, dass du die Dinge aufschreibst? Weil es zum einen wichtig ist, sich darüber einmal wirklich ausgiebig Gedanken zu machen und weil du sehen sollst, in welchen Zusammenhängen deine Ausgaben mit deinen Zielen und deinem Sparpotential stehen. Sicherlich wirst du nicht deinen Kindern ein finanziell freies Leben schenken können, wenn du heute auf deine E-Zigarette verzichtest. Doch sei dir bewusst, dass jede Millionen Euro mit einem einzelnen Euro anfängt. Sei dir bewusst, dass jeder konsumverschuldete Euro dich weiter weg von deinen Zielen und Träumen bringt. Sei dir bewusst, dass du keine 100 000 Euro ansparen kannst, wenn du nicht bereit bist, monatlich 10 Euro zu sparen. Mit dem Sparen ist es wie mit allen anderen Dingen auf dieser Welt: Anzufangen ist schwer, aber der erste Schritt muss gemacht werden, um voranzukommen.

Sei es dir wert und schraube deine Ansprüche für einige Dinge zumindest für eine Zeit lang zurück. Egal ob Auto, Handy, TV, Sofa oder Urlaub: Es muss in deiner Situation nicht immer das Teuerste sein. Je mehr du heute sparst, desto mehr hast du später zur Verfügung. Es sind kleine Dinge jeden Tag, die in einigen Monaten und Jahren große Dinge bewirken.

Du gibst zu viel Geld für Dinge aus, die dich kurzzeitig erfreuen, dich aber kein Stück in deinem Leben weiterbringen. Versuche doch, deine Konsumausgaben täglich, wöchentlich, monatlich und somit jährlich ein wenig zu reduzieren. Nicht auf null. Das ist nicht nötig. Ein gewisser Komfort oder auch Sicherheit sollte nie unter Sparkonsequenzen leiden, aber bitte, gib nicht mehr als nötig aus, denn das sind die Kosten, die entstehen, für die du sonst dein ganzes Leben arbeiten gehst. Du suchst es dir aus: Entweder arbeitest du dein Leben lang für Geld, oder das Geld arbeitet ein Leben lang für dich. Es ist keine einfache Entscheidung, weil die Vorstellung, dass wir Geld für uns arbeiten lassen, so weit von uns entfernt zu sein scheint, dass wir gar nicht daran glauben. Das liegt jedoch daran, dass wir den Umgang mit Geld völlig falsch kennengelernt haben, weil wir in Umständen aufgewachsen sind, die uns in das Hamsterrad zwingen. Gewohnheiten abzulegen ist nie angenehm. Aber du siehst, wo dich deine Gewohnheiten hingebracht haben und dich nun gefangen halten. Daher ist es durchaus sinnvoll, an diesen Gewohnheiten zu schrauben, um neue Perspektiven zu entdecken.

Jede Entscheidung, die du triffst, sollte bewusst geschehen. Wir sprechen an späterer Stelle noch einmal darüber, wie du es schaffst, auch unterbewusst die richtigen Entscheidungen zu treffen. Dafür gibt es ein paar Werkzeuge, auf die wir noch zurückkommen. Es führt aber kein

Weg daran vorbei, ein Bewusstsein aufzubauen für deine Entscheidungen. Und dieses Bewusstsein erhältst du, indem du Entscheidungen überdenkst und dann eine für dich logische und sinnvolle Entscheidung triffst in Hinblick auf deine Werte, Vorstellungen und Ziele. Auch hier Bedarf es etwas Training, diesen Prozess zu wiederholen. Irgendwann schaffst du es dann, eine Art Automatismus zu entwickeln, aber darauf kommen wir späte

Warum ist es denn so wichtig, heute zu verzichten, um morgen von diesem Gesparten zu profitieren? Der Clou an der Sache ist: Wenn du das Geld, was du aktuell monatlich durch deine Konsumausgaben ausgibst, sinnvoll anlegst und sparst, wirst du in wenigen Jahren in der Lage sein, dir etwas größeres und besseres zu leisten, und trotzdem immer noch mehr Geld zu haben, als du heute ausgegeben hättest. Das ist kein oberflächliches Gelaber, dass ist pure Mathematik. Natürlich müssen wir nun auch noch darüber sprechen, wie du dein Geld sinnvoll anlegst, wie du die Renditen erhältst und welche Möglichkeiten es gibt, auch mal die richtigen Blockbuster zu finden.

Welche Geldeinnahmequellen gibt es und welche sind sinnvoll für dich?

Geld kann aus sehr vielen Quellen in deine Tasche fließen. Einige sind leichter zugänglich, daher bieten sie auch meist nicht so viel Geld im Austausch, und einige erfordern mehr Zeit, Energie, oder sogar eine vorherige Investition. Das klingt allein schon beim Lesen sehr unbequem. Ist es in aller Regel dann häufig auch, jedoch bieten diese Arten von Einnahmequellen den größten Ertrag.

Grundsätzlich wird zwischen aktiven und die passiven Einnahmen unterschieden. Aktive sind diejenigen, für die du aktiv etwas im Austausch anbietest: Also entweder deine Zeit, deine Arbeit oder andere Dinge. Ein Beispiel dafür ist die allseits bekannte Arbeitnehmertätigkeit. Hier tauschst du deine Arbeitszeit und deine Arbeitsleistung gegen einen monatlichen Lohn ein.

Passive Einnahmequellen sind diejenigen, die dir regelmäßig einen gewissen Betrag abwerfen, ohne dass du aktiv etwas dafür tun musst. Das können zum Beispiel Mieteinnahmen aus einer Wohnimmobilie sein. Die Immobilie wirft dir regelmäßig einen Betrag ab, für den du aktiv nichts (oder sehr wenig) an Zeit und Arbeit investieren musst.

Wenn du beides miteinander vergleichst, wirst du sicherlich sagen, dass die passiven Einnahmen durchaus bequemer und angenehmer sind.

Ich möchte gerne auch noch zwischen skalierbaren und nicht skalierbaren Einnahmen unterscheiden. Die machen noch einen wichtigen Unterschied für die Höhe deines regelmäßigen Einkommens.

Skalierbar sind solche Einnahmen, die, theoretisch gesehen, unendlich groß werden können, da sie nicht im Zusammenhang mit begrenzten Ressourcen oder Kapazitäten stehen. Bedeutet also: Wenn du online durch deine Internetpräsenz eine Schulung verkaufst, so ist sie elektronisch nahezu unendlich vervielfachbar. Sie kann auf der ganzen Welt verkauft werden, vorausgesetzt natürlich, die Sprachbarriere ist kein Hindernis. Dadurch kannst du mit nur einem Produkt nahezu unendlich hohe Einnahmen generieren (theoretisch). Natürlich werden sich die meisten Menschen nur einmal deine Schulung kaufen. Wenn jeder Mensch auf der Welt jedoch deine Schulung besitzt, dann sollten dabei auch genügend große Einnahmen herumgekommen sein.

Nicht-skalierbare Einnahmen sind dann wiederum solche, die auf begrenzte Kapazitäten oder Ressourcen stoßen. So sind deine Arbeitnehmertätigkeit oder auch Selbstständigkeit nicht skalierbar, denn um mehr Geld zu verdienen, müsstest du mehr Arbeiten. Leider hat der Tag immer noch nicht mehr als 24 Stunden. Mehr als 24 Stunden pro Tag arbeiten geht eben nicht.

Als letztes unterscheiden wir noch einmalige Einnahmen und wiederkehrende Einnahmen. Einmalig sind sie dann, wenn du einmal auf der Hochzeit deiner besten Freundin oder deines besten Freundes kellnerst und du anschließend einmal dafür entlohnt wirst. Wiederkehrende Einnahmen entstehen, wenn du für deine Leistungen in regelmäßigen Abständen immer wieder dafür entlohnt wirst, wie beispielsweise deine Arbeit, bei der du regelmäßig Arbeit gegen Geld tauschst.

Das Fazit für dich sollte nun die Antwort auf folgende Frage ergeben: Welche Einnahmequellen zapfst du gerade an und welche willst du im Idealfall besitzen? Hast du eine zwar wiederkehrende, aber aktive und nicht-skalierbare Einnahmequelle? Dann ist der wiederkehrende Faktor immerhin gut. Hast du eine einmalige, nicht-skalierbare und aktive Einnahmequelle? Dann solltest du dringend etwas ändern. Was erscheint für dich nun die beste Lösung zu sein? Ich nutze nun einmal meine hellseherischen Fähigkeiten und vermute, dass du eine skalierbare, wiederkehrende und passive Einnahmequelle bevorzugst. Oder gleich mehrere davon. Stimmt´s?

Du hast gerade schon etwas nicht Unwesentliches gelernt: Neben dem Faktor, wie viel Geld monatlich hereinkommt, ist es ebenso wichtig, woher und wie dein Geld hereinkommt. Das scheint häufig nur in zweiter Hinsicht relevant zu sein, denn schließlich beschwerst du dich ja nicht, wenn regelmäßig große Beträge hereinkommen, zumindest für eine gewisse Zeit. Das stimmt auch, dennoch limitieren dich diese Faktoren, wenn sie von der oben erwähnten idealen Vorstellung abweichen.

Warum? Ganz einfach: Sie verschwenden zu viel deiner wertvollen Zeit. Denn es kann durchaus Sinn machen, eine zwar mengenmäßig kleinere Einnahme durch ein skalierbares und passives und wiederkehrendes Geschäft einzunehmen, als größere Beträge durch aktive Einnahmen zu erwerben. Denn wenn du passives Einkommen generierst, hast du die Zeit, die du im Gegensatz zur aktiven Arbeit sparst, wieder zur Verfügung, um dir eine zweite passive Einnahmequelle aufzubauen. Dadurch kannst du dann die zweite passive Quelle generieren, wonach du dann wieder die dritte aufbaust und so weiter und sofort...

Klar, das klingt hier viel einfacher als es ist. Du siehst jedoch, dass der Output dort um ein Vielfaches größer ist als bei anderen Einnahmequellen, weil du immer den entscheidenden Faktor „Zeit" für dich gewinnst, wodurch du wieder produktiver sein kannst. Das Ganze muss nicht dort gipfeln, dass du nur noch arbeitest und eine passive Einnahmequelle nach der anderen generierst. Lediglich so viele oder so große, dass sie dir das abwerfen, was du zum Leben haben möchtest. Nicht brauchst, möchtest!

Menschen haben die unterschiedlichsten Voraussetzungen, für alles im Leben. Viele Dinge unterscheiden uns und lassen uns Dinge leichter oder schwerer fallen, von uns ausgehend oder von der Außenwelt beeinflusst. Doch eines haben wir Menschen alle gleich zur Verfügung: die Zeit! Jeder Mensch, egal ob Steve Jobs, Jeff Bezos oder Bill Gates, haben dieselben 24 Stunden am Tag, wie du sie hast. Kein Mensch hat mehr Stunden pro Tag zur Verfügung als du. Es kommt also nur darauf an, wie du diese Zeit nutzt. Und das ist das Entscheidende!

Deine Situation und warum du aktuell zu wenig Geld hast

Das kann eigentlich nur an zwei Gründen liegen: Entweder du verdienst zu wenig oder du gibst zu viel aus. Wenn beides der Fall ist, solltest du dir ernsthaft Gedanken über deinen Lifestyle machen. Wahrscheinlich ist das nämlich der Fall, denn sonst hättest du erst gar nicht die Lektüre dieses Buches in Erwägung gezogen. Zwei Dinge lassen sich dann meist auch sehr einfach behaupten: Zum einen verdienst du zu wenig, und wenn du die Wahl hättest, dann würdest du auch mehr verdienen wollen. So einfach ist das ja aber auch nicht. Und Punkt 2: Du bist meist der Überzeugung, dass du das, was du monatlich ausgibst, auch definitiv zum Leben brauchst. Auch das ist eben nicht so einfach gesagt.

Über Punkt 1 haben wir bereits etwas gesprochen. Wir werden zu einem späteren Zeitpunkt genauer darauf eingehen. Wir sollten uns Punkt 2 nun an dieser Stelle genauer ansehen.

Du gibst zu viel Geld aus! Und auch wenn du gerade nicht der Überzeugung bist, werden wir am Ende dieses Kapitels sehen, dass ich doch recht habe. Das Ganze ist und bleibt nämlich Auslegungssache. Daher legst du es so aus, als würdest du lediglich für das Mindeste Geld ausgeben, und ich werde es so auslegen, dass du unnötig Geld ausgibst. Mal schauen, wer am Ende Recht hat. Wahrscheinlich werde ich Recht haben, weil ich es dir eben vor Augen führen will, dass deine Ansicht wirklich ungeeignet ist, wenn du wirklich der Überzeugung bist, dass du nicht zu viel Geld aus dem Fenster wirfst. Nicht falsch, einfach ungeeignet. Wir sprachen bereits über die Ziele und die Bereitschaft, dafür auch Kompromisse eingehen zu müssen. Nun also zu deinen monatlichen Kosten.

Dieser Abschnitt wird etwas interaktiver, denn ich erwarte nun von dir, dass du mitarbeitest. Und auch wenn du denkst, dass es nicht nötig ist, dieses Kapitel aktiv mitzugestalten, bitte ich dich trotzdem inständig darum, das Ganze auch wirklich mitzumachen. Letztendlich geht es hier um deinen Wohlstand und um dein Geld. Daher ist es definitiv sinnvoll, dass du hier und jetzt auch mitmachst. Schließlich hast du ja auch schon in dieses Buch hier investiert. Und das ist das Totschlagargument schlechthin. Also, dann soll es sich nun ja auch richtig lohnen...

Schritt für Schritt zum finanziellen Bewusstsein

Wieviel Geld gibst du monatlich aus? Als grobe Überschlagsrechnung kannst du einmal dein monatliches Netto-Einkommen auf ein weißes Blatt Papier schreiben. Anschließend schreibe bitte auf, welche Summen du in den letzten drei Monaten regelmäßig als Überschuss beiseitelegen bzw. sogar sparen konntest. Die Differenz dieser Beiden sind deine monatlichen Ausgaben.

Dein Ziel soll es sein, deine monatlichen Kosten zu minimieren und deinen Überschuss zu maximieren. Woraus bestehen deine monatlichen Ausgaben? Mach dir bitte eine Liste darüber, was du monatlich ausgibst. An dieser Stelle werde ich deine Ausgaben keinesfalls werten. Es ist jedoch wichtig, dass du deine Ausgaben vollständig aufschreibst, so detailliert wie möglich. Miete, Essen und Trinken, Kino, Auto, Benzin, Versicherung...

Füge nun bitte zwei extra Spalten hinzu, in der du die Wichtigkeit beziehungsweise Dringlichkeit deiner Ausgaben bewerten kannst. Eine Skala von 1 – 10. 1 steht für „nicht so wichtig" respektive „nicht so dringlich" und 10 steht für „sehr wichtig" oder eben „sehr dringlich".

Die Bewertung deiner Ausgaben ist sehr wichtig. Sie zeigt dir, welche Wichtigkeit du deinen Ausgaben beimisst und verrät zugleich, ob und welche Ansicht du vertrittst, um deine Ausgaben gegebenenfalls zu rechtfertigen. Es ist wichtig, dass du ehrlich bei dieser Bewertung bist. Es kommt stark darauf an, welche Notwendigkeit du in deinen Ausgaben siehst. Je ausführlicher die Ausgabenauflistung und je ehrlicher deine Bewertung, desto einfacher, Fortschritte zu erzielen.

Jetzt sollst du bitte deine Liste komplett fertigstellen in aller Ausführlichkeit, bevor wir weitermachen. Bitte versuche, für jede Ausgabe die Wichtigkeit und Dringlichkeit anzugeben, auch wenn es schwer ist beziehungsweise nicht so richtig möglich ist. Es geht hier um weit mehr als nur um eine Zahl, du solltest aber auf jeden Fall versuchen, eine zu finden.

Wichtigkeit bedeutet schließlich, wie wichtig dir etwas ist. Eine hohe Wichtigkeit zeigt, dass du bereitwillig für etwas Geld ausgibst und definitiv einen großen Nutzen darin siehst.

Die Dringlichkeit sagt dir, wie dringend du diese Ausgabe tätigen musst, da sie entweder schon längst überfällig ist oder für dein unmittelbares Weiterkommen extrem relevant ist.

Was sagt dir diese Liste?

Du hast nun weitestgehend alle Ausgaben aufgezählt, die für dich monatlich eine Belastung darstellen. Weiterhin hast du allen Ausgaben, ausnahmslos, eine Wichtigkeit und eine Dringlichkeit beigemessen.

Wir sollten erst einmal damit anfangen, wie leicht es dir gefallen ist, deinen Ausgaben zu evaluieren. Wenn es dir sehr leichtgefallen ist, bedeutet das, dass es eine in deinen Augen sinnvolle Ausgabe ist, die wichtig und oder dringlich ist beziehungsweise war. Daran ist nur anzufechten, ob es (so objektiv wie möglich gesehen) wirklich eine wichtige und/oder dringliche Ausgabe war oder ob ein unterbewusster Rechtfertigungsprozess eingetreten ist. Diese Ausgaben schauen wir uns später an.

Schauen wir uns zunächst einmal die Arten von Ausgaben an, bei denen dir die Bewertung schwergefallen ist. Warum ist dir die Bewertung schwergefallen? Vielleicht, weil du keinen direkten Nutzen siehst oder die Wichtigkeit beziehungsweise Dringlichkeit nicht gegeben war. Oder die Bewertung schien zu abstrakt, sodass eine Bewertung schlichtweg nicht einfach möglich ist.

Schau dir diese Punkte noch einmal ganz genau an. Um welche Art von Ausgaben handelt es sich? Handelt es sich um Ausgaben, die für dich unglaublich wichtig sind? Die du machen musst, um deinen Lebensstandard aufrecht zu erhalten? Oder handelt es sich um Ausgaben, auf die du vielleicht verzichten kannst, oder zumindest nicht regelmäßig tätigen musst?

Häufig handelt es sich bei dieser Art von Ausgaben nämlich um solche, von denen wir keinen Nutzen haben. Daher fällt uns auch die Bewertung sehr schwer. Meistens schleichen sich Ausgaben herein, die wir gar nicht aktiv überdenken und uns am Ende des Monats fragen, warum wir sie getätigt haben. Das sind die Ausgaben, die uns monatlich ganz verwundert aus der Wäsche schauen lassen, warum wir es wieder nicht geschafft haben, einen kleinen Überschuss zu generieren. Bei diesen haben wir nämlich keinen wirklichen sachlichen und auch keinen emotionalen Gegenwert. Sie geschehen einfach und entziehen sich unserer Aufmerksamkeit. Und doch verringern sie unser Kapital, Monat für Monat für Monat.

Es sind häufig kleine Dinge, auf die wir verzichten können, die in der Summe etwas Großes ausmachen. Deswegen solltest du unbedingt schauen, ob du die Ausgaben, bei denen dir eine Bewertung sehr schwergefallen ist, nicht vollends streichen kannst. Geht das nicht, so kannst du schauen, ob du diese Ausgaben nicht minimieren kannst. Brauchst du diesen Vertrag wirklich? Gibt es keinen günstigeren Tarif? Hast du eine Möglichkeit, diesen Vertrag zu beenden? Liest du die Zeitschrift, die du abonnierst, überhaupt? Gibst du aktiv immer wieder dieses Geld aus? Was bedeutet ein Verzicht für dich?

Es sind häufig schlicht und einfach die Gewohnheiten, die uns immer wieder zu solchen unsinnigen Ausgaben treiben. Und wenn du dir aufschreibst, welchen Nutzen du aus diesen Ausgaben ziehst, und dir gleichzeitig einmal aufschreibst, was passiert, wenn du darauf verzichtest, wirst du sehen, dass sich auf einmal ein AHA-Effekt ergeben kann: Der AHA-Effekt, der dir nun die Gewissheit bringt, dass diese Ausgabe unnötig ist und dass du durch den Verzicht darauf keinerlei Einschränkungen erfährst. Das Sparpotential liegt häufig etwas verborgen, in Ausgaben, die wir gar nicht so offensichtlich sehen, aber sich dennoch zahlreich ergeben.

Der zweite Punkt beschreibt die Ausgaben, bei denen du schlagartig eine Wichtigkeit und eine Dringlichkeit erfassen konntest. Wenn Ausgaben wichtig sind, dann solltest du sie tätigen. Wenn Ausgaben dringlich sind, dann musst du sie wahrscheinlich tätigen. Das bedeutet jedoch nicht, dass sie gleichzeitig wichtig sind. Überprüfe also, ob deine dringlichen Ausgaben auch wichtig für dich sind. Es geht nicht darum, ob es wichtig ist, diese nun zu begleichen. Sondern darum, ob die Ausgaben einen wirklichen, realen Nutzen, physisch wie auch emotional, für dich bieten. Eine hohe Dringlichkeit und eine niedrige Wichtigkeit oder andersherum müssen definitiv überprüft werden. Warum ist sie dringlich, wenn nicht wichtig? Hier haben wir das größte Konfliktpotential bei deinen Ausgaben. Wenn beide Zahlen, die der Wichtigkeit und die der Dringlichkeit, zu stark voneinander abweichen, musst du definitiv prüfen, um welche Ausgabe es sich handelt, warum du sie tätigst und ob und vor allem wie du sie verringern oder einstellen kannst.

Wenn die Wichtigkeit und Dringlichkeit kleiner gleich 6 sind, solltest du problemlos darauf verzichten können. Aus keinem anderen Grund hast du sonst eine so niedrige Zahl angesetzt. Bei der Bewertung 7/8 kann man darüber streiten. Hier bildet sich eine Kategorie, bei der du nicht unbedingt auf die Ausgaben verzichten willst oder kannst. Es kann bei diesen also durchaus Sinn machen, die Ausgaben schlicht und einfach zu verringern. Gibt es günstigere Alternativen? Sind diese Ausgaben wirklich zu 100% gerechtfertigt? Diese Fragen kannst und solltest du dir hier stellen.

Ausgaben mit der Bewertung von 9/10 in einer der beiden Spalten sollten erst einmal mit der Bewertung in der zweiten Spalte verglichen werden. Eine zu große Abweichung sollte definitiv genauer überprüft werden, warum sie zustande kommt und ob sich hier Sparpotential ergibt. Wenn beide Kategorien hoch bewertet sind, dann liegt hier das geringste Sparpotential vor, es sei denn, du bewertest sie unrealistisch. Die monatlichen Mietausgaben können schnell als wichtig erachtet werden, sprengen aber deinen kompletten Rahmen. Also beachte auch hier, ob und welches Sparpotential vorliegt.

Ausgaben, die wichtig sind, sind für uns Ausgaben, denen wir emotional oder auch rational gesehen einen großen Nutzen zusprechen. Wir möchten nur ungerne Abstriche machen oder darauf verzichten. Das ist auch in Ordnung, solange es weiter darunterliegende Ausgaben gibt, an denen du ansetzen kannst. Wenn die Luft darunter dünn wird und es keine Ausgaben mehr gibt, bei denen mehr Sparpotential vorhanden ist, dann müssen auch die Ausgaben herangezogen werden, die für uns die Wichtigsten darstellen. Zwar zu allerletzt, aber im Zweifel auch diese. Denn: Sparen muss sein! In jeder Position, in jeder Lebenslage, solltest du sparen. Ohne Sparen baust du keinen Wohlstand auf. Wenn du nicht sparst, wirst du, egal wie hoch dein monatliches Einkommen ist, immer deine Ausgaben so hochhalten, dass du deinen Wohlstand effektiv nicht erhöhen kannst, weil du mit steigenden Einnahmen auch deine Ausgaben erhöhst. Zwar mag dir das einen vermeintlich höheren Lebensstandard bringen, doch bist du dadurch eben genauso abhängig von deinem monatlichen Einkommen wie vorher auch, um die Kosten zu bedienen. Du vergrößerst dadurch lediglich dein Hamsterrad. Mehr Einkommen bedeutet dann für dich mehr Ausgaben, die dich wiederum zwingen, dein

Einkommen vergrößern zu müssen. Diese Abhängigkeit wird dich wahrscheinlich nicht zufrieden und glücklich sein lassen. Denn egal wie gut es dir geht: Wenn du zu etwas gezwungen wirst, worauf du eigentlich keine Lust hast, oder eben abhängig von etwas bist, worauf du nur begrenzt Einfluss hast, wirst du immer von Unsicherheit begleitet werden. Auch wenn du ein sehr gutes monatliches Einkommen in deiner Firma erzielst, so bist du dennoch von der Wirtschaftslage des Unternehmens, deines/deiner Vorgesetzten und weiteren Faktoren sehr stark abhängig. Und wenn du glaubst, dass ein Angestelltenverhältnis sicher ist, dann solltest du dich mal mit den Entlassungswellen von größeren Unternehmen beschäftigen, wenn diese ihre prognostizierten Zielzahlen nicht erreichen.

Was sagen deine Ausgaben über dich und dein Konsumverhalten aus?

Du musst irgendwo ein Dach über dem Kopf haben. Aber zahlst du vielleicht zu viel Miete? Könntest du nicht auch, wenn auch nur für eine gewisse Zeit, mit einer kleineren Wohnung zurechtkommen? Für deine Träume? Ist es dir das nicht wert? Schaue bitte jetzt direkt nach, wie teuer deine Miete pro Quadratmeter Fläche ist und vergleiche diese mit dem durchschnittlichen Mietpreis pro Quadratmeter in deiner Region. Gibt es Wohnungen, die für dich ausreichend groß und vielleicht sogar noch günstiger sind? Was spricht dagegen? Klar kostet ein Umzug auch immer Geld. Wenn du aber monatlich 70 Euro Miete sparen kannst durch die neue Wohnung, und dich der Umzug 400 Euro kostet, dann hast du den Umzug nach 6 Monaten wieder drin. Danach sparst du bares Geld!

Wie hoch sind deine Nebenkosten? Häufig macht es Sinn, den Stromanbieter oder den Telefonanbieter regelmäßig zu wechseln, da einige Anbieter sehr attraktive Neukundenrabatte anbieten. Es schadet nicht, spätestens alle zwei Jahre zu wechseln. Welche Heizung nutzt du? Hast du eine Nachtspeicher-Heizung oder eine andere sehr kostenintensive Heizungsanlage in deinem Haus? Welche Energieeffizienz liegt vor? Natürlich sind all dies Dinge, mit denen man sich nicht unbedingt gerne beschäftigt. Aber sind dir deine Träume das nicht wert, die 10 Minuten in eine kurze Internetrecherche zu investieren? Es war noch nie so einfach für uns Menschen, an Informationen zu kommen. Also setz dich bitte an deinen PC und kümmere dich jetzt sofort um einen Vergleich. Wenn du es jetzt nicht machst, wirst du es morgen auch nicht machen. Und nächste Woche erst recht nicht. Du hast dieses Buch doch gekauft, um dein Leben zu verändern. Nun, von allein passiert das nicht. Also, nimm dir bitte 10 Minuten Zeit, das Buch nun weniger zu lesen, und eine entsprechende Suche im Internet zu machen. Es gibt riesige Vergleichsportale, die es dir wirklich unglaublich leicht machen.

Ein nächster, wichtiger Punkt ist: Wo liegt deine Wohnung? Ist sie Nahe an deiner Arbeitsstelle? Wenn nein: Macht es Sinn, vielleicht eine Wohnung in der Nähe zu suchen, damit du Fahrtkosten etc. sparen kannst? Klar, ist super unbequem. Wenn du aber nicht planst, deine Arbeitnehmertätigkeit kurzfristig aufzugeben, kannst du dadurch wirklich enorm viel sparen. Benzin, Fahrkarten etc. Die kosten dich monatlich sicherlich auch ordentlich etwas. Denk zumindest einmal darüber nach.

Essen und Trinken: Hier solltest du nicht super viel sparen müssen. Essen und Trinken ist wichtig. Du musst auch keine Eier von gequälten Hühnern kaufen oder mit Wasser aufgespritztes Fleisch für 4 Euro pro Kilo kaufen. Aber es muss auch eben keine Cola von der Tankstelle sein oder regelmäßig die exotischsten Früchte. In Deutschland lebst du den Luxus, qualitativ hochwertige und frische Lebensmittel sehr günstig einkaufen zu können. Saisonale Produkte, Produkte aus dem Angebot, No-Name-Produkte von Discounter, die dennoch sehr gut sind und im Preis-Leistungsverhältnis unschlagbar dastehen, können dir monatlich enorm viel einsparen. Setze dich kurz damit auseinander, wo Sparpotential liegt. Gehe bitte zu deinem Kühlschrank und schau nach, wo du gegebenenfalls etwas hättest einsparen können. Jetzt hast du eine Idee davon, wo und wie du regelmäßig sparen kannst, indem du das ein oder andere Produkt durch eine günstigere Alternative ersetzen kannst. Nicht immer, aber sicherlich ab und an.

Was bedeutet eigentlich dieses Reich-sein?

Reich sein ist ja immer relativ, so wird es zumindest häufig suggeriert. Die einen sind reich an Erfahrung, die anderen reich an Wissen, die anderen sind in finanzieller Hinsicht reich. Du siehst: Es gibt keine eine, allgemeingültige Definition des Reich-seins. In Deutschland wird das jedoch schon einmal finanztechnisch gegliedert: Alleinstehende, die monatlich mindestens 3.418 Euro verdienen, werden in der Statistik als reich erfasst. Bei Partnerschaften liegt die Einkommensgrenze bei einem monatlichen Verdienst von 5.127 Euro. Diese Werte entsprechen dem Nettoeinkommen. Die Zahlen ergeben sich, da sie das Doppelte des Durchschnittsmonatseinkommen darstellen. Ab 250 000 Euro Einkommen gilt jedoch erst die "Reichensteuer".

In der Wahrnehmung vieler Menschen ist Reichtum jedoch nicht so klar definiert. Hier gilt die- oder derjenige als reich, die/der ein teures Auto (gekauft, finanziert oder geleast) fährt, teuren Schmuck trägt, in Designerklamotten eingekleidet ist oder regelmäßig dekadent Essen gehen kann. Wohlhabend sein ist also zum einen klar definiert, zum anderen aber auch Auslegungssache.

Natürlich muss man auch zugeben, dass es eben mehrere Arten von Reichtum gibt, wie oben beschrieben. Wenn wir uns nun jedoch auf den finanziellen Reichtum beschränken möchten, divergiert das Bild zwischen gesetzlich-geregeltem Reichtum und subjektivem Reichtum teilweise.

Es liegt mir wirklich am Herzen, dass du dir nun überlegst, was es für dich bedeutet, reich zu sein. In diesem Buch geht es jedoch um Reichtum in finanzieller Hinsicht. Aus diesem Grund solltest du dir überlegen, was deine finanziellen Ziele sind. Ich weiß, dass Geld nicht alles ist, es ist aber nötig, um fast alles zu ermöglichen. Also lass uns bitte hier an dieser Stelle keine Grundsatzdebatte auslösen, sondern lediglich diesen Punkt verfolgen.

Also: Wo fängt für dich finanzieller Wohlstand an? Wo Reichtum? Was brauchst du, damit du dich wohlfühlst, was, damit du reich bist? Was brauchst du, um finanziell frei zu sein?

Schreibe dir mindestens fünf Dinge auf, die du besitzen möchtest. Materielle Dinge, die für dich wichtig sind. Auch wenn es eine Rundreise durch Australien ist. Also alles, was du machen möchtest, haben möchtest, können möchtest, was dich aber in der Regel eine Investition kostet. Schreibe sie bitte hier auf und recherchiere jetzt sofort im Internet, was dich die einzelnen Ausgaben kosten würden (wenn du es nicht genau weißt, versuche so realistisch wie möglich zu schätzen. Weichen die Kosten sehr stark innerhalb einer Produktgruppe ab, dann nimm bitte einen Mittel- oder Durchschnittswert) und rechne diese Investitionskosten zusammen:

1

2

3

4

5

Ein Beispiel könnte wie folgt Aussehen:

1. Weltreise	14 000 Euro
2. Haus größer 100qm in Düsseldorf, Deutschland	700 000 Euro
3. Schule in Afrika bauen	170000 Euro
4. Sportwagen	130 000 Euro
5. Granit Küche	28 000 Euro

Gesamt: 1 042 000 Euro

Das ist jetzt ein einfaches Beispiel. Die Beispiele sind bescheuert? Macht nichts! Sie sollen dir lediglich zeigen, wie du deine Liste gestalten sollst. Du siehst nun eine Summe, die du an Kapital besitzen müsstest, um dir deine fünf größten Wünsche in finanzieller Hinsicht zu ermöglichen. Nicht finanzieren, kaufen. Nicht leihen, besitzen. Nicht beginnen, fertigstellen. Einige dieser Dinge benötigen neben der Anschaffung noch weitere, wiederkehrende Ausgaben (Steuern, Versicherungen etc.). Das heißt: Du brauchst weit mehr als nur dieses Geld. Wenn du ein Kapital von 1 000 000 Euro besitzt, bist du also schonmal ganz gut dabei, um deinen finanziellen Zielen in großen Schritten entgegenzukommen. Wenn du geringere Summen auswählst für deine Wünsche oder sie einfach weniger Kosten, kannst du von dieser 1 Mio. Euro bereits einige deiner wiederkehrenden Kosten decken. Umso besser.

Du hast nun mehrere Möglichkeiten: Du legst dieses Buch sofort aus der Hand und beschließt, dein Leben so zu leben wie es ist und dich nicht weiter damit zu beschäftigen, weil dir das sowieso unerreichbar erscheint. Dann leg dieses Buch auch bitte sofort weg und verkaufe es über Kleinanzeigen, damit du wenigstens noch einen Euro dafür zurückbekommst. Dann ist dieses Projekt nun gescheitert. Bevor du dies jedoch tust, solltest du dir kurz noch einmal folgende Fragen stellen:

1) Warum habe ich mir überhaupt dieses Buch gekauft?
2) Warum wollte ich mehr darüber wissen, wie man finanziell frei und unabhängig wird?
3) Was sind meine Ziele im Leben?
4) Wie kann ich sie erreichen und wie kann mich Geld dabei unterstützen?
5) Was sind mir meine Ziele wert?
6) Lohnt es sich, für meine Ziele und dieses eine Leben, was ich habe, alles zu geben?

Wenn du auf jede dieser Fragen eine klare Antwort hast, dann solltest du dir schon einmal Gedanken darüber machen, ob es nicht sinnvoll ist, dem Ganzen eine Chance zu geben. Wenn du deine Ziele klar strukturieren und benennen kannst, und nicht lange zögern musst, um Antworten zu finden, warum bist du bereit, das alles loszulassen? Warum versuchst du nicht, deine Ziele zu erreichen? Wenn du wirklich nicht der Lage bist, dem Ganzen eine Chance zu geben, und etwas aus deinem Leben zu machen, für dich selbst, für niemand anderen, dann solltest du jetzt aufhören zu lesen. Das wars dann für dich. Dann waren selbst die paar Euro für dieses Buch falsch und zu viel für dich. Dann wünsche ich dir auf deinem Weg weiterhin alles Gute und viel Erfolg.

Wenn du jetzt aber noch weiterlesen solltest, dann hast du entweder ein kleines Fünkchen Hoffnung in dir, deine Ziele erreichen zu können, definitiv die Lust verspürt, daran zu arbeiten und ein gewisses Selbstvertrauen aufzubauen, oder, du bist dir sicher, dass du es auch schaffen kannst, mit dieser Unterstützung. Je stärker dieses ausgeprägt ist, desto leichter wird es dir fallen. Und wenn du sagst: Ja, ich bin hungrig nach Erfolg, ich habe dieses Leben verdient. Ich will meine Ziele erreichen! Dann wirst du, mit Hilfe dieses Buches, genau auch diesen Weg finden und gehen.

Gut, packen wir es an...

Wenn dir diese Liste oben zu oberflächlich gewesen ist, dann ist das völlig in Ordnung. Es geht mir nicht darum, dir einen Weg zu zeigen, wie du einen Sportwagen kaufen kannst. Mir geht es darum, dir Wege zu zeigen, wie du ihn kaufen könntest! Auch wenn du das nicht willst, erhältst du durch diese Mechanismen die Resultate, die letztendlich dazu führen, dass du deine finanzielle Freiheit erlangen kannst. Und, wie wir bereits besprochen haben, sind diese Ziele individuell, aber immer erstrebenswert.

Wie kannst du Geld verdienen?

Such dir einen Job. Mache irgendeinen Job, der dir dabei hilft, Geld zu verdienen. Wenn du gerade schon in einem Anstellungsverhältnis bist, solltest du überlegen, ob du mit deinem monatlichen Einkommen in der Lage bist, etwas zu sparen. Einige große Finanzexperten raten dir zu 10 oder 20 Prozent deines Netto-Einkommens, ich rate dir zu mehr. Nicht weil ich klüger bin, sondern einfach, weil ich will, dass du deine Ziele schneller erreichst. Und das erreichst du, wenn du einen krassen Einschnitt erlebst. Und dieser Einschnitt tut weh. Und am

Anfang muss es wehtun. Denn dieser Schmerz hilft dir, dich noch mehr auf deine Ziele zu fokussieren und der Hunger nach Erfolg wird stärker als der größte Schmerz.

Also, kurze Rechnung, wie bereits am Anfang:

Wieviel verdienst du netto im Monat? Wieviel kommt effektiv auf dein Bankkonto Monat für Monat?

Monatliches Einkommen: *Euro*

Wie viele fixe Ausgaben (nur Miete, ggf. Auto, Essen) gehen davon monatlich ab?

Monatliche, fixe Ausgaben: *Euro*

Welche Ausgaben hast du monatlich sonst noch?

Sonstige monatliche Ausgaben: *Euro*

Was davon ist unsinnig oder kannst du entbehren?

Unsinn: *Euro*

Was bleibt dir im Monat also übrig:

Monatliches Einkommen

-Fixe Aushaben

-Sonstige monatliche Ausgaben

= *Euro zum Sparen.*

Ich rechne hier bewusst keine unsinnigen Ausgaben ein. Darüber haben wir eingangs schon gesprochen. Du kannst darauf verzichten! Du solltest darauf verzichten! Wir sprachen darüber, ob es dir deine Ziele nicht wert sind...

Also: Das Geld, was du monatlich übrighast, sollte gespart werden. Nimm dir maximal 30 % von dieser sparfähigen Summe, um sie für Aktivitäten einzusetzen, sie für andere Gönn-Momente zu investieren oder für was auch immer. Das sollte dein Kapital sein, mit dem du Unfug machen darfst.

Fange nun an, diesen Betrag zu Anfang jeden Monats beiseite zu legen. Wie genau, darüber sprechen wir gleich. Wichtig ist aber, dass du erst sparst, bevor du ausgibst.

Warum ist das wichtig? Ganz einfach. Viele Leute leben, und schauen am Ende, was übrigbleibt. Und das sparen sie dann. Da der Moment die Verlegenheit ausmacht, wirst du den ganzen Monat Verlegenheiten zu spüren bekommen, die dich immer wieder Geld kosten und dir dein monatliches Sparpotential komplett versenken. Beginnst du jedoch, von Anfang an deine monatlichen Beträge wegzulegen, bist du gezwungen, mit deinem Geld zu kalkulieren und hast deinen Betrag schon einmal sicher gespart. Mit dem Rest kannst du dir auch etwas gönnen.

Das Ganze ist nicht nur finanziell ein wichtiger Aspekt, sondern auch psychologisch. Es wird einen unglaublich großen Unterschied für dich machen, wie du mit Geld umgehst und später auch, wie du dein Kapital einsetzt, um Investitionen zu tätigen. Aus diesem Grund ist diese Eigenschaft beziehungsweise dieses Prozedere von außerordentlichem Wert. Auch wenn du es gerade noch nicht glaubst. Es wird der wichtigste Faktor von deinem Wohlstand sein. Tust du das nicht, dann ist's dir zwar nicht unmöglich, wohlhabend zu werden, du legt dir jedoch unnötig viele Steine in den Weg. Und du siehst, was ich über unnötige Dinge denke: Weglassen.

Die Entscheidung, aus seiner Komfortzone herauszukommen, kann schon schwer genug sein, warum machst du es dir dann sogar noch unnötig schwerer, als es sein muss? Also wende diesen Grundsatz bitte an und verfahre spätestens zum jetzt kommenden Monat genau mit dieser Technik, denn du kannst schon anhand der vergangenen Monate genau kalkulieren, welche Summe du monatlich sparen wirst.

Das Gleiche gilt sowohl, wenn du in einem Angestelltenverhältnis bist, wie auch, wenn du selbstständig bist. Tu es einfach.

Wenn du durch deinen Job nicht genug Einkommen erzielst, dass du wenigstens 50 - 100 Euro im Monat sparen kannst, dann gibt es nur folgende Möglichkeiten: Suche dir einen besser bezahlten Job (ja, auch mit genau deiner Qualifikation gibt es besserbezahlte Optionen) oder suche dir eine zweite Nebentätigkeit. Natürlich wirst du für diese Alternative wieder einiges an Zeit aufbringen müssen und kostbare Freizeit investieren, aber wie war das nochmal mit dem persönlichen Wert deiner Ziele? Also... Steuertechnisch gesehen ist das natürlich auch nicht das Gelbe vom Ei, gerade auch in Deutschland. Aber, wenn du nicht beabsichtigst, auszuwandern, hast du keine Wahl. Auch ein Nebeneinkommen, was mit 40 Prozent versteuert wird, liefert dir noch mehr Euro, als wenn du es erst gar nicht machen würdest. Richtig? Richtig!

Es gibt eine Menge Tätigkeiten dort draußen, die du abends oder am Wochenende erledigen kannst. Du musst dich halt nur darum kümmern und darüber informieren. Das ist eine interessante Möglichkeit, monatlich einen kleinen Bonus rauszuhauen. Diesen wirst du bestimmt nicht ausgeben, da du hier ganz klar merkst, was du dafür aufbringst oder gegebenenfalls auch opferst.

Übernimm eine kleine Unternehmerschaft

Wenn du auf selbstständiger Basis dein Geld verdienst, so musst du das Ganze natürlich auch vernünftig anmelden. Eine kleine Unternehmergesellschaft kostet nicht viel. Sie ermöglicht dir jedoch, nebenbei Tätigkeiten auf selbstständiger Basis auszuführen. Jetzt denkst du dir sicherlich: Ist ja gut und schön, was soll ich dann machen? Du kannst sehr viele Dinge machen. Übernimm doch einfach Routine-Aufgaben von Menschen in deiner Umgebung und berechne einen Obolus dafür. Wenn du sowieso einkaufen gehst, warum bietest du nicht an, für die Menschen in deiner Umgebung kleinere Einkäufe zu übernehmen? Für dich nahezu der gleiche Aufwand, für deine Mitmenschen ein großer Mehrwert, für dich ein kleiner finanzieller Bonus. Viele Menschen sind bereit, für die Übernahme kleinerer Dienstleistungen zu zahlen. Oder biete an, dass du das Treppenhaus reinigst, damit keine externe Firma mehr angestellt werden muss. Dies entspricht vielleicht nicht deiner Idealvorstellung, es hilft dir jedoch, ein bisschen Geld zu verdienen, voranzukommen und dir mehr Geld beiseitelegen zu können. Klar sind das teilweise unangenehme Berufe, die du dir nicht unbedingt gewünscht hast, doch der Effekt ist derselbe: Sie spülen Geld in deine Kassen

Baue dir ein eigenes, vielleicht auch erst mal kleines Business auf

Diese Aussage ist mittlerweile ja schon fast im Verruf. Denn sie wird so inflationär benutzt wie sonst kaum etwas auf dieser Welt. Jeder soll immer sein eigenes Business aufbauen und hier und da einfach starten, um wirklich Geld zu machen. Warum wird man damit so oft mit konfrontiert? Ganz einfach: Weil es so effektiv ist. Und das wollte ich auch nicht wahrhaben. Doch es ist so. Denn:

Es war noch sie so einfach auf dieser Welt, Geld zu verdienen.

Auch wenn es für dich aktuell nicht möglich erscheint, so betrachte die Welt doch einmal, wie sie ist. Sicherlich regst du dich über die eine oder andere Person auf, die fürs nichts tun Geld bekommt, die auf Instagram gesponsert wird, weil sie 3 000 Follower hat oder irgendwelche Unterhaltungs-Youtube-Videos drehen, die quasi kaum einen Mehrwert liefern. Die Welt ist heutzutage aber nun mal eine andere, als noch vor einigen Jahren war. Wir leben im Informationszeitalter, wo das Internet immer mehr an Bedeutung gewinnt. Und daher ist es uns auch nun möglich, über schlichte Online-Unterhaltung Geld zu verdienen.

Da siehst du, was aktuell einfach möglich ist. Du verdienst Geld, indem du eine Kamera auf ich hältst, etwas in dein Mikro sprichst und andere Menschen daran teilhaben lässt. Und große Firmen zahlen Geld dafur, damit du ihre Produkte ganz nebenbei bewirbst. So funktioniert modernes Marketing. Und es ist unglaublich effektiv, weil sie erkannt haben, dass dies die beste Werbung für sie ist, die gemacht werden kann. Und sie sparen sich dadurch hohe Kosten für Anzeigen und Werbungen, sie zahlen lediglich einen kleinen Provisionssatz an ihre "Verkäufer" im Internet. Du siehst: es ist leicht, heutzutage Geld zu machen. Du musst diese Möglichkeiten eben nur sehen und auch nutzen.

Gerade in der digitalen Welt ist es so einfach geworden, Produkte oder Dienstleistungen anzubieten und zu vermarkten. Du erreichst doch mittlerweile über eines der sozialen Medien jeden Menschen dort draußen, der irgendwie Zugang zum Internet hat.

Also, nun geht es nicht darum, wie leicht andere Menschen Geld verdienen können, sondern darum, wie du nun konkret Geld verdienen kannst. Ganz einfach: Such dir eine Sache heraus, die du sehr gut kannst (vergleichsweise zu anderen Stichproben) oder die du sehr gerne machst. Bei diesen fällt es dir nämlich am Leichtesten, auch wirklich etwas auf die Beine zu stellen und dranzubleiben. Und hinter allem, was du gut kannst oder gerne machst, versteckt sich eine Möglichkeit, Geld zu verdienen. Manchmal musst du eben nur etwas kreativer sein oder einen neuen Denkimpuls erhalten. Mal eine verrücktere, mal eine logischere, eine ertragreichere oder eine lustigere Idee. Alle Arten von Ideen können dich Geld verdienen lassen. Das Schönste daran ist: Du kannst nahezu alles ausprobieren, da es dich heutzutage einfach kaum etwas kostet. Da du häufig nicht direkt zehn Mitarbeiter brauchst, keine Produktionshalle oder keinen Büroraum, hast du lediglich ein paar Euro Kosten für deine Idee. Vielleicht eine Internetseite, eine Werbeanzeige auf Facebook oder Instagram. Das wars. Mehr geht immer, aber für den Anfang reicht es, um zu testen, wie Menschen auf deine Ideen reagieren und wie deine Idee ankommt.

Anschließend musst du nur etwas Zeit investieren, um dich mit ein paar grundlegenden Dingen zum Aufbau einer Internetseite auseinanderzusetzen und das dann auch entsprechend sinnvoll umzusetzen. Hier reichen aber schon ein paar Videos aus dem Internet oder ein paar kurze Artikel, um den Ball ins Rollen zu bringen. Anschließend kannst du das Ganze immer weiter verfeinern, das ist klar. Aber einige Kleinigkeiten reichen schon, um den Anfang zu machen. Das Internet ist voller Möglichkeiten. Es ist leicht, an Informationen zu kommen. Manchmal kosten dich hochwertige Informationen auch etwas. Das sind überwiegend jedoch solche, die du dann erst benötigst, wenn du auf die nächste Stufe gehst. Für deine ersten effektiven Schritte reichen meist sogar kostenlose Angebote aus, oder nur ein paar Euro an Investition benötigen.

Also, was heißt nun, dass du mit Allem, was dir Spaß macht, Geld verdienen kannst?

Ein paar einfache Beispiele dazu. Ich werde nun einige Dinge aufzählen, die du vielleicht gerne machst, und dir dann ein paar Dinge nennen, mit denen du Geld machen kannst und in Verbindung mit diesen Tätigkeiten stehen. Diese sind teilweise abstrakt, aber sie zeigen dir auf, dass Kreativität ganz neue Perspektiven ermöglichen kann.

Lesen

-Bücherzusammenfassungen schreiben

-Blogs schreiben

-Bücher bewerten

- Bücher An- und Verkauf

Schreiben

-Buch schreiben

-Gedichte schreiben

-Ghostwriter

- Vertextlichen von Material
- Drehbücher schreiben
- Skripte schreiben
- Kurzgeschichten

Malen

Malkurse anbieten

Maltreffen organisieren

Kunst verkaufen

Kunst auf Medien (Tassen, Teller etc.) applizieren und verkaufen

Eigenes Brand entwickeln

Gemälde für Gebäude malen

Büroraum-Kunst

Videospiele spielen

Twitch-Kanal mit Werbung schalten

Zockertreffen arrangieren

Raum mieten für ESports

Turniere veranstalten

Achievements erreichen für andere gegen Bezahlung

Tipps und Tricks online präsentieren

Sport

Sportgruppen arrangieren

Coachen

Personal Training

Trainingsequipment produzieren

Trainingspläne

Du siehst... Einige dieser Beispiele sind nicht ganz trivial und mehr oder weniger leicht durchführbar. Einige benötigen eine Investition, andere nicht. Einige Ideen sind nicht geschäftstauglich ausgereift, aber sie bieten Anhaltspunkte, auf die du Aufbauen kannst. Aber du siehst, dass du dich mit nahezu jeder Idee vertraut machen kannst und irgendwie daraus Profite schlägst. Wichtig dafür ist jedoch, damit du auch wirklich profitabel bist und daraus auch nachhaltig Einnahmen generieren kannst. Eine Sache solltest du jedoch niemals vergessen:

Dein Profit sollte immer an zweiter Stelle stehen.

Aus dem ganz einfachen Grund, als dass dir deine Ideen kein Geld in die Kassen spülen, wenn kein Mensch einen Mehrwert in den Produkten oder Dienstleistungen sieht, die du anbietest. Menschen müssen erst einmal überzeugt davon sein, dass sie dein Produkt brauchen oder haben möchten, deine Dienstleistung benötigen oder in Anspruch nehmen wollen, damit du überhaupt etwas „verkaufst". Das bedeutet schlicht und einfach, dass an allererster Stelle bei deinen geschäftlichen Ideen und Plänen immer der Nutzen für den Kunden stehen sollte. Ohne diesen Nutzen wirst du nichts verkaufen können. Steht das im Widerspruch zu dem, worüber wir vorher gesprochen haben? Keineswegs! Du musst einfach nur eine zweite Perspektive hinzufügen zu der Ausrichtung deiner Tätigkeiten. Es ist also eine Ergänzung deiner eigentlichen Sichtweise.

Bedeutet: Wenn du eine Leidenschaft für etwas besitzt, und mit dieser Leidenschaft etwas produzieren oder erschaffen kannst, wirst du sicherlich auch Interessensgenossen finden, die das, was du produzierst, sehr wertschätzen. Nichtsdestotrotz haben andere Menschen auch andere Bedürfnisse. Das bedeutet also, dass du den Menschen, die du erreichen willst, einen Mehrwert bieten sollst, wenn du einen geben willst. Du beginnst etwas, weil es deine Motivation oder deine Leidenschaft ist. Sobald du etwas beginnst zu verkaufen, solltest du aber auf die Menschen hören, die davon profitieren. Wenn du Hanteln produzierst und du schwarze Gewichtsscheiben schön findest, du deine Hanteln jedoch international verkaufen möchtest und deine Kunden eher auf blaue Hantelscheiben stehen, ist es geschäftlich für dich sinnvoller, blaue Hantelscheiben zu produzieren. Die Grundmotivation und -Idee bleibt dieselbe, die Ausrichtung wird jedoch angepasst.

Zusammengefasst bedeutet das: Wenn du etwas anbieten möchtest, tue es, weil du es liebst. Dein Angebot muss jedoch einen Mehrwert für deine potentiellen Kunden liefern. Ohne Mehrwert, kein Geschäft. Auf dieses Konstrukt kannst du nun alles Weitere aufbauen.

Warum gerade jeder auf dieses passive Einkommen abfährt

Sicherlich hast du davon auch bereits mitbekommen. Und wahrscheinlich hast du dich damit auch schon etwas mehr beschäftigt. Es scheint ja der heilige Gral zu sein, um zu Wohlstand zu gelangen. Grob gesagt: Das ist es auch! Ich werde dir hier keinen Vortrag darüber halten, warum es so wichtig ist, sondern kurz und knapp die wichtigsten Punkte ansprechen, damit du, falls du davon wirklich noch nicht so viel mitbekommen hast (was nahezu unmöglich ist wenn du dich mit Finanzthemen beschäftigt hast), einen Eindruck gewinnst, warum es so toll ist und dich wirklich ein Stück weit freier machen kann.

Ein passives Einkommen ist ein wiederkehrendes Einkommen, dass du erhältst, ohne deine Zeit als direkten Gegenwert zu tauschen. Auf der Arbeit tauschst du deine Zeit und deine Tätigkeiten gegen einen monatlichen Lohn. Bei einem passiven Einkommen würdest du diesen Lohn erhalten, ohne dafür täglich arbeiten gehen zu müssen. Klingt ja erstmal sehr gut. Eine Immobilie liefert dir beispielsweise ein passives Einkommen, wenn du eine besitzt und vermietet hast und dadurch jeden Monat die Mieteinnahmen der Bewohner erhältst.

Für ein passives Einkommen brauchst du in der Regel nur ein Objekt, ein Gegenstand, ein Produkt oder etwas, dass du besitzt oder erschaffen hast, mit dem du danach, ohne dass du noch viel dafür tun musst, wiederkehrende Einnahmen generieren kannst. Gerade im heutigen Informationszeitalter bietet das Internet zahlreiche Möglichkeiten, solche passiven Einnahmequellen zu generieren. Denn du kannst hier Produkte oder Dienstleistungen online anbieten und damit zu jeder Zeit an jedem Ort verfügbar machen.

Ein zusätzlicher Vorteil bei einer passiven Einnahmequelle ist dann gegeben, wenn sich dein Produkt unendlich skalieren lässt, also du es unendlich oft verkaufen kannst und es nicht verbraucht wird oder auf bestimmte Ressourcen beschränkt ist.
In einer Immobilie können theoretisch nur eine begrenzte Anzahl an Menschen leben. Ein Coaching-Video zum Thema „Besser verkaufen" als Beispiel kann unendlich oft gekauft und heruntergeladen werden. Aus diesem Grund sind Online-Programme und Online-Ausbildungen auch so populär geworden. Sie verbinden noch weitere Vorteile, sodass die/der Lernende von überall darauf zugreifen kann, wo auch immer eine Internetverbindung gegeben ist. Bequemlichkeit und Komfort sind hier ausschlaggebende Faktoren. Solche Online-Produkte sind sowohl für den Verkäufer wie auch für den Käufer sehr vorteilhaft.

Also kommt es bei den passiven Einnahmen darauf an, ob sie skalierbar sind, oder ob sie nicht skalierbar sind (also durch irgendeine Art und Weise begrenzt sind – außer auf die Anzahl der Menschen auf diesem Planeten).

Das bedeutet nicht, dass passive Einnahmen, die nicht skalierbar sind, nicht gut sind. Es bedeutet lediglich, dass skalierbare Produkte noch größeres Potential besitzen. Das kannst du in deine Überlegungen mit einbeziehen. Wichtig ist jedoch, sich damit etwas auseinanderzusetzen, da dir diese Einnahmequellen wirklich passiv, also nebenbei, Geld einbringen. Theoretisch also sogar dann, wenn du schläfst. Was gibt es Besseres.

Hervorragend ist es dann, wenn dein Produkt passiv Geld einbringt, es skalierbar ist und über einen langen Zeitraum wiederkehrt, sodass du eine bestimmte Einnahmequelle als „gesichert" ansehen kannst. Während du also passiv Einnahmen generierst, kannst du die freie Zeit sinnvoll nutzen, entweder diese Einnahmequelle weiter auszubauen oder eben eine neue Tätigkeit zu beginnen, die dann gegebenenfalls wieder passiv Einkommen abwirft. Du kannst die Zeit natürlich auch für aktive Einnahmen verwenden. Bereits diese Kombination wird dich enorm weiterbringen. Wenn du also gerade in einem Arbeitsverhältnis bist, kannst du dir nebenbei etwas aufbauen, mit dem du passiv Geld einnehmen kannst. Das ist überaus effektiv.

Was sind nun geeignete passive Einnahmequellen?

Die Möglichkeiten sind vielfältig und daher auch sehr unterschiedlich, ob sie leicht oder schwer aufzubauen sind, mit viel oder wenig Investition erschaffen werden können, welche laufenden Kosten entstehen und so weiter. Die sicherlich beste Variante für dich ist es, in einem Coaching oder einem persönlichen Gespräch deine Stärken, Leidenschaften und Talente ausfindig zu machen, damit man daraus das ideale Produkt entwickeln kann. Und ich versichere dir, wie bereits oben geschrieben, dass du etwas finden wirst, was auch andere Menschen anspricht. Wenn du dieses Coaching selbst übernimmst, solltest du dir anhand der vorherigen Themen überlegen, was für Ideen und Möglichkeiten für dich bestehen, passives Einkommen zu generieren.

Hier ein paar typische Beispiele von passiven Einnahmequellen und was damit an Aufwand und Investition verbunden ist:

Affiliate-Marketing

Bücher schreiben

Online-Kurse

Online-Pläne

Online-Coachings

Immobilien

Das sind lediglich Überbegriffe für jegliche Art von Produkten und Dienstleistungen. Überlege, welche deiner Tätigkeiten zu welchem Überthema passen könnte.

Entweder du hast diese Aussage schon einmal gehört, bist damit konfrontiert worden oder hast sogar eine ähnliche Meinung. Mit Geld sind viele Vorurteile verbunden. Zum einen, weil man denkt, das Geld den Menschen zu einem gierigen Wesen macht und zum anderen, weil es die schlechten Charakterzüge knallhart offenbart. Was denkst du? Sind diese Vorurteile berechtigt? Ist es genau so?

Dazu zwei Fragen, über die du dir gerne direkt ein paar Gedanken machen kannst: Welcher Mensch hat eine derartige Aussage getätigt, also dich mit dieser Feststellung konfrontiert? Haben diese Menschen selbst viel Geld, um das aus eigenen Erfahrungen behaupten zu können oder haben sie viel Kontakt zu Menschen mit viel Geld, um diese Aussage souverän zu treffen?

Nun ist es doch so: Wir alle mögen keine Menschen, die viel Unwahrheiten verbreiten. Sie stellen uns im Leben immer wieder ein Bein und kosten uns Kraft, Zeit und Glaubwürdigkeit, die wir schenken möchten, aber dann doch in ein großes, leeres Becken fällt. Ein Becken voller Unwahrheiten.

Wir empfinden es sehr häufig als unqualifiziert, wenn Aussagen getroffen werden, die weder auf soliden, eigenen Erfahrungen beruhen oder ausreichend recherchiert wurden. Da mangelt es dann nämlich meist an Plausibilität. Wenn wir das so betrachten, dann müssen wir uns anschauen, was diese Aussage „Geld ist böse“ so anders macht, da wir davon oder eben unsere Vorsprecher davon überzeugt sind. Bedeutet folglich: Können wir dieser Aussage überhaupt so richtige Glaubwürdigkeit schenken, wenn hier die gleichen Faktoren vorherrschen wie bei jeder anderen, sinnfreien Aussage? Wohl eher nicht...

Es handelt sich um eine äußerst provokante Aussage, die weder auf Erfahrungen (persönlich oder von Vertrauenspersonen) noch auf solide Informationen fußt. Geld an sich ist nämlich weder böse noch gut. Geld ist vollkommen neutral. Geld gibt nur die Möglichkeit, Produkte oder Dienstleistungen in Anspruch zu nehmen, für deren Austausch wir Geld anbieten. Bedeutet also: Geld an sich ist völlig neutral. Es sind die Menschen dahinter, die den Ball ins Rollen bringen und entscheiden, wie Geld wirken soll.

Mit Geld können große Nöte beseitigt werden, viel Gutes getan und viel Heil gestiftet werden. Mit Geld kann aber auch viel Unwesen getrieben werden, indem man die Macht, die man in unserer Gesellschaft mit Geld verbindet, ausnutzt. Es geht hier also vor allem um zwei Kernfragen: Wer hat Geld und was wird damit gemacht?

Ich bin überzeugt davon, dass Geld den Charakter nicht verändert. Ich bin überzeugt davon, dass dich Geld nicht zu einem besseren oder schlechteren Menschen macht. Ich bin aber überzeugt davon, dass Geld deine Charakterzüge hervorhebt, die von vornherein schon in dir schlummern, und durch diese „vermeintliche“ Macht nun verstärkt werden. Wenn du ein hilfsbereiter, wohlwollender Mensch bist, wird dir Geld helfen, noch größere, noch bessere und noch hilfreichere Dinge zu tun. Du hast die Möglichkeit, weit mehr zu machen, also du ohne Geld machen kannst. Dir stehen größere Ressourcen zur Verfügung, da du nun an weitaus größeren Hebeln drehen kannst. Geld ist gut, Geld ist Hilfe!

Ebenso ist Geld auch in unserer Gesellschaft als Machtinstrument angesehen. Dadurch erhält der Wohlhabende einen Status, der ihm mehr ermöglicht, als andere Personen, die nicht so viel Geld haben. Da wir alle abhängig von Geld sind in unserem Leben (mehr oder weniger), sind wir natürlich auch von den Menschen abhängig, die Geld haben. Das kann schnell dazu führen, dass wir uns in dieser Situation unwohl fühlen und ein Gefühl bekommen, machtlos zu sein, uns unterordnen zu müssen und für Geld arbeiten zu müssen, damit wir das Geld bekommen, um unsere Existenz zu sichern. Letztendlich verbinden wir damit doch die Boshaftigkeit, die wir Geld zuordnen. Die Position, die wir durch unsere Geldabhängigkeit einnehmen, gibt Geld diesen Status, das es böse ist.

Ist es also sinnvoll, Geld als positiv oder negativ anzusehen? Du entscheidest immer selbst, wieviel Bedeutung du Geld schenkst, wie sehr du davon abhängig bist oder von den Menschen, die Geld besitzen. Du entscheidest auch, was Geld dir für Möglichkeiten gibt. Geld entscheidet nie über deinen Charakter. Dein Charakter entscheidet, was du mit Geld machst. Geld gibt dir lediglich Möglichkeiten. Nicht mehr, aber auch nicht weniger.

Den Umgang mit Geld erlernen

Einfaches Beispiel: Menschen, die sehr schnell zu Geld kommen (Spitzensportler, Lottogewinner etc.) verlieren ihr Geld häufig sehr schnell wieder. Wir kennen alle die Negativbeispiele aus den Nachrichten, wo Sportler als insolvent angepriesen werden und ihr gesamtes Vermögen verpulvert haben. Oder Lotto-Gewinner, die nach 3 Jahren ihren gesamten Gewinn wieder verloren haben und nun schlechter dastehen als vorher. Warum ist das so?

Weil sie nicht gelernt haben, mit Geld umzugehen. Weil sie nicht gelernt haben, wie Geld funktioniert und wie Geld arbeitet beziehungsweise wie sich mit Geld arbeiten lässt. Menschen, die das wissen, machen aus ein paar Millionen in einigen Jahren noch weitere Millionen, vielleicht sogar Milliarden. Menschen, die das nicht wissen und auch nicht gelernt haben, haben nach ein paar Jahren alles verloren und stehen wohlmöglich in der Tat schlechter da, als vor dem großen Gewinn.

Was tun mit gespartem Geld?

Du musst mir bitte Eines Versprechen: Egal wieviel Geld du sparst oder vielleicht sogar bereits gespart hast: Bitte lass dieses Geld niemals auf deinem Girokonto liegen oder lege es irgendwo für einen Prozent Zinsen im Jahr an. Auch wenn du denkst: „Besser als nichts und dort ist es sicher". Dann lebst du leider noch hinter dem Mond.

Das sind harte Worte, aber bitte lass mich dir ganz kurz und knapp erklären, warum das so ist und warum ich denke (das ist meine Meinung. Du solltest dich damit auseinandersetzen und dann eine logische Entscheidung treffen. Ich möchte hier niemanden bevormunden oder irgendwelche Dinge absprechen), dass dein Geld dort unglaublich schlecht aufgehoben ist.

1% Zinsen sind schlecht. Denn gehen wir von einer Inflationsrate von durchschnittlich 3% im Jahr aus, bedeutet das nichts anderes, als dass dein Geld von Jahr zu Jahr um 3% weniger wert ist. Das Ganze ist nicht so trivial, wie es hier erscheint, und hat durchaus auch seine ökonomische Relevanz, aber das bedeutet es effektiv für dich. Wenn du also 10 000 Euro gespart hast, ist es, wenn du es einfach zu 1% anlegt, auf sagenhafte 10 100 Euro angewachsen. Jetzt kommt die Inflation und macht dein Geld weniger wert. Dinge werden teurer, dafür brauchst du also nun mehr Geld, um dir das Gleiche leisten zu können. Das ist Inflation salopp gesprochen. Eine Inflation von drei Prozent bedeutet, dass dein Geld von 10 100 Euro dann nur noch drei Prozent weniger, also 303 Euro weniger wert ist. Also hast du effektiv am Jahresende aus deinen 10 000 Euro nur noch 9 797 Euro übrig. Du hast also effektiv, sogar nach deinen ein Prozent Rendite, 203 Euro Verlust gemacht. Obwohl du es ja angelegt hast und es eigentlich mehr werden sollte. Die Inflation spielt hier eben immer eine wichtige Rolle. Klar, sie schlägt immer und überall zu, doch sollte es für dich bedeuten, dass du dein Geld dort anlegst, wo du mindestens diese drei Prozent erhältst. Alles darüber ist dann wirklich wirksam für dein Kapital, damit du auch vorankommst.

Wie gehst du sinnvoll mit Geld um?

Investieren statt konsumieren

Investiere dein Geld in Dinge, die dir eine regelmäßige Rendite einfahren und dir ein passives Einkommen generieren. Das nimmt dir vielleicht anfangs den Spaß, wird dir aber viel mehr Spaß auf längere Sicht bringen. Wenn du 500 000 Euro zur Verfügung hast, kannst du dir in manchen Teilen Deutschlands ein schönes Haus und ein tolles Auto kaufen. Oder in Urlaub fahren, teures Technik-Equipment bestellen oder es sonst wie konsumieren. Keines dieser Dinge wird dir effektiv jeden Monat einen positiven Cash-Flow, also liquide finanzielle Mittel zur Verfügung stellen können. Sie fressen im schlimmsten Fall noch monatlich weiteres Geld (hier spiele ich auf den Trugschluss einer Wertanlage bei einer selbstbewohnten Immobilie an). Zwar kann sich der Wert deines Hauses und der deines Autos mit den Jahren steigern. Doch wirst du zunächst weiterhin Kapital in dieses einfließen lassen müssen (Instandhaltung,

Steuern etc.) um dann nach einer gewissen Laufzeit diese wieder zu verkaufen. Vielleicht schaffst du es, dass deine verkauften Dinge etwas im Wert gestiegen sind, doch sicher ist diese Wertsteigerung wohl nicht, da sie immer auch stark von der Politik und der Wirtschaft beeinflusst sind (man betrachte den Wertezirkus von Edelmetallen, die Preisregulationen bei Immobilien und das Dieselgate für Autos, Abgasnormen etc.). Zudem steht der Gewinn aus der Wertsteigerung über die Jahre mit den weiteren Instandhaltungskosten für diese im Verhältnis. Wenn du ein Haus für 200 000 Euro kaufst und es in 10 Jahren für 250 000 Euro verkaufst, hast du nach 10 Jahren 50 000 Euro Profit gemacht. Klingt ja erst einmal ganz vernünftig. Doch kommst du an diese 50 000 Euro auch erst dran, wenn du das Haus wirklich verkauft hast (und dieser Prozess kann sehr nervenaufreibend, zeit- und kostenintensiv sein) und es liefert dir keine monatlichen, regelmäßigen Einnahmen. Zudem stehen sie eben in Relation zu dem, was du in den 10 Jahren an Kapital zur Erhaltung, Reparatur etc. investieren musstest. Wenn die Fassade bröckelt, Rohrleitungen platzen oder der Wasserboiler durchbrennt oder das Rohr verstopft ist, musst du dafür aufkommen. Zudem zahlst du Steuern und weitere wiederkehrende Ausgaben wie Müllkosten, Wasserkosten etc. Das Ganze kann sich anhäufen. Und diese Kosten stehen den 50 000 Euro Profit über 10 Jahre gegenüber. Du bist also im Plus, wenn du im Jahr weniger als 5 000 Euro für Instandhaltung, Steuern oder weitere Ausgaben tätigst. Wenn du darüber liegst, machst du mit deiner Immobilie Verluste.

Klar ist das auch nicht so einfach wie hier beschrieben, da du ja Miete sparst, weil du in deinem eigenen Heim wohnst, du gegebenenfalls Steuern sparen kannst und die Wertsteigerung vielleicht größer ist. Du siehst jedoch, dass du das Ganze zumindest relativ betrachten solltest und Wertanlage nicht gleich Wertanlage ist. Letztendlich kommt es eben immer darauf an, was am Ende übrigbleibt.

Eine solide Investition ermöglicht dir zu Anfang vielleicht keinen Supersportwagen, dafür aber später und dann auch länger. Denn wenn du dein Geld für dich arbeiten lässt, wird es monatlich oder eher gesagt regelmäßig Geld abwerfen, dass du entweder weiter investieren oder eben auch für deine Wünsche verwenden kannst.

Über 10 Jahre gesehen kannst du sicherlich aus 200 00 Euro durch Rendite und kluge Anlage weit mehr als 400 00 Euro machen. Bedeutet für dich, dass es neben zahlreichen Möglichkeiten auch 200 00 Euro mehr gibt, die du nun für ein Auto oder ein Haus investieren kannst. Siehst du, wie Geld funktionieren kann?

Du wirst dir also auch all das gönnen können, was du dir gönnen möchtest. Nur halt eben nicht heute, und dann nur bis nächste Woche, sondern eben erst nächsten Monat, und dafür für unendlich lange Zeit, da du erstens dein Kapital erhältst, zweitens sogar noch steigern und drittens dir deine Träume verwirklichen kannst. Und, sogar noch darüber hinaus, mehr investieren kannst.

Du hast hier mehrere Möglichkeiten. Zum einen kannst du dein gespartes und erarbeitetes Kapital dafür verwenden, dass du in die Dinge investierst, die dich, deine Idee oder dein potentielles Unternehmen (oder Online-Business) unterstützen. Dazu zählt beispielsweise das Online-Marketing oder externe Dienstleister, die das für dich übernehmen können, damit du an anderen Stellschrauben drehen kannst. Möchtest du professionell autogenerierte Emails verschicken lassen, eine Online-Broadcast-Lösung verwenden, einen Vertriebspartner oder ähnliches einschalten, so kannst du das meist mit geringem Kapitalaufwand erreichen und bedeutenden Mehrwert für dein Geschäft generieren. Hier kannst du aus ein paar hundert Euro einen Mehrwert von mehreren Tausenden herausholen. Auch Facebook-Werbung oder Instagram-Werbung kostet dich zwar etwas, ist aber nachweislich eines der erfolgreichsten Werbemethoden aktuell. Und die Investitionen, die du dort hineinsteckst, kriegst du ziemlich schnell wieder zurück, indem du durch deine Werbung potentielle Kunden heranziehst, die dein Produkt kaufen möchten. Je nach Umsatz, den du dadurch generierst, hast du die Kosten für Werbung bereits nach ein paar Tagen, Wochen oder Monaten wieder drin. Entscheidend ist natürlich auch, was für ein Produkt oder welche Dienstleistung du anbietest, wie hoch der Preis ist, welchen Mehrwert du lieferst, wie du den Markt penetrierst und weiteres.

Sinnvolle Marketing-Instrumente sind nach wie vor Email-Verteiler, damit verbunden natürlich auch alle erlaubten Werkzeuge wie Newsletter, Gewinnspiele, kostenlose Tipps und Coaching-Angebote, Anpreisungen und so weiter. Die Vielzahl der Möglichkeiten ist sehr groß! Sei kreativ! Das bringt frischen Wind! Und vor allem: Mach die Selbstkontrolle: Würdest du, wenn du diese Nachricht (in welcher Form auch immer) erhältst, darauf eingehen? Oder nur deswegen, weil du selbst auch der Verfasser bist?

Weiterhin solltest du diese Emails automatisch generieren lassen, sodass du dich nicht tagtäglich mit dem Schreiben tausender Emails beschäftigen musst. Emails kannst du natürlich nur dann verschicken, wenn du auch Email-Adressen hast, an die deine Nachrichten gesendet werden sollen. Das heißt, du brauchst erst einmal die Einwilligung deiner potentiellen Kunden und dann auch deren Email-Adresse. Das sind die sogenannten Leads. Denn sie führen zum Kontakt zu dieser Person. Leads kannst du auf vielfältige Art und Weise generieren. Zum einen durch die Eintragung auf deiner Homepage (du solltest definitiv eine Homepage haben, wenn du irgendein Geschäft startest. In der Regel schauen Leute heutzutage erst nach, ob du auch Online präsent bist. Wenn nicht, sinken das Interesse und Vertrauen dramatisch). Über deine Internetseite kannst du kostenlose Tipps verteilen oder ein gratis Coaching, Produkt oder ähnliches vergeben, wenn sich die Person in den dazu aufgeforderten Bereich einträgt. Dadurch erhältst du dann die Daten, die du unter Einwilligung der/des Eingetragenen verwenden kannst.

Eine weitere der Lead-Generierung sind unter anderem auch Newsletter-Eintragungen, damit Menschen wissen, was du aktuell für Projekte hast. Inhalt deiner Newsletter können kostenlose Angebote, Videos, Podcasts oder weiteres sein. Ein Tipp auch hier: Schreibe einige Seiten über dein Fachgebiet, liefere Mehrwert und präsentiere dein Produkt. Das Ganze in

Form einer Broschüre oder eines eBooks, indem du diese kostenlos anbietest (entweder Online als pdf-Datei oder offline als Druckversion). Der Kunde oder die Kundin benötigt zur Order dieses Produktes nur die Eingabe ihrer/seiner Emailadresse und zahlt bei der Offline-Version nur den Versand. Das sind effektive Methoden, um Menschen von deinem Mehrwert zu überzeugen, Leads zu generieren und die Kosten überschaubar zu halten.

Weiterhin solltest du auch nicht zimperlich sein, Online-Werbung zu schalten. Gerade auf sozialen Medien sind diese Werbeanzeigen unglaublich viel wert, auch wenn du denkst, dass doch niemand dort draufklickt. Glaube mir: Es gibt unheimlich viele Menschen, die das tun, ob wissentlich oder aus Versehen, aber sie gelangen dadurch auf deine Seite und zu deinem Angebot. Und besser es kauft dadurch auch nur einer von 1000 Menschen als gar keiner, oder? Je höher die Umsetzungsrate von Seitenbesucher zu Käufer (auch Conversion genannt), desto höher dein Umsatz. Versuche, Online-Marketing zu betreiben, aber das mit überschaubaren Kosten. Und die Ausgaben werden sich definitiv lohnen. Deine Internetseite sollte entsprechend attraktiv gestaltet werden. Es soll auf den ersten Blick ersichtlich werden, welche Art von Produkt oder Dienstleistung du anbietest, und, es sollten alle Sinne bedient werden, die bei Anschauung deiner Seite angeregt werden. Schrecke nicht mit zu viel Text ab, sondern starte ein Video, das direkt durch eine provokante Ansprache oder ein Versprechen, definitiv aber durch einen „Eye-und Earcatcher“ Aufmerksamkeit erweckt.

Ich bin sicherlich kein Online-Marketing-Experte. Es gibt jedoch ein paar einfache Grundgedanken und Dinge, die du von vornherein berücksichtigen kannst, ohne viel Wissen zu diesem Thema zu haben. Auf einem fortgeschrittenen Level sollte das Ganze dann aber auch professioneller ablaufen. Daher möchte ich dir nur ans Herz legen, dass du, wenn du dich dazu entscheidest, was ich dir dann in diesem Fall empfehlen würde, dich mit entsprechender Fachliteratur oder mit Experten auseinandersetzt. Experten zu diesem Gebiet findest du sehr leicht: Frag ein paar große Leute, die auf Social media bereits bekannt sind, nach deren Ansprechpartner. Irgendwer wird dir schon die Kontakte weitergeben. Und wenn du diese Person kennst und im besten Fall von ihrem Auftritt auch überzeugt bist, dann scheint die Marketing-Abteilung ja schon einmal etwas richtig gemacht zu haben. Du findest aber mittlerweile auch genügend gute Kontakte im Internet. Achte nur hier eben auf entsprechend gute Rezensionen oder mache deine eigenen Erfahrungen. DU musst nicht den Businesspartner deines Lebens finden. Wenn du mit ihm/ihr nicht erfolgreich bist, versuche die/den Nächsten. Mittlerweile gibt es sehr viele Online-Marketer.

Je größer und besser dein Business wird, desto mehr Sinn macht es auch, das Ganze professioneller zu gestalten und auch weitere Experten ins Boot zu holen. Für den Anfang kannst du das Meiste aber auch hervorragend im Selbstgang erledigen. Du musst dir eben nur die Zeit nehmen, dich auch damit zu beschäftigen. Und lieber irgendetwas machen als gar nichts machen. Entgegen vieler Meinungen bin ich überzeugt, dass dein erster Auftritt nicht überragend sein muss, du musst nur eben präsent sein und dich dann stetig verbessern. Das macht dich auch sympathisch und greifbar und es hilft dir, etwas Schritt für Schritt aufzubauen und dadurch auch mehr Vertrauen und Transparenz für deinen Kunden in spe zu schaffen.

Wichtig ist, dass der Ball ins Rollen kommt, die Aufmerksamkeit bekommst und ein paar Einnahmen generierst. Das ist das Erste und Wichtigste. Wenn es dann läuft, dann solltest du dich natürlich weitgehender damit auseinandersetzen. Das soll in diesem Buch nicht ausführlich thematisiert werden. Dafür können wir lieber persönlich sprechen für professionelle und weitreichendere Tipps oder du lässt dich beraten. Das ist auf jeden Fall dann die nächste Stufe, bei der man auch ins Detail schauen muss.

Geld in Risikoanlagen investieren

Diese Aussage klingt natürlich erst einmal sehr undurchsichtig. Ich meine damit jedoch nichts anderes, als dein Geld in Unternehmen, Aktien, Optionen oder Anleihen zu investieren.

Warum empfehle ich dir das? Weil es, wenn du es mit Kopf machst, ein sicherer Hafen für dein Kapital ist. Auch, wenn es Risikoanlagen sind. Das sind Investmentanlagen, so sicher sie eben sein können.

Die Faustregel besagt ja: „Höheres Risiko gleich höherer Gewinn". Das ist immer so, nicht nur im Bereich Finanzen. Betrachtest du etwas risikoreiches, wirst du neben der rationalen Seite auch immer eine psychologische Komponente erfahren. Wenn du ein hohes Risiko eingehst, ist dein Streben nach Erfolg unglaublich hoch. Du bist bereit, etwas zu riskieren, aber nur, weil der Output ein Vielfaches höher ist als das, was dir ein übliches Resultat bescheren könnte oder deine Investition um ein Vielfaches übersteigt. Ansonsten würdest du ja kein Risiko eingehen wollen. Das wäre ja schön bescheuert. Also ist dein Hunger nach maximalem Output entsprechend groß. Das heißt, du sehnst dich nach einem positiven Resultat, und erhoffst, dass das Ergebnis entsprechend üppig ausfällt. Nichtsdestotrotz birgt das Risiko natürlich auch Gefahren, deren du dir im Idealfall bewusst bist. Aus dem Grund wirst du dem Resultat aus einem Risikoprozess heraus wahrscheinlich mehr Wichtigkeit beimessen als dem Ergebnis eines Routineprozesses ohne größere Risiken.

Zurück zum Thema Finanzen. Auch hier bewahrheitet sich diese Aussage: Je risikoreicher dein Investment, desto ertragreicher kann sie werden. Natürlich nur kann, weil immer die Gefahr besteht, dass das Kapital verloren geht. Dieses Risiko und diese Gefahr sind jedoch noch in einem gesunden Rahmen, wenn du dein Kapital bedacht investierst. Dein Geld ist an die Leistung eines/einer Dritten gebunden. Das bringt zum einen wieder die Abhängigkeit und damit einen relativen Kontrollverlust mit sich, birgt aber auch Chancen. Denn du hast die Möglichkeit, dein Kapital zu steuern beziehungsweise zu diversifizieren und damit das Risiko zu streuen. Dadurch kannst du dein Risiko begrenzen und deine Chancen erhalten. Und dieser

Investmentprozess ist nicht risikoreicher als andere. Denn auch das Geld, was du in der Tasche hast, das Geld, was auf deinem Konto liegt, all das ist auch risikobehaftet. Risiken, denen wir uns nicht bewusst sind, die dennoch existieren und dich um dein gesamtes Vermögen bringen können.

Aus diesem Grund sollte das Wort "Risiko" immer nur relativ betrachtet werden und nie absolut. Denn es gibt immer ein Kosten/Nutzen-Verhältnis, das du abwägen musst. Welche maximalen Kosten können mir entstehen und was wäre der maximale Nutzen, den ich erhalten könnte? Im Trading spricht man hier ganz konkret vom Chancen-Risiko-Verhältnis. Welche Chance habe ich, und welches Risiko muss ich dafür tragen? Je höher die Chance, desto eher bist du wohl bereit, ein Risiko einzugehen. Wenn das nicht so ist, solltest du dir vorher nochmal überlegen, auf welches Pferd du wettest und was es für potentielle Risiken geben könnte, von denen du vielleicht gar nichts weißt oder deren du dir gar nicht bewusst bist. Dieses Chancen-Risiko-Verhältnis ist omnipräsent in unserem Leben, nicht nur bei deinem Investment!

Aber eben auch bei deinen Investitionen ist es so. Du kannst in Unternehmen oder Aktien investieren, die seit Jahren erfolgreich wirtschaften und, aufgrund von Wirtschaftslage und Geschäftsführung, voraussichtlich auch in den kommenden Jahren weiter sehr gut haushalten werden. Das sind risikoärmere Investitionen, wenn du dich für Unternehmensbeteiligungen in Form von Aktien entscheidest. Sie liefern dir in der Regel aber auch keine überdimensionale Wertsteigerung. Weniger Risiko, weniger Chancen. Ausnahmen bestätigen die Regel. Je volatiler etwas ist, also je unklarer die Zukunft eines Unternehmens ist, desto größer das damit verbundene Risiko, aber natürlich auch der mögliche Profit.

Was kannst du noch mit deinem angesparten Kapital anfangen?

Eine stets empfohlene Anlage sind ETF, Exchange traded funds. Ein ETF ist ein börsengehandelter Indexfond, der die Entwicklung eines zugrundeliegenden Basiswertes nachvollzieht. Bedeutet also nichts anderes als dass du in einen Fond investierst, der sich wertmäßig ähnlich entwickelt wie der Grundwert, auf den dieses Investment bezogen ist. Ein ETF auf den DAX macht also ähnliche Bewegungen wie der DAX. Wenn sich der DAX um 100 Punkte nach oben bewegt, dann bewegt sich auch der ETF nach oben und andersherum.

Ein ETF bietet ähnliche Möglichkeiten wie ein Fond, kann aber eben auch wie Aktien gehandelt werden. Es verbindet somit mehr oder weniger beides.
Der Vorteil bei ETF ist, dass sie die Bewegung eines zugrundeliegenden Basiswertes nachvollziehen, aber um einen Großteil günstiger sind. Dadurch kannst du kostengünstiger in große Indices investieren, als wenn du direkt in den Index investierst. Weiterhin kannst du durch ETF auch in viele weitere Anlageklassen investieren.

ETF können schon ab einem geringen monatlichen Sparplan gekauft werden. Aktuelle günstige Investments bieten ein monatliches Investment ab 25 Euro an. Bedeutet, dass du effektiv im Jahr 300 Euro investierst. Das Ganze kannst du natürlich auch beliebig vergrößern.

Es macht dann Sinn, in ETF zu investieren, wenn du davon überzeugt bist, dass ein Index wie der DAX, der aus den 30 größten deutschen börsennotierten Unternehmen besteht, weiter steigen wird. Die Wahrscheinlichkeit ist sehr hoch, denn er ist in den letzten Jahren extrem gestiegen. Natürlich gibt es hier und da auch mal wieder größere Rücksetzer, die aber nicht weiter dramatisch sind, sondern eher gesund für den Markt, damit er sich nicht überhitzt (wie die Kryptowährungen beispielsweise). Alles was steigt, muss auch mal wieder fallen. So wird es dir ja auch gehen. Du wirst immer weiter steigen und Fortschritte machen, irgendwann auch mal wieder einen Rücksetzer machen, aus dem du dann noch stärker hervorgehst. Das macht die Börse eben auch.
In Zeiten der stark vernetzten und globalisierten Märkte ist es fast gesichert, dass es eine Börse geben wird und bestimmte Produkte und Dienstleistungen eben über solche kontrolliert und gehandelt werden. Wir befinden uns immer noch in einem intakten Aufwärtstrend, da es den großen Wirtschaftsmächten sehr gut geht, auch wenn politische oder wirtschaftliche Unruhen immer mal wieder für Panik sorgen. Es sind eben auch Menschen am Werk neben den ganzen Maschinen. Und Menschen lassen sich häufig schneller in Panik bringen als in Euphorie.

Somit werden ETF immer als recht sichere Bank angesehen, die dich sicherlich nicht in ein paar Jahren zum Millionär werden lassen, aber dein Kapital mit einer schönen Rendite jährlich erhalten beziehungsweise vergrößern. Wenn du dich mehr dafür interessierst, kannst du dir definitiv mal ein paar Artikel aus dem Internet heraussuchen. Wenn du spezifische Fragen hast oder du Meinungen oder Erfahrungen benötigst, biete ich dir natürlich auch immer meine Auskunft an.

Wichtig ist, dass du dich mit den Investments auseinandersetzt, bevor du sie eingehst. Denn nichts ist schlimmer als Unwissenheit in den Märkten. Da kannst du eigentlich nur Geld verlieren. Und wenn du doch mal etwas verdienen solltest, dann weißt du meistens nicht, wie du nun klug damit umgehen solltest. Also machen zumindest eine kleine Analyse oder das Beschaffen von Grundkenntnissen außerordentlich Sinn. Natürlich brauchst du nun kein Analyst werden und dich monatelang mit diesen Themen auseinandersetzen, wenn es dich nicht sonderlich interessiert. Dann kannst du dir auch immer Hilfe von Experten holen. Problem an dieser Geschichte ist eben wieder nur, dass sie auch Geld verdienen wollen, also bezahlst du sie erst einmal, bevor du Leistungen erhältst oder geschweige denn Ergebnisse siehst. Eine gesunde Mischung ist hier sicherlich sehr gut. In der Regel kannst du jedoch mit kleinen Beträgen anfangen zu investieren und dir über die Zeit das Wissen immer weiter vertiefen, um dann wirklich weitgehendere Investments tätigen zu können. Weil dank dem Zinseszinseffekt und dem der Renditen kannst du schnell eine bedeutsame Menge an Kapital erwirtschaften durch kluge und geschickte Investments.

Edelmetalle

Edelmetalle bieten eine über extrem lange Zeit beständige Wertanlage an, wobei auch die Preise von Gold, Silber und Platin deutlichen Schwankungen unterliegen. Allgemein sind Edelmetalle natürlich weniger von politischen oder wirtschaftlichen Entscheidungen beeinflusst. Dadurch werden sie vor allem auch in Kriesenzeiten oder in unruhigen Märkten daraus interessant. Natürlich werden hier die Preise auch über Angebot und Nachfrage geregelt. Bedeutet eben auch, dass ein Überangebot von Gold durch groß angelegte Explorationen und andere Vorkommnisse den Preis extrem drücken können. Dennoch gibt es Zeiten, da sind Edelmetalle sehr gefragt.

Investitionen in Edelmetalle schützen dein Kapital ziemlich gut vor Inflation der Währungen. Du brauchst aber auch immer entsprechende Aufenthaltsorte und Safes, um Edelmetalle zu kaufen und dann auch zu halten. Für dich interessant zu wissen: Alle Gold-Produkte sind in Deutschland von der Umsatzsteuer befreit. Auch Spekulationsgewinne sind mit einer Haltedauer von mindestens einem Jahr steuerfrei. Wenn du dich für die Investition in Edelmetalle interessierst, solltest du auf jeden Fall ein wenig im Thema sein und dich kurz darüber informieren, ob die Preise aktuell auf einem Hoch sind oder eher niedriger kursieren. Dadurch kannst du den Einstieg besser und klug timen.

Mache dir einen 1-Jahres-Plan

Beantworte dir die folgenden Fragen und erschaffe dir einen 1-Jahres-Plan!

Wieviel Geld sparst du im Jahr, wenn du deine sparfähige Summe monatlich zur Seite legst?

Berechnung: Sparfähige Summe (abzüglich 30% der Unsinn-Ausgaben) x 12 = Ergebnis

Wieviel Geld brauchst du für alle deine Träume und Ziele?

Welchem Bruchteil des Wertes entspricht dein jährlich gesparter Betrag?

Berechnung: Summe der Kosten der Träume geteilt durch die jährlich gesparte Summe

Anschließend kümmere dich darum, wie du dein Geld anlegen möchtest. Ich kann dich hierzu gerne auch unterstützen und beraten, doch helfe ich dir nur dann, wenn du dir wirklich schon ausgiebig und konkret Gedanken gemacht hast.

Welche Rendite erwartest du im Jahr?

In was willst du investieren?

Zusatzfragen für dein Investitionsbewusstsein:

Wieso willst du darin investieren?

Wie lange willst du darin investieren?

Wieviel Geld kannst du monatlich investieren?

Zu welchem Teil investiere ich in Risikoanlagen, und welche lege ich festverzinslich an?

Wenn du eine realistische Renditeerwartung erreichst (8-12% im Jahr sind durchaus machbar), wieviel würdest du dann jährlich zusätzlich an Geld sparen können?

Welchen Überschuss kannst du durch deine jährliche Renditeerwartung gegenüber dem einfachen „Sparen" erzielen?

Berechnung: Kapital nach Investition jährlich – Kapital nach reinem Sparen jährlich = Ergebnis

Wie sieht das Ergebnis nach zehn Jahren aus? Investiert vs. reines Sparen

Hinweis: Berechne den Zinseszinseffekt deiner Rendite (nimm dir einen Kalkulator im Internet zur Hilfe)

Berechnung: Kapital nach Investition (10Jahre) – Kapital nach reinem Sparen (10Jahre) = Ergebnis

Hier siehst du, was eine sinnvolle Investmentanlage jährlich auf dein Konto bringt. Wir können die Steuern erst einmal außer Acht lassen, da sie sich mit potentiell besseren Renditeerwartungen amortisieren.

Was machst du gerne?

Was kannst du sehr gut?

Was willst du gut können?

Wie kann man damit Geld machen?

Welche Schritte sind notwendig, um damit Geld zu machen?

Welche Voraussetzungen müssen gegeben sein, um damit Geld zu machen?

Welche Möglichkeit hast du, morgen mehr Geld zu machen?

Welche Möglichkeiten hast du, in deinem Job mehr Geld zu machen?

Wie kannst du diese Möglichkeiten wahrnehmen?

Was willst du heute verändern?

Was soll nächste Woche anders sein?

Was soll in einem Jahr anders sein?

Was soll in zehn Jahren anders sein?

Berechnung: Was musst du heute ändern, damit das passiert?

Und jetzt lege los! Fange an und setze den Grundstein!

Was will ich dir damit eigentlich sagen? Wozu der ganze Hokuspokus?

Konkret gesprochen möchte ich dir hier ans Herz legen, dass du dich grundlegend über Investment und Kapitalanlage beschäftigst. Es ist ein unausweichlicher Punkt, wenn du Kapital für dich arbeiten lassen möchtest. Die Form von Kapitalanlagen kann sehr unterschiedlich sein. Eine davon sind Aktien. Aktien sind hervorragend für dich geeignet, um dein Kapital anzulegen. Und hier kannst du mittlerweile schon mit kleinsten Summen beginnen. Und ich empfehle dir auch dringend, das zu tun. Auch 50 Euro in Aktien sind besser als 0 Euro in Aktien. Denn auch hier spiegelt sich der so oft zitierte Zinseszinseffekt wieder. Du kriegst Zinsen auf deine Zinsen, du kriegst Rendite auf deine Rendite. Wen man das auf ein paar Jahre hochrechnet, dann kannst du selbst aus 50 Euro mehrere Hunderte oder sogar tausende Euro machen. Mehr Risiko bedeutet potentiell auch mehr Geld in weniger Zeit. Das Kapital, was du zur Verfügung hast, sollte also wohl durchdacht aufgeteilt sein. Entscheide dich mit einer kleineren Position für risikoreichere Investments, wie kleinere Unternehmen, boomende Sektoren, Startups. Aktuelle Beispiele sind Biotechnologie-Aktien, Aktien aus dem produzierenden Gewerbe (Lithium-, Kobaltexplorer oder Produzenten), Elektroauto-Hersteller, Cannabis-Aktien, Biokraft-Aktien und so weiter und so fort. Überlege dir, was in Zukunft wichtig sein könnte, wie und wohin sich unsere Gesellschaft und die Menschheit entwickelt und was das Thema von morgen sein kann. Autohersteller haben gerade ein Problem, wenn Benzin- und Dieselaggregate ihre Hauptmotortechnologien sind: Gerade sind Elektroautos oder Wasserstoffautos auf dem Vormarsch. Cannabis, vor einigen Monaten noch in der Diskussion, erlangt immer mehr pharmazeutische und gesellschaftliche Aufmerksamkeit: Diese Aktien explodieren gerade und verdoppeln sich innerhalb kürzester Zeit. Grafikkartenhersteller sind sehr gefragt, weil die Gaming-Industrie keine kleine, dunkle Nische mehr für den Nerd von nebenan sondern eSports auf dem Vormarsch ist. Private TV-Sender haben wirtschaftliche Schwierigkeiten, da die Menschen immer weniger TV schauen, sondern immer mehr auf Video-on-Demand zurückgreifen. Das hat sich gestern schon angekündigt und wird heute gelebt. Was passiert morgen?

Wird es bald noch Digitalkameras für Hobbyfotografen geben? Oder werden sie von professionellen Kameras und Handys verdrängt? Wird es noch einen analogen Telefonanschluss geben? Wird man in Zukunft noch über Tastatur schreiben oder vielleicht über Hologramme, vielleicht sogar lediglich über Sprachsteuerung? Wird es in Zukunft noch Plastik geben oder wird eine andere bioabbaubare Lösung den Markt penetrieren? Brauchen wir in 20 Jahren noch Flugzeuge?

Einige Fragen mögen durchaus abstrakt erscheinen, da sie Dinge infrage stellen, die für uns heute noch Alltag sind. Hast du jedoch eine Idee, was der Alltag von morgen sein wird? Wenn du einen Trend erkennst, vorzeitig bemerkst, was Menschen interessiert, bewegt oder begeistert, kannst du daraus bare Münze machen. Doch wie erkennst du solche neuen Trends? Indem du deine Augen offenhältst und dich nicht vor Neuerungen verschließt, indem du mit Menschen kommunizierst und interagierst. Dadurch ergeben sich Möglichkeiten und Perspektiven, die komplett neu für dich sind, aber riesige Chancen geben.

Wenn du auf der Suche nach spannenden Themenfeldern bist, die zukünftig eine große Rolle spielen können, sei aufmerksam, was um dich herum passiert. Steige tiefer in die Materie ein und hinterfrage einige Dinge, gehe mehr ins Detail! Als Elektroautos auf den Markt kamen, wer hat davon profitiert? Natürlich die Hersteller, die diese produziert haben. Aber eben auch die Lithium-Produzenten, da die Batterietechnologien auf diesem Rohstoff unter anderem beruhen. Als der Bitcoin groß wurde, wer hat davon profitiert? GPU-Hersteller, Grafikkartenhersteller, mit denen du diese Coins effektiv generieren, also minen, kannst. Sieh dir Hintergründe an, mach dir Gedanken, wer durch die Hintertür noch profitiert. Das sind meistens kleinere Unternehmen oder Akteure, die man bisher nicht so auf dem Schirm hat. Aber das sind die Unternehmen, die vorher anlagetechnisch risikoreich waren, da sie nur von wenigen Dienstgebern in Anspruch genommen wurden und eine Zukunft für diese Unternehmen unklar war. Jetzt, wo die Nachfrage so extrem groß ist, hat sich ein großes Potential ergeben.

Wenn Rauchen überall und immer weiter verboten wird, wie sieht es mit E-Zigaretten-Herstellern aus? Was brauchen sie für Bauteile, wer liefert so etwas, wer davon ist Profiteur und wer Verlierer? Wie überall im Leben gilt es auch bei einer Investitionsentscheidung, offen für Chancen zu sein und den Blick auf das Potential zu richten, das sich ergibt. Nichts anderes tust du doch auch in deinem Job, in deiner Beziehung, in deinem Leben. Du schaust doch, was für dich sinnvoll sein kann, was dich weiterbringen kann. Und bei deinen Investments sollte es nicht anders sein.

Alle deine Entscheidungen sind mit einem Risiko verbunden. Größer oder kleiner. Aber auch, wenn du Geld gespart hast und es sinnvoll anlegen willst, gibt es kleinere und größere Risiken, die damit verbunden sind. Beide sind in Ordnung und du kannst von beiden profitieren. Einmal maximal, einmal minimal. Mehr Risiko bedeutet zwar mehr Risiko, aber in aller Regel auch mehr Profit im Gewinnfall. Streue dein Risiko und investiere von 50 Euro, die du hast, 20 Euro in risikoreichere Anlagen, die richtig explodieren können, die aber auch verschmerzbar sind, wenn es nicht klappt. Und investiere die restlichen30 Euro in risikoärmere Anlagen. Sie liefern dir mit höherer Wahrscheinlichkeit nur einen kleineren Profit, aber dafür ist dieser auch sicherer. Das Schlüsselwort heißt eben Diversifizierung beziehungsweise Risikostreuung.

Ich möchte dir hier keine klaren Anlageempfehlungen geben, da ich nicht weiß, zu welcher Zeit du dieses Buch hier liest. Und da alles auf der Welt einem Wandlungsprozess unterliegt, kann es sein, dass die Tipps von heute bereits nächste Woche nicht mehr so aktuell sind. Wenn du dich für konkrete Anlageempfehlungen interessierst, dann sollten wir einmal persönlich sprechen. Du kannst zu jeder Zeit sehr sinnvolle Anlagen finden. Du musst dir nur eben tiefergehende Gedanken machen und dich mit der Materie beschäftigen. Dann wirst du

immer etwas finden, das wertmäßig großes Potential hat. Überlege, was der Trend von morgen sein kann und entscheide dich heute, Teil davon zu werden. So kannst du keine falschen Entscheidungen treffen. Du triffst richtige Entscheidungen und noch richtigere. Du lässt auf jeden Fall keine Chancen liegen.

Und jetzt?

Was bringt dir das Alles?

Ganz einfach: Du möchtest wahrscheinlich von Natur aus, dass es dir gut geht anstatt schlecht. Das bedeutet, dass du in irgendeiner Form zufriedener sein willst als unzufriedener. Du möchtest also eher glücklich statt unglücklich sein. Natürlich gibt es auch Menschen, die glücklich sind, wenn sie Schmerz verspüren. Das sind aber wohl weniger Menschen als die Mehrheit.

Aus diesen Gründen suchst du also eher nach Möglichkeiten, wie es dir besser gehen anstatt wie es dir schlechter gehen kann. Wenn du jetzt dein Unterbewusstsein so programmiert hast, dass du nach Chancen suchst und dich, aufbauend darauf, unterbewusst für die Dinge entscheidest, die dich voranbringen, dann konditionierst du dich, dass du mit diesen Entscheidungen und den resultierenden Ergebnissen dein Bedürfnis nach Glück vollends befriedigen kannst, sodass du jedes Mal, wenn du eine für dich produktive Entscheidung getroffen hast, eine Art Belohnung erhältst. Diese Belohnung ist ein absoluter Glückszustand, in dem du dich befindest. Und genau dann werden sich diese Dinge gegenseitig bedingen und anziehen: Du entscheidest unterbewusst, was dich voranbringt, und bist dann im Endeffekt dadurch positiv getriggert, sodass du süchtig danach bist, diese positiven Ereignisse zu replizieren, weil es dich glücklich macht. Also wirst du im Umkehrschluss noch bessere und noch glücklicher-machende Entscheidungen suchen und auch finden, die dich immer weiter voranbringen. Die Tatsache, dass du dich aktuell in deiner Situation unwohl fühlst und vielleicht sogar Schmerz damit verbindest, treibt dich noch mehr an, nach Chancen und Möglichkeiten zu suchen. Und dieses Zusammenspiel wird sich hochpotenzieren, bis du dort bist, wo du sein möchtest.

Und wann bist du dort, wo du sein willst? Wenn du das Leben lebst, dass du dir sehr konkret visualisiert und aufgeschrieben hast und wenn du hinter jedem ECHTEN Ziel ein kleines, grünes Häkchen machen kannst, dann bist du angekommen. Dann, ja dann hast du es geschafft, dann lebst du das Leben, von dem du immer geträumt hast. Und dann hast du alles aus komplett eigener Kraft geschafft. Und zu diesem Zeitpunkt kann dich nichts mehr erschüttern. Weil du ab dann in der Lage sein wirst, es immer und immer und immer wieder zu tun! Weil du weißt, wie es funktioniert! Nimm einem Millionär seine Millionen weg, und kurze Zeit später wird er wieder Millionär sein. Warum? Weil er weiß, wie es funktioniert! Und warum wirst du, wenn du einmal soweit bist, und dir all diese Mühen machst, immer erfolgreich sein? Weil du weißt wie es funktioniert. Und egal was kommt: Jetzt weißt du, wie du es immer wieder machen kannst.

Egal wo du jetzt bist, egal was du alles schon durchgemacht hast, und egal, wo du hinmöchtest. Deine Geschichte ist deine Erfahrung. Du hast bereits viel gelernt. Jetzt kommt es darauf an, was du daraus gelernt hast, und wie du nun weitermachst. Kein Mensch hat die perfekten Voraussetzungen, kein Mensch weiß alles, und kein Mensch kriegt etwas geschenkt. Und wenn doch, dann nur von denjenigen, die fleißig waren und gekämpft haben, damit sie anderen etwas schenken können.

Kein Mensch ist einem Schicksal unterlegen, das jede Sekunde seines Lebens bestimmt. Den schwerst-eingeschränktesten Menschen möchte ich hier nichts erzählen. Aber meist sind es diese, die es uns lehren, niemals aufzugeben. Du kannst gewinnen, wenn du kämpfst. Du hast aber bereits verloren, wenn du nicht kämpfst.

Das Wichtigste ist: Bleib du selbst und verfolge deine Ziele. Sei ehrlich zu dir selbst und kämpfe für das, was dich wirklich antreibt. Sei loyal zu den Menschen, die dich auf deinem Weg begleiten. Verabschiede dich von Menschen, die dir nichts als Misserfolg bringen und dich herunterziehen. Dieses Leben ist schön. Diese Welt ist schön. Es kommt nur darauf an, was du daraus macht. Nach dem Kapitel, in dem ich dir ein paar Informationen zu mir geben möchte, habe ich noch eine ganz persönliche Nachricht an dich!

Über mich persönlich

Wer ich bin und warum ich dir etwas erzählen möchte

Wer bin ich eigentlich, der dir hier Tipps geben will und darf? Was gibt mir das Recht, hier so große Töne zu spucken und der Meinung zu sein, dass ich Ahnung habe?

Das Ganze kann ich dir sehr schnell beantworten: Ich kann es, weil ich diesen ganzen Mist selbst durchgemacht habe, von niemandem bezahlt werde und daher völlig eigenständig entscheide, ob ich Menschen helfen möchte oder eben nicht. Ich habe mich entschlossen, es zu tun, weil ich merke, wie pessimistisch und nichts-gönnerisch unsere Gesellschaft ist. Ich werde durch dieses Buch nicht die Welt verändern, jedoch vielleicht die Denkweise von ein oder zwei Menschen dort draußen. Und wenn ich diesen Menschen, viel eher gesagt, wenn ich genau dir helfen kann, dann habe ich meine Mission erfüllt. Denn wie heißt es so schön: Glück ist das Einzige, was sich verdoppelt, wenn man es teilt...

Also...
Aufgewachsen bin ich in einem kleinen Ort in Düsseldorf, genauer gesagt in Vennhausen. Meine Kindheit war mit allem gespickt, was ich brauchte, wobei ich sagen muss, dass ich wahrscheinlich nicht der Prototyp der pädagogisch fehlerfreien Erziehung war. Mir ging es immer sehr gut und ich war glücklich, zumindest bis zu einem gewissen Teil.

Meine Eltern haben sich sehr früh voneinander getrennt. Damals war es ein riesen Schock, heute finde ich, dass die Entscheidung längst überfällig war.
Ich war lebenslustig, stark übergewichtig und dennoch super beliebt. Also kein typisches Mobbing-Opfer, sondern eher so der kleine dicke, beste Freund von nebenan. Die Schule ist mir nicht schwergefallen, habe aber auch keine überragenden Leistungen erbracht. So Durchschnitt eben. Ich war glücklich, dachte, ich hätte alles, was ich brauche, habe aber immer mit einem Auge auf andere geschaut, und was bei ihnen möglich ist. Problemfaktor war bei uns eben einfach das Geld. Wir hatten genug zu Essen und zu Trinken, wir hatten ein Dach über dem Kopf. Warum also beschweren? Will ich gar nicht. Es war großartig, ich war ja auch eigentlich glücklich. Eigentlich...
Man kriegt halt mit, was um einen herum so abgeht. Man kriegt mit, welche neuen Sachen deine Schulkameraden haben, was ihnen ermöglicht wurde, und was bei uns eben nicht drin war. Das war auch wirklich okay, ich war ja auch so glücklich. So ganz spurlos ist es wohl aber doch nicht an mir vorbeigegangen.

Ich war eben sehr gemütlich, sehr übergewichtig, auch relativ anspruchslos. Alles lief also irgendwie. Als die Jahre dann so vergingen, sollte ich laut Grundschule auf die Realschule gehen, meine Mutter meinte jedoch, dass ich es auf dem Gymnasium versuchen soll, da meine Cousins und mein Bruder auch dort sind.

Dort gestartet, und es lief auch. Ich war auch da Durchschnitt. Mit wachsendem Alter wuchs auch mein Gewicht. Mit 14 war ich dann letztendlich bei 140kg. Das war schon wirklich übel. Bis auf ein paar doofe Sprüche und unangenehmen Sport-Stunden, bei denen es um Turnen oder Gymnastik ging, war eigentlich alles okay. Die Faulheit und die gesamte Trägheit haben sich dann auch auf meine schulischen Leistungen ausgewirkt. In der 8. Klasse fast sitzen geblieben. Nach ein paar Anrufen von meinen Lehrern Zuhause hat sich dann auch langsam ein Prozess eingeschlichen, zu dem ich wusste, dass sich was ändern muss.
Startschuss der Änderung war dann eine hanebüchene Wette mit meinem damaligen besten Freund. Ich weiß gar nicht, ob ich ihm dankbar für diese Schnappsidee sein soll. Aber wir haben folgende Wette gemacht: Er war sehr schmal, ich sehr dick. Also: Er muss versuchen, möglichst Gewicht zuzunehmen, ich muss versuchen, so gut es geht abzunehmen. Gesagt, getan: Ich habe die Wette bei weitem gewonnen: 60kg abgenommen in 3 Monaten. Jetzt schreien sicherlich alle Gesundheitsexperten auf und sagen, dass es die reinste Katastrophe sei, so etwas zu tun. Letztendlich bin ich deren Meinung. Es war viel zu krass, viel zu schnell, viel zu unsinnig, aber es hat mir wohl einen Kick gegeben, Dinge wirklich durchziehen zu wollen. So krass, dass es schon in die Magersucht ging. Ich musste zum Arzt und regelmäßig mein Gewicht tracken lassen. Alle in meiner Familie haben mir geraten, in eine Klinik zu gehen, weil sie der Meinung waren, dass man so etwas nicht allein schaffen kann. Ich dachte mir: Wenn ich mich in diesen Zustand begeben kann, dann komme ich auch allein wieder heraus.

Das war eine sehr dunkle Zeit in meinem Leben, aber sie hat mir auch vieles Gutes gelehrt. Gesundheitlich weniger gut, psychologisch das wahrscheinlich lehrreichste Kapitel in meinem Leben.

Ich habe gelernt, was es bedeutet, für etwas zu brennen, alles zu geben, und dann auch erfolgreich zu sein. Der Zuspruch der Menschen um mich herum war unglaublich. Natürlich gab es auch viel destruktive Kritik, die mir sagen wollten, dass ich das eh nicht schaffe, ich es lassen soll, dass alles nichts bringt und so weiter. Ich habe mich dennoch nicht abhalten lassen. Und dann, nach den Sommerferien, also nach geschlagenen 6 Wochen, hatte ich schon die ersten 30kg herunter. Davon wird sicherlich viel Wasser gewesen sein, das ich verloren habe, hat aber maßgeblich dazu beigetragen, dass ich mich dermaßen verändert habe, sodass mich meine Schulkameraden nicht mehr erkannt haben. Selbst meine Tante hat mich in der Küche der damaligen Wohnung meines Vaters nicht erkannt, bis zu dem Zeitpunkt, als sie sich mit Namen vorgestellt hat, und ich ihr antwortete, dass ich weiß, wer sie ist. Das war eine verrückte Situation.

Aber bei allen Dingen, die dort passiert sind, positiv wie auch negativ, habe ich gelernt, was es bedeutet, erfolgreich zu sein. Ich habe gelernt, dass es Menschen gibt, die einen motivieren weiterzumachen, und ich habe gemerkt, dass es Menschen gibt, die dich nicht nur nicht unterstützen, sondern dir auch jeglichen Mut und Erfolg ausreden möchten. Zudem habe ich gelernt, dass der Mensch zu weit mehr in der Lage ist, als man ihm anfangs zutrauen mag. Man kann vor allem auch viele Dinge allein schaffen. Ein Wolfspack ist immer schön und in vielen Situationen auch sehr sinnvoll und hilfreich. Aber wenn es darauf ankommt, dann muss man auch bereit sein, selbst abzuliefern. Sich auf andere zu verlassen kann ein schönes Gefühl sein, aber selbst die Kontrolle zu haben, ein noch besseres.

Durch diese Erfahrung, egal, ob sie jetzt insgesamt eher positiver oder eher negativer wahrgenommen wurde, konnte ich vieles für mein Leben mitnehmen. Das musste also diese Disziplin und dieser Wille sein. Man sagt ja immer so schön: Erfolg entsteht dann, wenn der Hunger danach größer ist als die größte Ausrede. Das war wohl hier der Fall. Und was da funktionieren sollte, könnte ja auch in anderen Bereichen funktionieren.

Diese Disziplin und diesen Ehrgeiz, die ich dort entwickelt habe, konnte ich wirklich auch für mein gesamtes Leben mitnehmen. Ich wurde disziplinierter in der Schule, konnte die Wiederholung der 8. Klasse abwenden und begann, wirklich gut zu werden. Mir sind die guten Noten nicht zugeflogen und ich musste wirklich hart dafür arbeiten. Aber ich hatte diese Erfahrung ja nun bereits gemacht: Wenn ich wirklich hart für etwas arbeite, dann scheint sich auch ein Erfolg einzustellen. In der Schule war es dann genauso. Ich hatte keine sonderlich außergewöhnlichen, kognitiven Fähigkeiten. Ich komme aus einer Arbeiterfamilie, in der studieren ein Fremdwort war. Nicht, weil es niemand hätte geschafft, sich durchzubeißen, sondern, weil es einfach nicht in unsere Welt passte, nicht unserem Horizont entsprach.
Das Abitur habe ich dann auch sehr gut abgeschlossen. Zu diesem Zeitpunkt war mir klar: Da geht noch was.

Dadurch, dass ich disziplinierter und auch engagierter war, haben sich auch meine Vorstellungen und Wünsche für die Zukunft angepasst. Wollte ich früher noch eine Ausbildung machen und hatte mich in einem alltäglichen Beruf gesehen, war ich nun dabei, mir eine Vision zu zeichnen, in der ich studieren gehe, ein überdurchschnittliches Gehalt verdiene und ganz andere Dinge ermöglicht zu bekommen. Nicht von anderen, sondern Dinge, die ich mir selbst ermögliche, durch meinen Fleiß und meine Arbeit.

Ich habe nach dem Abitur noch ein freiwilliges soziales Jahr absolviert. Ich wollte, bevor ich mich in die Berufswelt stürze, noch freiwillig engagieren. Der Welt irgendwas zurückgeben. keine Ahnung was. So viel hatte ich mir ja noch nicht genommen., Aber ich war dankbar, dass ich eine Bildung genießen durfte, obwohl wir nicht viel Geld hatten, und ich einfach die Möglichkeit bekommen habe, mein Leben irgendwie selbst zu bestimmen.

Finanziell ging es uns wirklich nicht gut. Wir haben von Arbeitslosengeld gelebt und haben das Kindergeld, was wir bekommen haben, für die nötigsten Dinge gebraucht. Gelebt haben wir bei meiner Mutter. Sie hat alles für uns getan. Und dafür bin ich ihr bis heute dankbar. Ich denke, auf dieser Welt gibt es keinen aufopferungsvolleren Menschen als sie. Unser Vater hat auch dazu beigetragen. Auch dafür bin ich ihm dankbar. Uns ging es finanziell wirklich schlecht. Wir mussten unser einziges, geerbtes Schmuckstück, eine Goldmünze, verkaufen, damit wir Geld für Essen und Trinken hatten. Sicherlich geht es anderen weitaus schlechter auf dieser Welt. Und das soll hier auch kein Vergleich werden oder Mitleid erregen. Ich möchte euch nur die Situation schildern, wie ich sie erlebt und wahrgenommen habe. Das war also meine Situation. Geht schlimmer, geht aber auch besser. Irgendwie haben wir uns durchgeschlagen. Unsere Mutter hat uns, meinen Bruder und mich, mit den geringsten Mitteln zur Verfügung, mit allem, was sie hatte, irgendwie groß bekommen. Davor ziehe ich bis heute meinen Hut. Was das an Belastung, an Menschlichkeit und an Liebe bedeutet, kann man wohl kaum in Worte fassen.

Also, freiwilliges soziales Jahr begonnen. Dort habe ich monatlich ein kleines Taschengeld bekommen. 300 Euro pro Monat. War nicht viel, aber mehr als nichts. Ich habe davon mein Essen gekauft, und alles, was ging, gespart. Ich habe zudem ein paar Playstation-Spiele verkauft, da ich mir dachte: Bevor sie an Wert verlieren, möchte ich lieber noch die paar Euro haben. Wie du siehst: Wir hatten eine Playstation. So schlecht schien es uns ja nicht gegangen zu sein. Und nochmal: Wir konnten überleben, aber eben nicht gut. Die Playstation habe ich mir selbst gekauft. Dafür bin ich am Wochenende, in den Ferien, abends nach der Schule und teilweise morgens vor der Schule arbeiten gegangen. Alles, was ich hatte, habe ich mir selbst gekauft und erarbeitet. Nicht von meinem Taschengeld. Das gab es schon nicht mehr, seitdem ich 10 war. Danach wurde eben gearbeitet. Hat aber auch gepasst. Diese Erfahrung so früh zu machen war wichtig. Denn sie hat mir gezeigt, dass man für Geld hart arbeiten muss. Und sie hat mir gezeigt, dass man sich irgendwie Mittel und Wege suchen muss, um voranzukommen.

Ich habe durch verkaufen, arbeiten gehen und sparen einen beachtlichen Betrag von 2700 Euro zusammengespart. Nach 11 Monaten. Das waren Summen. Ich hatte zu diesem Zeitpunkt mehr Geld, als meine Mutter die letzten Monate überhaupt zur Verfügung hatte, zusammengerechnet!

Ich wusste nun: Ich will mehr. Das war wohl der erste Augenblick, an dem ich wirklich hungrig war, nachdem ich diese verrückte Diät (nennen wir es mal so) durchgezogen habe. Also habe ich mich nicht nur nach einem Studium oder einer Ausbildung umgesehen, sondern wollte sogar ein duales Studium machen. Studium und Ausbildung gleichzeitig, nebenher Geld verdienen und beides in der gleichen Zeit schaffen, wo andere gegebenenfalls nur eines von beidem schaffen. Das war eine gute Idee, so dachte ich es mir. Ein paar direkte Absagen, ein paar Vorstellungsgespräche. Und dann kam die E-Mail, die mein Leben verändert hat: Passt, ihre Ausbildung bei ... (einem internationalen Chemiekonzern, DAX-Unternehmen). Ich habe geweint vor Freude, weil ich es geschafft habe. Ich habe es geschafft, auszubrechen. Auszubrechen aus dem Kreis, in dem ich gefangen war. Auszubrechen aus dem Käfig, der sich um mich herum errichtet hat. Ich habe es geschafft: Ich habe die Möglichkeit bekommen, etwas zu machen, von dem viele nur Träumen, und ich vor ein paar Jahren noch nicht einmal zu träumen gewagt hätte. Genau zu diesem Zeitpunkt wusste ich: Jetzt liegt es an mir. Jetzt muss ich beweisen, aus welchem Holz ich geschnitzt bin. Jetzt ist Zeit, auch abzuliefern.

Ich habe noch mehr gearbeitet, habe noch mehr gespart, und habe mir eine Wohnung mit meinem besten Freund in Monheim, einem Vorort von Düsseldorf, gemietet. Die Wohnung war ein Sozialbau, sehr günstig. Aber egal. Es war die erste eigene Wohnung. Und auch das Umfeld war okay. Monheim ist nicht bekannt für seine schönen Ecken, aber es war besser als erwartet. Zudem habe ich mir von meinem hart erarbeiteten und ersparten Geld mein erstes eigenes Auto gekauft. Einen Renault Megane Cabriolet mit 2L-Motor. Für dich damals ein unglaubliches Auto. Alles selbst gezahlt. Von Kaufpreis (2900 Euro) bis hin zu Versicherung, Steuern, Benzin und Verschleiß sowieso. Ich habe knallhart kalkuliert, auch mit dem Ausbildungsgehalt, das ich mal verdienen würde, und habe es genau heruntergerechnet. Es hat gepasst. Ich konnte leben. Keine großen Sprünge machen, aber ich konnte mein Leben zu diesem Zeitpunkt, wie es war, knapp finanzieren. Einfach unglaublich. Bis ich dann einen Unfall auf einem Rewe-Parkplatz hatte. Ein Unfall, an dem nur ich und kein anderer beteiligt war. Ich habe an meinem Auto dank einer Metallkante eines Rolltors auf dem Parkplatz des

Supermarktes den kompletten Unterboden abgerissen. Schadenssumme: 2200 Euro. Quasi wirtschaftlicher Totalschaden. Zu diesem Zeitpunkt musste ich leider sehen, dass meine Berechnungen immer aufgingen, ich für solche Eventualitäten jedoch nicht bestens aufgestellt war. Ich musste die Reparaturkosten in Raten abzahlen. Hat dann aber auch funktioniert. Aber das war Geld, was wirklich wichtig für mich war. Denn der tägliche Gebrauch des Autos war echt teuer. Ich habe mich dann auch dazu entschlossen, nur noch selten das Auto zu verwenden und mehr mit der Bahn zu fahren, und mit dem Zug natürlich. Effektive Zeit von zu Hause zur Arbeit oder zur Hochschule: Jeweils 1h 40min. War wirklich zu viel, für meinen Geschmack. Andere machen das sicherlich seit Jahren durch. Für mich ist das Ganze, neben dem Lernaufwand, dem Arbeitsaufwand und dem Haushalt in zu viel Belastung gegipfelt. Ich wurde leider krank. Psychisch sehr krank. Nichts, was ansatzbar vergleichbar mit wirklich krassen Erkrankungen ist. Jedoch so krank, dass es mich für einige Monate dahingerafft hat. Der Mode nach würde man es heute "Burnout" nennen. Ich hatte viel mehr psychosomatische Beschwerden. Hatte dauernd Panikattacken, die dann soweit geführt haben, dass ich aus der Hochschule mit einem Krankenwagen abtransportiert werden musste, weil ich dachte, ich sterbe. Ähnliches auch auf der Arbeit passiert, zu Hause, überall, wo ich war. Ich hatte keine Lust mehr auf Leben, weil ich andauern Angst hatte, dass ich sterben werde. Ich hatte immer Panik, dass ich einen Herzinfarkt erleide, meine Atmung stoppt, ich einen Blinddarmdurchbruch habe, eine Gehirnhautentzündung etc.

Besuche beim Kardiologen, beim Gastroenterologen und beim Allgemeinmediziner waren, nach Möglichkeit, an der Tagesordnung. Ich dachte immer: „Es kann nicht sein, dass bei allen Menschen die seltensten Krankheiten gefunden werden, und bei mir niemand findet, dass ich eine Herzmuskelentzündung habe. Ich habe meinen sicheren Tod gesehen". Daher habe ich jedem Arzt misstraut, und habe weitere Termine bei anderen Ärzten gemacht. Ich wollte das Ganze so lange machen, bis endlich mal jemand etwas findet. Dann hätte ich wenigstens Gewissheit. Was ich mit dieser Gewissheit gemacht hätte, kann ich auch nicht sagen. Aber ich habe halt eben mit einer schwerwiegenden Diagnose gerechnet. Ich wurde immer vertröstet, musste immer warten, schließlich hat mir kein Arzt bestätigen können, dass ich krank sei. Zumindest nicht organisch. Aber so richtig konnten sie mir auch nicht meine Angst nehmen.

Also habe ich immer und immer weiter gemacht. Heute weiß ich, dass mir eine einzige Form von Arzt hätte schneller helfen können. Der wäre dann aber ein Psychologe gewesen. Das wäre wohl die beste Stelle für mich gewesen. Meine Psychosomatik hat sich weiter fortgepflanzt, sie hat mein Leben über 2 Jahre bestimmt. Es war eine grausame Zeit. Ich weiß auch nicht, was genau passiert ist. Ich dachte, dass ich nie wieder gesund werde. Mein freiwilliges, soziales Jahr habe ich in einer Gerontopsychiatrie gemacht. Ich habe mich in Zukunft, falls ich doch irgendwie länger leben sollte als erwartet, nicht als Mitarbeiter, sondern als Mitbewohner dort gesehen. Ich war sicher, dass ich eines Nachts qualvoll an einem Herzinfarkt versterbe. Das Ganze klingt sicher übertrieben und stellenweise sogar lustig, war es aber definitiv nicht. Für mich ein weiteres, sehr dunkles Kapitel in meinem Leben, neben der ersten Erfahrung der Magersucht. Aus der Magersucht habe ich mich übrigens allein herausgekämpft. Indem ich, auch wenn es unglaublich unbequem war, zu Dingen gezwungen habe, die ich Sekunden später wieder bereut habe. Aber alles funktioniert halt nicht von heute auf morgen. Viel wichtiger ist es, den Prozess in Gang zu setzen und Schritt für Schritt zum Erfolg zu kommen. Heute habe ich immer noch ein etwas gestörtes Verhältnis zum Essen, ich denke aber in positiver Hinsicht. Ich verzichte seit dem Vorfall auf

Junkfood, Süßigkeiten, Alkohol etc. und bin glücklich mit dem Essen, was ich esse. Geht halt alles nicht von heute auf morgen. Aber der Weg ist das Ziel. So heißt es ja so schön.

Das Kapitel der Magersucht und der Psycho-Krankheitsgeschichte könnten Bücher füllen. Fakt ist, um hier nicht unnötig auszuführen, dass ich es geschafft habe, irgendwie dort herauszukommen. Irgendwie den Prozess zu initiieren, dass ich mich in eine andere Richtung bewegen will. Wie ich das gemacht habe? Durch zwei simple Dinge: Zum einen habe ich meine Ist-Situation aufgeschrieben und meine Soll-Situation gegenübergestellt. Schriftlich, sodass ich sie immer und immer wieder durchlesen konnte. Und zweitens habe ich mein Unterbewusstsein umprogrammiert. Und was das bedeutet und wie das geht, darüber haben wir gesprochen.

Zwei Dinge konnte ich, neben den Erfahrungen, die mir diese beiden, nennen wir es mal Ereignisse, lernen: Ich habe mich viel mit mir auseinandergesetzt und habe gemerkt, dass ich selbst etwas ändern muss, damit sich auch etwas ändert. Von allein passiert gar nichts, außer, dass die Zeit weiter voranschreitet. Ich war von heute auf morgen nicht gesund, auch nächste Woche nicht, wenn ich nicht selbst wirklich etwas verändern würde. Eine der wichtigsten Erfahrungen, die ich in meinem Leben jemals gemacht habe. Sicherlich macht mich das nicht zum Helden, aber ich denke, dass ich durch diese grenzwertigen Erfahrungen Wichtiges gelernt habe. Etwas, was vielleicht nicht jeder kennenlernen musste, durfte, konnte (wie man es auch immer sagen will).

Willst du, dass sich morgen etwas ändert, musst du bereit sein, heute etwas zu verändern. Klingt leichter, als getan. Aber schau dir doch selbst dabei zu, wie du jeden Tag die gleichen Gewohnheiten umsetzt, anstatt mal eine Kleinigkeit zu ändern, und schaust, was sie für Auswirkungen auf morgen hat. Aus Gewohnheiten austreten ist immer sehr unbequem. Deswegen tun es die wenigsten wohl auch. Es ist jedoch die einzige Möglichkeit, auch eine Änderung herbeizuführen. Schlimmer wird es dann noch, wenn sich diese Änderung nicht gleich morgen zeigt. Dann scheint es ja sowieso nichts zu bringen. Wenn sich die Änderung erst in einem Monat zeigt, oder in einem Jahr, oder in 10 Jahren auf deinem Bankkonto, dann ist jedem der Moment sicherlich wichtiger, als der Moment in 10 Jahren. Der einzige, wirklich gravierende Unterschied ist jedoch der Folgende: Dein Leben wird, auch wenn es sich erst in 10 Jahren ändert, von diesem Tag an für immer anders sein. Im schlimmsten Fall sogar besser. Willst du also 10 Jahre so weiterleben, wie du jetzt lebst, und dann, nach diesen 10 Jahren, auch weitere 10 Jahre, und dann wieder 10 Jahre so weiterleben? Oder willst du jetzt eine vielleicht etwas unbequeme Änderung in Erwägung ziehen, die dir vielleicht 2, maximal 4 Wochen unbequem erscheint, danach zur Routine wird und dir ab dann sogar leichtfällt? Vielleicht direkt positiven Einfluss auf dich und dein Leben hat? Und dich in 10 Jahren und von da an für den Rest deines Lebens ein Leben leben lässt, von dem du bisher nicht zu träumen gewagt hast?

Ergibt das Sinn für dich, was ich hier schreibe? Wenn ja, dann solltest du jetzt, genau in diesem Moment darüber nachdenken, was du heute noch, nicht morgen, heute noch ändern willst, was dich morgen, nächste Woche, nächsten Monat oder nächstes Jahr wirklich glücklicher und zufriedener macht. Diese Seite hier bleibt unten frei. Denn sie dient dazu, dass du dir hier genau die Dinge aufschreibst, die du ab heute änderst. Schreibe sie in dieses Buch.

ich bin zwar auch kein Fan davon, ich finde auch, dass es das Buch verunstaltet, aber schreibe es bitte trotzdem herein. Und schicke mir bitte ein Bild davon an meine Email (d.toelen92@gmail.com). Ich will sehen, dass du bereit bist, dich deinem Glück zu stellen, bereit bist, das heute zu ändern, um Morgen glücklich zu sein. Sei es dir selbst wert. In 5 Jahren kannst du mich nochmal anschreiben. Und mir danken. Und wir werden uns dein Bild nochmal anschauen. Und du wirst sehen: Das ist der Startpunkt gewesen, von dem sich nun an alles geändert hat.

Ein kleines Beispiel dazu aus meinem Leben, denn das hat es auch bei mir getan. Ich habe mein Leben geändert, weil ich ein für mich damals scheinbar unsinniges Spiel mitmachen musste: Auf einem Ausflug der Gruppe, mit der ich das soziale Jahr gestartet habe, sollten wir uns drei Ziele, die wir in den kommenden 5 Jahren erreichen wollen, auf einen Zettel schreiben, diesen Zettel auf den Boden in die Mitte legen und zurück zu unserem Stuhlkreis gehen. Anschließend sollten wir auf einen Startschuss hin unser Blatt Papier erreichen, so schnell es ging. Einige waren sehr langsam, haben sich einen Spaß draus gemacht. Andere waren moderat schnell. Wiederum andere sind gelaufen. Das war ja peinlich. Was war die Moral dieses Spiels? Ganz einfach. Die Gruppenleiter/innen wollten sehen, wie sehr wir bereit sind, für unsere Ziele zu kämpfen. Wie sehr wir uns bemühen, an den Zielen, die wir aufgeschrieben haben, festzuhalten, und wie sehr wir bereit sind, auch Hindernisse zu überwinden (es wurden uns Stühle und Tische in den Weg gestellt), um an diesen Zettel zu kommen. Ich löse auf: Ich war, aus welchem Grund auch immer (so dachte ich damals), einer der Komischen, der zu seinem Zettel gerannt ist. Ich habe auch nichts davon gehalten, eigentlich. Normalerweise zähle ich mich zu den Menschen, die versuchen, sich über solche Spiele lustig zu machen, da sie ja nichts mit der Realität zu tun haben. So spirituelle Geschichten waren eben noch nie mein Ding. Aber irgendetwas hat mich dazu bewegt, es trotzdem zu machen. Zu rennen. Das Ziel des Spiels, und welche Motivation und Aussagekraft es beinhalten sollte, war uns Spielern vorher nicht bewusst. Wir sollten uns eben einfach diese Zettel wiederholen. Das wars. Komische Geschichte, wenn man es so betrachtet.

Das hier ist der Zettel:

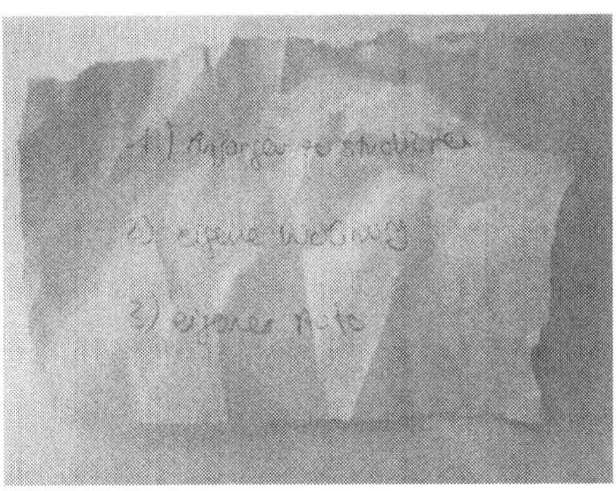

Was aus diesen Zielen geworden ist, weißt du ja bereits.

Ich möchte dir auch noch meinen weiteren Weg darlegen. Einfach, damit du siehst, aus welchen Erfahrungen heraus ich sprechen und viel eher schreiben kann.

Schließlich habe ich dann auch mein Studium begonnen. Und meine Ausbildung. Nachdem ich einige Zeit für einen namenhaften Football-Verein gespielt habe. Über diese Zeit brauchen wir nicht reden. War ein verrücktes Kapitel. Hat hier aber nichts zur Sache. Schnell habe ich gemerkt, dass Chemie und Biotechnologie nicht das ist, was ich mein Leben lang schon immer machen wollte. Entsprechend sind mir die ersten Semester auch ziemlich schwergefallen. Es war nicht, dass mir der Stoff zu hoch war, es war viel mehr die Didaktik des Studiums. Einige Fächer waren bockschwer, für andere wiederum musste ich nie anwesend sein und die Klausur war ein Witz. Die Labore haben mich fast gekillt. Dort waren die Ansprüche ziemlich hoch, obwohl uns wirklich nicht die besten Voraussetzungen gegeben wurden. Man hat sich, mittlerweile weiß ich gar nicht mehr, wie genau ich das damals alles hinbekommen habe, irgendwie durchgeboxt. Der Bachelor of Science war somit nicht geschenkt, aber auch kein Hexenwerk. Für mich stand zu jedem Zeitpunkt im Studium eines fest: Wenn ich etwas anfange, dann bringe ich es auch zu Ende. Ich habe mir unzählige Nächte um die Ohren gehauen, in denen ich darüber nachgedacht habe, ob das, was ich hier mache, denn auch das Richtige ist. Ich war mir sicher, dass es das nicht ist. Aber ich habe mir selbst versprochen, dass ich es einfach durchziehen werde. So einfach war es dann halt doch nicht. Heute weiß ich, ich hätte mich besser für eine Einstellung entscheiden sollen, statt immer wieder zu zweifeln und wertvolle Zeit zu verschenken. Ich hätte entweder, bei den Zweifeln, wirklich die Branche wechseln sollen, oder ich hätte mir klar sagen müssen, dass ich es jetzt durchziehe, dann aber auch nicht mehr unnötig darüber nachzudenken und es wirklich einfach durchzuziehen. Ja, ich habe es letztendlich durchgezogen, es hat mich aber immer wieder an einen Punkt gebracht, den ich hätte definitiv umgehen können, und der mir vieles an Zeit und Nerven eingespart hätte. Nun ja, das hat mich eben dahin gebracht, wo ich jetzt bin. Und aus diesem Grund möchte ich dir an dieser Stelle den folgenden Tipp geben:

Überlege vorher gut, was und wie du etwas machen willst. Nimm dir deine Zeit, bevor du eine lebensverändernde Entscheidung triffst. Aber wenn du sie triffst, dann zieh es auch durch. Zweifle nicht, wenn du in dem Augenblick, wo du es gestartet hast, ein gutes Gefühl hattest. Bereue nichts, wenn du zu diesem Zeitpunkt dachtest, dass es das Richtige war. Du wirst deine Gründe gehabt haben. Und aus diesem Grund solltest du es jetzt auch durchziehen. Zweifel bringen dich nicht weiter, Reue in der Regel auch nicht. Man kann auch falsche Entscheidungen treffen. Aber bereue sie nicht, wenn du wirklich dachtest, dass sie gut war, und du dich vorher ausgiebig mit dieser Entscheidung auseinandergesetzt hast. Denn dann kannst du, egal wie diese Sache ausgeht, nur noch Erfahrungen machen. Und diese Erfahrungen helfen dir, nächstes Mal noch bessere Entscheidungen zu treffen.

Schon zu Beginn meines Studiums wurde mir von meinem Ausbildungsbetrieb immer eingetrichtert, dass es in der Chemiebranche nicht reicht, einen Bachelor zu haben, da die

Industrie noch nicht so weit ist, auch für diese Abschlüsse entsprechende Berufe zur Verfügung zu stellen. Um was zu sein, müsste man mindestens den Master noch machen. Also war mir klar: den Master muss ich nun auch noch dranhängen. Im Endeffekt hat mich Bachelor und Master fünf Jahre gekostet. Meiner Meinung nach aber eine gut investierte Zeit, auch wenn ich wusste, dass ich wirklich nicht in der Chemiebranche verbleiben will. Sie ist zwar gut bezahlt und hat auch sonst noch einige, nicht unrelevante Vorteile für die spätere Berufswelt, aber mir war klar, dass das nicht das Leben ist, welches ich leben will. Jeden Tag seine Arbeitszeiten zu stempeln, genau nach Uhr Feierabend, Urlaub, Pause zu haben. Ich habe schnell gemerkt, dass ich dieses Leben nicht wollte. Das Leben, was ja anscheinend jeder lebt, und wo sich auch, zumindest in Deutschland, jeder beschwert. Ich war früh der Meinung, dass mir das leben mehr geben sollte. Ich wusste nicht genau was, aber auf jeden Fall mehr.

Wenn du aktuell oder irgendwann vor der Entscheidung stehen solltest: Ausbildung oder Studium... Nun, die Entscheidung kann ich dir nicht abnehmen. Ich bin niemand, der sagt, dass du unbedingt studieren musst, da es für dich eine wirklich schwere Zeit werden kann, wenn du dich dafür nicht so wirklich interessierst und auch lieber etwas Geld während der Ausbildung verdienen möchtest. Eine solide Ausbildung kann dir teilweise ein sehr stabiles Fundament für deinen Job liefern. Ich bin jedoch auch überzeugt davon, dass du während des Studiums viel über dich und weitere Dinge lernen kannst, die dich weiterbringen werden. Ich habe neben der Chemie und Biotechnologie auch viel bezüglich Struktur, Organisation und Kooperation von und in Aufgaben gelernt. Ich habe ein hohes Maß an Eigeninitiative erlernt, meine Belastungsgrenze ist weiter nach oben geschraubt worden, ich habe wichtige Kontakte geknüpft. Diese Studienzeit ist meistens mehr, als nur ein Spezialist in seinem Fachgebiet zu werden. Du lernst viel mehr als nur Lernen. Das lernst du meistens aber sehr subtil, sodass du es erst dann erkennst, wenn du fertig bist.

Weiter so durchgekämpft, nebenbei für einen großen Reifenhersteller für Automobile gearbeitet, als Tutor, Repetitor und Praktika-Leiter engagiert, habe ich den Master dann erfolgreich abgeschlossen. Da stand ich nun, Master of Science, ein akademisch durchaus anzusehender Grad. Erfolgshungrig, gut ausgebildet, aber keine Lust auf dieses Leben. Lange Zeit habe ich mit mir gerungen, noch eine Promotion anzuschließen. Doktor Toelen. Das klang für mich nach einem sehr schönen Namen. Ich wollte diesen Titel, dachte ich. Einfach, um mir und meiner Familie etwas zu beweisen. Ich wollte ihn eigentlich wirklich haben. Dann kam aber irgendwann auch die Vernunft ins Spiel. Warum willst du jetzt den Doktor machen, wenn du mit allen Mitteln und Wegen versuchst, aus dieser Branche herauszukommen?! Machst du es, weil es dich selbst weiterbringt, oder weil du anderen etwas beweisen willst? Letztendlich wurde mir mehr als deutlich bewusst, dass ich definitiv aus letzterem Grund den Titel haben wollte. Und als mir dies wirklich bewusst wurde, habe ich beschlossen, es nicht zu tun. Das war wohl einer dieser Punkte, von dem weise Menschen immer sprechen: Sei ehrlich zu dir selbst. Die Entscheidung fiel mir ziemlich schwer, weil ich irgendwie das Gefühl hatte, versagt zu haben. Vor allem dachte ich darüber nach, was jetzt wohl andere Leute darüber denken. Sie kannten mich als den zielstrebigen und fleißigen Dominick, nicht als einen, der plötzlich etwas doch nicht durchzieht. Man sollte ja aber auch ehrlich zu sich selbst sein.

Zu diesem Zeitpunkt war ich es, weswegen mir dann auch klar wurde, dass ich das gar nicht will. Und erst recht nicht, dortbleiben will, wo ich jetzt war. Und auch nicht den Weg gehen, der sich mir nun angeboten hat, den viele andere gehen. Auch als Doktor. Du hast zwar ein solides, monatliches Gehalt (zumindest einige Doktoren haben das) auf dem Konto, aber du hast immer noch dein Hamsterrad, was dich unermüdlich am Laufen hält. Und das war ja genau das, was mich sehr früh schon sehr gestört hat. Das bedeutet nicht, dass jeder Doktor in einem Hamsterrad gefangen ist und dort auch zwangsläufig bleibt. In meiner Perspektive hätte mich dieser Doktortitel jedoch irgendwie nicht weitergebracht. Daher die Entscheidung.

Neben dem Studium habe ich mich um weitere Dinge bemüht, um irgendwie an Geld zu kommen. Ich habe die ein oder andere Sportart ausprobiert, eine auch etwas erfolgreicher, wodurch ich dann auch zu ein bisschen Geld gekommen bin. Außerdem habe ich mit Daytrading begonnen, und letztendlich dort, wie viele andere Anfänger auch, völlig hirnlos und unerfahren mehrere Tausend Euro verloren. Die Gier war zeitweise zu groß, das Hirn zu klein. Ziemlich dumme Idee, aber es waren Erfahrungen, die vielleicht auch wichtig waren, um nun dort zu sein, wo ich bin. Damals waren ein paar Tausend Euro so ziemlich mein gesamtes Ersparnis, falls du dich fragst, woher das viele Geld so plötzlich kommt. Durch meine Ausbildung, die Arbeit als Tutor und Repetitor und kleinen weiteren Aufgaben gepaart mit meinem sehr bescheidenen Lebensstil erlaubten mir, ein wenig Geld anzusparen. Und diese Ersparnis wurde von mir selbst an der Börse verbrannt, sodass es zeitweise dann auch finanziell wieder sehr eng für mich wurde. Meine tausenden Euros, die ich angespart habe, haben sich auf 600 Euro dezimiert. Mit allen weiteren, laufenden Kosten. War definitiv wieder eine Erfahrung, die mich dann auch erst einmal wieder gepolt hat. Das war nun anscheinend auch nicht der heilige Gral. Also habe ich mich weiter informiert, hab verschiedene Dinge angefangen. Affiliate-Marketing, ich habe angefangen, zwei Bücher zu schreiben, habe mir eine Internetseite errichtet und wollte Fitness- und Ernährungscoach werden. Einiges versucht, nie so richtig durchgezogen. Immer so halbfertig gelassen. Das Hamsterrad hat mich immer wieder eingeholt. So richtig bin ich nicht nach vorne gekommen. Und teilweise habe ich mir dann gedacht: Irgendwann wird die zündende Idee schon kommen. Dann habe ich mir auch extra einige Nachmittage freigenommen, um bewusst über diese „zündenden" Ideen nachzudenken. Nie kam mir ein so richtig griffiger Gedanke. Aber ich habe nicht aufgegeben. Aber auch nichts so wirklich durchgezogen. Eben auch nichts so richtig angefangen. Ein Teufelskreis.

Durch einen Hochschulwettbewerb war ich dabei, mit zwei Freundinnen ein Unternehmen zu gründen. Wir wollten Bioplastik aus organischem Zellmaterial herstellen. Hätte auch soweit funktioniert, nur dass, als es ernst wurde, die Ansichten und Meinungen letztendlich so weit auseinandergingen, dass ich auch dort die Reißleine gezogen habe. Bis dahin habe ich jedoch wirklich unglaubliche Erfahrungen gemacht. Ich habe mit Multimillionären gesprochen, wir wurden von hochrangigen Unternehmercoaches eingeladen, haben unsere Idee auf zahlreichen Kongressen präsentiert. Es war eine wirklich großartige Zeit. Einfach unglaublich. Viel gelernt, viel investiert, Zeit, aber teilweise auch Geld. Ich habe mir Nächte um die Ohren geschlagen, Vorlesungen ausfallen lassen, Sport sausen lassen, weil ich dachte, etwas gefunden zu haben, wo sich endlich all' die Arbeit und die Mühen auszahlen werden. Aber letztendlich haben sich zu viele Hindernisse aufgetan, die mich dann extrem abgeschreckt beziehungsweise das ganze Gerüst ins Wackeln gebracht haben. Es schien alles gut zu werden, aber auch da haben sich Probleme eingeschlichen, die mir letztendlich erneut viel Zeit und Geld gekostet haben. Aber, es war eben wieder eine Erfahrung.

Letztendlich habe ich dadurch jedoch enorm viel gelernt. Über die Zusammenarbeit mit Menschen, das Vertrauen, aber auch über viele andere Dinge wie präsentieren, überzeugen, verkaufen, bilanzieren ... Wenn du versuchst, aus einer Idee heraus ein Unternehmen zu gründen, wirst du dich mit so unglaublich zahlreichen Dingen auseinandersetzen, dass du schlicht und einfach nur lernen kannst. Von allen diesen Dingen kannst du sehr profitieren und sie können dich in deinem gesamten Leben wirklich weiterbringen.

Habe ich eigentlich schon erwähnt, dass meine Masterarbeit, einen Monat vor Abgabe, fast aberkannt wurde? Nicht durch meinen Fehler, sondern durch eine wirklich unglaublich miese Aktion meiner Professorin. Das ist keine Ausrede, das ist eine Tatsache. Und das Scheitern der Geschäftsidee geht nämlich auch mit dieser Geschichte der Professorin einher. Man kann hier wirklich schon von Sabotage, weiter noch von Erpressung sprechen. Das habe ich bis dahin auch nicht für möglich gehalten, wurde dann aber bittere Realität. Es lief eben nicht alles so einfach, wie man sich das vorgestellt hat oder wünscht.

Warum erzähle ich dir das alles so ausführlich? Nicht, weil ich mich selbst beweihräuchern möchte, sondern um dir zu zeigen, dass bei keinem Menschen auf dieser Welt alles glatt läuft. Bei niemandem. Das schwöre ich dir. Zwar erscheint es sehr oft so, dass es bei den erfolgreichen Menschen immer alles so einfach abläuft, so perfekt, so unproblematisch. Aber wie viele von diesen Menschen kennst du genauer? Wie sicher weißt du wirklich, ob bei diesen Menschen alles problemlos abläuft? Ich denke, du weißt es von den wenigsten. Es ist menschlich zu denken, dass es einem selbst immer schlechter geht als anderen, und Andere es immer einfacher und besser haben. Es ist zwar menschlich, aber keine gute Eigenschaft. Also nimm es bitte nicht als Entschuldigung, dass es menschlich ist, sondern gewöhne dir diese negative, destruktive und sinnlose Eigenschaft so schnell es geht ab. Das Einzige, was du davon hast, ist Selbstzweifel, Pessimismus und verschenkte Zeit, in der du hättest produktiv und glücklich sein können.

Auch bei mir lief nicht alles glatt. Ganz im Gegenteil. Bei mir lief vieles schief. Extrem viel. Einerseits eben die gesundheitliche Komponente, andererseits auch die Uni-Geschichte, das Hintergehen durch Freunde, Missmut und fehlende Unterstützung. Klingt vielleicht alles sehr dramatisch. Für mich war es das zeitweise definitiv auch. Ich möchte hier niemals vergleichen. Wie schon vorher geschrieben: Man kann Leid meiner Meinung nach nicht vergleichen. Aber ich war mir eben auch sicher, dass es hätte einfacher, schneller, günstiger und besser funktionieren können. Alles, aber das hat es nun eben nicht. Also: Was kann man da machen? Sich selbst bemitleiden und die Welt schwarzmalen, alles als gottgegeben hinnehmen und vor sich hin trauern? Das ändert ja eben auch nichts an der ganzen Sache. Wenn ich bisher eines in meinem Leben gelernt habe, dann, dass nichts von heute auf morgen einfach so passiert. Ich hätte also warten können, dass ich morgen aufwache, und all meine Probleme gelöst sind, ich Multimillionär und der glücklichste Mensch der Welt bin. Wie hoch ist die Wahrscheinlichkeit, dass genau das passiert? Positiv formuliert: Nichtmals bei null. Eher noch negativ. Das geht nicht. Also weißt du, wie schlecht es um diesen Gedanken stand. Wie sieht die Lage nun bei dir aus? Wartest du, dass morgen, nächste Woche oder vielleicht nächstes Jahr irgendetwas passiert, dass dich glücklicher macht? Lebst du so vor dich hin und denkst: Irgendwann wird schon etwas kommen? Denkst du, dass morgen anders sein wird als heute, wenn du heute nicht bereit bist, etwas zu ändern? Ich bezweifle es. Meine Geschichte hat mir dies eindrucksvoll bewiesen. Immer und immer wieder.

Ich kann dir sicherlich nicht sagen, wie du dein Leben zu leben hast. Ich kann dir aber sagen, wie ich mein Leben bisher gelebt habe. Und wie du feststellst, komme ich aus bescheidenen Verhältnissen und habe definitiv auch sehr schlechte Erfahrungen gemacht. Trotzdem habe ich es irgendwie geschafft, erfolgreich und vor allem glücklich zu werden. Was lief bei mir also so super, dass du sagen könntest: Ja du hattest ja… STOPP! BULLSHIT! Hör auf wieder nach Ausreden zu suchen. Du bist für dein eigenes Leben verantwortlich. Bei niemandem läuft alles perfekt. Bei viele läuft es sogar ganz im Gegenteil: Es läuft sehr schlecht. Aber was ist dann der Auslöser, der dich doch erfolgreich sein lässt? Es sind nicht deine reichen Eltern, es sind nicht deine glücklichen Zufälle, es ist deine Einstellung zu dir selbst.

Falls du dich fragst, was ich denn jetzt so mache und wie ich das geschafft habe, was ich hier alles so erzähle: Aktuell lebe ich in Dubai und arbeite mit einem der erfolgreichsten Trader auf der Welt zusammen. Ich bin wieder zurück ins Trading-Business gegangen, weil es für mich einfach unglaubliche Vorteile gezeigt hat. Ich habe vor einigen Monaten eine Chance wahrgenommen, die mein Leben verändert hat. Es war die Chance meines Lebens, mit einem der bedeutsamsten Menschen meines Lebens zusammenzuarbeiten. Und, wir haben diese Chance gemeinsam verwandelt. Wir arbeiten aktuell an einem Riesenprojekt, vielen Menschen dort draußen zu helfen. Als Trader, als Coach, als Mentor. Die Börse hat mir vieles gelehrt und einiges davon habe ich dir hier bereits in dieses Buch verpackt. „Trading ist wie das wahre Leben“, wie mein Mentor und Geschäftspartner Koko Petkov sagen würde. Und damit hat er vollkommen recht. Aus diesem Grund bin ich nun selbst Trader, Coach und Mentor. Ich möchte dir helfen, dass du diesen Weg nun gehst. Nicht unbedingt zum Trader und nach Dubai. Aber zum glücklichen und erfolgreichen Menschen. Es ist mein Wunsch, dir dabei zu helfen. Weil ich diesen Weg gegangen bin. Mit meinen eigenen Beinen. Jedes auf und ab. Weil ich erfahren musste, was funktioniert, und was nicht.

Diese Welt ist schön. Diese Welt ist herrlich. Gib nicht auf. Es sind deine Ziele, es ist dein Leben. Höre nicht auf, wenn du müde bist. Höre auf, wenn du fertig bist. In diesem Sinne:

Es gibt sie. Es gibt zwei perfekte Zeitpunkte im Leben. Der eine war gestern, der andere ist heute!

Dein Dominick

Meine ganz persönliche Nachricht an dich:

https://drive.google.com/file/d/11PANqxmPlpsXkpLzMxHgeBvHI4BXO7Ph/view?usp=sharing

Die Hintergrundmusik wurde freundlicher Weise zur Verfügung gestellt von:

www.EverMusic.de

fighting_for_love/lizenzfrei/privat/evermusic

retrospection/lizenzfrei/privat/evermusic

Meine Email-Adresse:

d.toelen92@gmail.com

Printed in Poland
by Amazon Fulfillment
Poland Sp. z o.o., Wrocław

79658249R00101